dianus
trikont

W0234335

Kaye Hoffman
Tanz Trance Transformation

2. Auflage 1984
© Dianus-Trikont Buchverlag GmbH,
Agnesstr. 10, 8000 München 40
Alle Rechte vorbehalten

ISBN 3-88167-104-8
Satz: Ulrike Bauer, München
Buch- und Titelgestaltung: Elisabeth Petersen
Druck- und Bindearbeiten: Clausen & Bosse, Leck

Inhalt

I

Tanz – Trance – Transformation

DAS PHÄNOMEN TANZ

„In der Nacht ertönten die langen wellenartig rollenden Rhythmen der Kurangara-Gesänge. Die Eingeborenen sassen zu einer dunklen Masse zusammengedrängt. Dann begann der Tanz. Zuerst sah ich nichts. Da kam aus der Dunkelheit ein unheimlich kriechendes, an Stöcken gehendes Etwas, ein rotes Schweinsgesicht, eine Kröte, ein Gespenst, das vor uns niederfiel und zusammenbrach. Der Tod? Eine Krankheit? Die schleichende Pest? Es war Dschanba selbst. Er kroch bei dem leisen, traurigen Gesang die hufeisenförmig dasitzende Sängergruppe entlang und verschwand in der Dunkelheit, aus der er gekommen war. In der Ferne brach er wieder zusammen."

So der Bericht eines Forschers über die Gebräuche der Primitiven Australiens. (1)

Dabei entspricht die Darstellung von Schwäche, das Hinken und Kriechen, stöhnend sich Schleppen, der im Tanz thematisierte Zusammenbruch eines Gottes nicht gerade den Vorstellungen, die wir mit Tanz verbinden. Im Gegenteil, — besonders der „Primitive Dance", ein Tanzstil, der Elemente aus dem afrikanischen, afro-karibischen und afro-brasilianischen Tanz in sich vereint — manchmal auch Afro-Jazz genannt — ist für seine lebensbejahende, energetisierende Wirkung bekannt und geschätzt, und er hat sich seinen Platz im Programm von Tanzstudios, Gymnastikschulen und Fitness-Centern erobert. Die erfrischende Ursprünglichkeit, die ihm nachgesagt wird, soll helfen im Kampf gegen Stress und Leistungsdruck, sowohl gegen nervöse Überspanntheit wie depressiven Mangel an Spannkraft. Denn in einer Zeit des

Überflusses und der Überflutung wird der Körper, letztes Bollwerk der Eigenbestimmung und Selbstverteidigung, wieder groß geschrieben, zumindest er soll funktionieren und nicht das Gefühl von Ohnmacht widerspiegeln: die frenetische Aktivität eines gezielten Trainings treibt die Hilflosigkeit aus. Seinen Körper zu beherrschen ist wieder modern, es zeigt sich darin das Bedürfnis „Herr im eigenen Haus zu sein" — ein Bedürfnis nach Selbstbestimmung in einer Zeit großen Außendrucks. Was liegt da näher, als sich an der unverdorbenen Natürlichkeit der Wilden — soweit sie noch nicht ausgestorben sind — zu orientieren und dem Körper neuen, ungewohnten Lehrstoff zuzuführen, ihn dazu zu bringen, sich primitiv zu bewegen, im Afro-Stil sich zu lockern, zu tanzen — die Frage ist nur: Läßt sich Wildheit lernen? Da eröffnen sich didaktische Schwierigkeiten, über die die Lehrer sich mit dem Beispiel ihrer eigenen, swingenden Bewegungsqualität und anfeuernden Sätzen wie „Make it more juicy!" hinwegzusetzen versuchen. Und trotz heißer Rhythmen von Urwaldtrommeln, trotz Dschungel-outfit mit Stirnband und Tigermuster — bleibt ein Restbestand von Zweifel: wie die Zivilisation wieder rückgängig machen, wie die kulturgeschichtliche Entwicklung von Hemmungen und Blockaden abstreifen, frei werden, ganz sich selbst sein, ganz im Körper aufgehen?

Eine verschwommene, quälende Sehnsucht nach Freiheit verbindet sich für viele mit der Sehnsucht, tanzen zu können.

Tanz als Metapher für subatomare Prozesse kündigt das Ende eines mechanistischen Weltverständnisses an. Vom Osten her dringt die Botschaft zu uns, daß Gott tanzt, nicht mehr jener unbewegte Beweger ist, der die Schöpfunf gleich einer Uhr ein für allemal aufzieht und dann ablaufen läßt. Shiva ist der Gott, der die Schöpfung zerstört, um sie immer wieder neu zu erschaffen, Shiva, Gott der Tänzer, erhält die Schöpfung durch seinen Tanz. Nichts hält mehr still, um sich messen zu lassen. Die alten Maßstäbe, die an eine statische Welt angelegt wurden, versagen, wenn es darum geht, das Wesen des Tanzes — Wechsel von Form und Nicht-Form — zu erfassen. Neue Kategorien, die eben jenen Wechsel beschreiben, jene Gestaltung des Formlosen im Durchgang durch Form, Kategorien des Strömens, des Zwischendrin müssen gefunden werden.

So gewinnt eine apokryphe Johannesschrift, derzufolge Christus am Vorabend seines Todes mit seinen Jüngern einen Reigen tanzte, große Aktualität, denn zeigt sich hier, unter dem östlichen Einfluß des tanzenden Gottes, nicht die Möglichkeit eines ganz neuen (bzw. uralten, aber verschütteten, als häretisch erklärten) Verständnisses der christlichen Lebensgeschichte?

Und läßt sich nicht Tanz auch anders, nicht nur unter dem Vorzeichen von Körperbeherrschung und Können, sondern eben auch als Ausdruck von innerer Bewegtheit, als Passion sehen? Hier begeben wir uns in den Bereich eines Tanzes, der totgeschwiegen wird, denn es ist ein Tanz wider Willen, ein Tanzenmüssen, das uns in seiner archaischen Naturgewalt erschreckt, zu nahe kommt, abgewehrt wird. In der Redewendung „nach jemandes Pfeife tanzen müssen" schwingt noch das Wissen um jenen Tanz mit und Phänomene der Tanzwut, des Veitstanzes, der Tanzmaus und des Tanzbären lassen sich zunächst schwer auf einen gemeinsamen Nenner bringen mit dem Tanz, wie er in Jungmädchenträumen und Ballettfilmen (z.B. „Die roten Schuhe") sich präsentiert.

Gerade das Unwillkürliche, das sich der Kontrolle, dem Willen entzieht, verbindet sich hier in dämonischer Weise mit dem Bilde des Tanzens. Man ist an die Spasmen und Konvulsionen von Besessenen erinnert, an Zuckungen und Windungen, an Erbeben, das man nur vom Hörensagen kennt und es weit von sich weist, in graue Vorzeiten und Urräume verbannt. Es sind Bilder der Übermacht und Überwältigung, die da auftauchen, die ohnmächtiges Zittern, Rasen vor Wut, Wälzen vor Schmerz und Drehen vor Freude zeigen und die auslösenden Gefühle als solche nicht unbedingt erkennen lassen. Ob Freude oder Schmerz — es ist das Übermaß des Gefühls, nicht das Gefühl selbst, das die Bewegungsqualität der in rhythmischer Abfolge sich vollziehenden Entladung bestimmt. Die Erfahrung von Intensität ist eine Erfahrung am eigenen Leibe. Das Übermaß der Erregung ist nämlich „zum aus der Haut fahren", das heißt es wirkt entgrenzend und verlangt deshalb nach einer Entladung innerhalb der leiblichen Grenzen. Zu diesen Entladungsbewegungen, die nicht zielgerichtet sind, sondern einzig und allein die Funktion haben, Intensität, das heißt Energie, umzusetzen und damit abzuleiten, gehören das Beben, Zittern, Schlottern, Schaudern, und, als Zustand feinster Vibration, der Schauer und der Kitzel. Noch in der Entladung schwingt das Übermaß mit und sprengt das Maß des Möglichen. Man glaubt „die Wände hoch laufen, in die Luft gehen, und Bäume ausreißen zu können".

Erstaunlicherweise ist es aber nicht nur in der Vorstellung so. Die unwillkürlichen Entladungsbewegungen führen dem Körper eine Kraft zu, über die er willentlich nicht verfügen würde. Und so kommt es, daß eben jene extremen Gefühlserfahrungen — sei es der Angst, Begierde, Wut, Freude, des Schmerzes — einerseits völliges Ausgeliefertsein und Kontrollverlust, andererseits unerklärlichen Kräftezuwachs und eine übernatürlich erscheinende Unterstützung erleben lassen.

Wie verhält sich nun die Kunst des Tanzens — und das schließt die Kunst, mit Kräften umzugehen, ein — zu eben diesem schlummernden Kräftepotential?

DAS TREMENDUM

Mag sein, daß der, der auszog, das Fürchten zu lernen, eigentlich das Zittern erlernen wollte, weil er ein Tänzer war — meistens jedoch sind Tänzer für ihre Disziplin und nicht für ihre Abenteurerlust bekannt. Allerdings sind auch die Entladungsbewegungen des *Tremendum* (2) (von tremere lat. = zittern) im Klassischen Tanz nicht aufzufinden, es sei denn, man wolle im Plié als einem In-die-Knie-Sinken eine letzte Spur sehen. Ebenso wird im Modern-Dance und selbst im Jazz-Dance das Schlottern und Schlakkern tunlichst vermieden, sogar im Primitive Dance, wo es tatsächlich einen großen Bestandteil des Bewegungsrepertoires ausmacht, ausgeklammert. Auch in der didaktischen Vermittlung des Bauchtanzes glaube ich bemerkt zu haben, daß Shakes, Shimmies und Nerverolle (engl. Schüttelbewegungen von Brust, Becken, Beinen) zwar nicht völlig ausgeschlossen, aber doch unterbewertet und in den Bereich des Striptease verwiesen werden. Dies ist nicht weiter verwunderlich, wenn man bedenkt, daß Körperbeherrschung oberstes Gesetz und kaum hinterfragtes Ideal der zivilsierten Tanzkultur ist. So kommt auch der Begriff des Tremendum nicht aus dem Striptease, sondern aus der Theologie und umreißt gebrifflich ein Erlebnis des Übernatürlichen, das zwischen Furcht und Ehrfurcht schwankt, auf alle Fälle die Fassung verlieren läßt, das heißt den Leib unmittelbar anspricht, ergreift. Das Mysterium tremendum ist etwas, das sich jeder Erklärung entzieht und dadurch Geheimnis bleibt — ein Geheimnis, das betroffen macht. Der Leib reagiert auf die Betroffenheit zunächst mit schockartigen Zuständen: der Atem stockt, das Blut gerinnt, der Schreck versteinert, Starre setzt ein. Dann jedoch verhilft sich der Leib wieder zu seinem Recht und nimmt seinen Raum wieder ein, indem er der Kontraktion eine rhythmisch expandierende Bewegungsfolge entgegenwirken läßt: der Atem befreit sich im Schrei, im Schluchzen, Seufzen, auch im Lachen, und sogar im Gähnen. Schreck löst sich in Bibbern und Erregung im Kribbeln, Kitzeln auf. Die Starrheit des Frosts wird durch die Bewegung des Schüttelfrosts überwunden, der Widerstand der sich stemmenden, sträubenden Knie bricht sich in einem reflexartigen Schlottern.

In einer Welt wie der unseren ist das Mysterium tremendum, der Einbruch des Irrationalen, der Erschütterung als leiblichen Zustand hervorruft, selten geworden. Die Vernunft hat uns aufgeklärt und abgesichert, aber uns auch einer leiblichen Gefühlsdimension beraubt. Trotzdem kennt wohl jeder von uns den Verlust von Kontrolle, der mit dem Einsetzen unwillkürlicher Bewegungen verbunden ist — und sei es nur ein Schlottern vor Kälte. In diesen Bewegungen, die ein schnelles Hin und Her, ein Oszillieren zwischen zwei Polen darstellen, ist jeder Mensch rhythmisch, auch wenn er sich ansonsten jedes Rhythmusgefühl abspricht. Diese gepolten Bewegungen sind für Fontane (3) als „Kribbeln und Wibbeln" Ausdruck einer Ur-lebendigkeit, die die Grenzen der Individualität überschreitet.

Es scheint ein Urbedürfnis des Menschen zu sein, sich an jene Urlebendigkeit anzuschließen. Die Vergnügungsindustrie lebt davon, Kitzel, „Kicks", „Thrills", Grusel und Rührung durch ihre Produkte hervorzurufen. Das Irrationale hat hier Marktwert. Die Kirmes stellt gerade auf dem Gebiet kinästhetischer Erfahrungen ein vielseitiges Angebot von Möglichkeiten dar, sich schaukeln, schleudern, rütteln und ins Bodenlose fallen zu lassen. Da werden Erwachsene zu Kindern — und betrachtet man nun das Verhalten von Kindern unter dem Aspekt unwillkürlicher Bewegungen, so läßt sich nicht länger übersehen, daß jenes Zappeln, Hoppeln, Hippeln und Zippeln, Strampeln und Fuchteln nicht nur ein Urbedürfnis ist, das später unterdrückt wird, sondern die ursprünglichste Art der Bewegung überhaupt, eine unzivilisierte, unkultivierte, eine „wilde" Bewegung ist.

Aus diesem unkontrollierten, unartikulierten Bewegungsbedürfnis wird nun die zielgerichtete, entschiedene, artikulierte Bewegung anerzogen. Unter dem Motto „Sag doch, was du willst" setzen Eltern dem enervierenden Gehampel und Gezerre ihrer Kinder ein Ende. Als Kind versuchte ich den abendlichen Bettgang durch einen Schüttelkrampf hinauszuzögern. Meine Eltern ließen sich aber kaum beeindrucken und meinten nur: „Jetzt führst du wieder deinen Veitstanz auf". Und obwohl der hysterische Anfall die gewünschte Wirkung verfehlte, erinnere ich mich vor allem an die lustvolle Entdeckung, sich in die Bewegungen des Windens und Wälzens so hineinsteigern zu können, daß nicht ich, sondern „es" mich schüttelte.

Die wilde Bewegung wird also im Laufe der Erziehung umgeleitet in eine sinnvolle Bewegung, die etwas bezweckt, den Willen kundtut. Nun ist es nicht mehr ein Hin und Her, sondern ein Hin oder Her. Entscheidung wird verlangt, die Pole getrennt, der Wille einseitig ausgerichtet, nur in Ausnahmezuständen höchster Erregung brennt die Sicherung des Entweder-Oder durch, bricht das Wollen hervor. Dann kommt es zu jenen peinlichen Fauxpas', die einen unbeherrschten und willensschwachen Charakter auszeichnen, und im übrigen von der kultivierten Gesellschaft so weit wie nur möglich vermieden werden. Das Niesen wird abgekürzt, das Gähnen heruntergeschluckt, das Lachen sich verbissen, das Weinen wegerklärt. Wenn es „jemanden beutelt", er „einen Rappel bekommt", sogar „durchdreht", so ist er schon jenseits der Grenze der zulässigen Motorik. Die unterdrückte Entladung bekommt etwas Verdrucktes: man stelle sich vor, wie jemand seinen Nachdruck non-verbal durch schiebende, knetende, sich windende, drängelnde Bewegungen zum Ausdruck bringt, so als ob das Verbot, zuviel an Intensität offen zu zeigen, schon in dem Widerstand der gebremsten Bewegung enthalten sei. Aus dem spontanen „Tanzen aus Freude" wird ein Tänzeln aus diffuser Nervosität. Die Bewegung verliert sich in Schnörkeln, wird maniriert, „affektiert" — was im Grunde nichts anderes anzeigt, als daß der Affekt nicht direkt und ungeniert sich entladen kann, sondern sich gewundene Umwege suchen muß. Der Endzustand ist Verschrobenheit und Verdrehtheit. Die Tendenz zu solch „affektierter" Bewegungsqualität konnte ich im Unterricht des „Primitive Dance" beobachten, wenn es darum ging, sich „einfach" zu schütteln, das heißt die Entladungsbewegungen direkt zuzulassen. So wurden z.B. aus einem elastischen Auf und Ab des Kniewippens ein Knicksen, aus einem wollüstig-weichen Rollen der Schultern eckige, zackige Verrenkungen. Wie aber wieder jene Durchlässigkeit des Körpers erreichen, in der sich ein Bewegungsimpuls fortsetzen kann wie eine Welle auf der Wasseroberfläche?

WILDE BEWEGUNG UND ENERGETISCHE ERFAHRUNG IM PRIMITIVEN TANZ

In dem Programm waren Ritualtänze aus Ghana ange-
kündigt. Auf der Bühne standen Menschen in einem Hau-
fen, Witze reißend, sich schüttelnd vor Lachen, in das
Licht der Scheinwerfer blinzelnd. Einige von ihnen hat-
ten Trommeln bei sich, auf denen sie herumklopften, als
wollten sie das Fell auf seine Geschmeidigkeit überprü-
fen. Dabei gingen sie, die Trommeln mit sich schleppend,
wie auf einem Bahnsteig auf den nächsten Zug wartend,
auf und ab, schlenderten, lachten. Das in der Mitte, der
Rest, der sich kichernd in einem Haufen drängte, muß-
ten die Tänzer sein — auf was warteten sie? Man merkte,
daß es ihre erste Tournee in den Westen war. Es fehlte so
jeder dramatische Aufbau, und plötzlich war man mitten
drin — was war jetzt nur anders? Die Zuschauer stießen
sich an, starrten gebannt auf die Bühne, ein heiliger
Ernst war eingekehrt. Dabei bewegten sich die Tänzer
kaum. Auf der Stelle tretend, sich wiegend, ließen sie in
ihrer Bewegung keine Form, keinen Sinn erkennen — es
war eine Bewegung, kleiner als die des Errötens, reine
Schwingung, die sie wie einen Schimmer umgab: eine Er-
scheinung ....

Wenn wir etwas wild nennen, so denken wir meist nicht an die Bedeutung, die wild im Zusammenhang etwa mit wilden Blumen hat,
also im Sinne von wild, frei wachsend, unkultiviert, ohne Eingriff
von Züchtung und Manipulation — sondern verbinden mit dem Wort das Gefühl einer Befreiung, nicht einer Freiheit. Unter einer wilden Bewegung stellen
wir uns einen explosiven geladenen Ausbruch von Energie vor, die sich ihren
Weg bahnt, Staudämme einreißt, den Widerstand bricht, zornig mit den Aug-

äpfeln — den tibetischen Dämonen gleich — rollen, mit den Nasenflügeln schnauben, Feuer spucken läßt, Zerstörung in sich trägt. Um diese Vorstellung zu durchkreuzen, habe ich das Wort wild als Provokation gewählt: wild sind für mich jene sanften Bewegungen, die mir aus dem afrikanischen Tanz (vor allem aus Westafrika) so vertraut sind. Der Tanz beginnt und ist nicht mehr als fast Schwingung, liegt in der Luft, teilt sich mit: die Zuschauer fühlen sich unmittelbar angesprochen, jenseits von Ritualen und Symbolen, jenseits ethnologischer Studien und verständnisvollem Interesse, das sich an der Exotik festhält. Verstohlen schaut der eine oder andere sich um: die Intensität steigert sich so, daß sie sich wie die Anwesenheit von Geistern anfühlt. Wer sind diese Wesen, die unsichtbar und doch gegenwärtig aus dem Hintergrund einen Schritt vorwärts treten? Wer sind sie, die in der Tiefe eines kollektiven Gedächtnisses sich verborgen halten, warten, bis sie gerufen werden, und sich auch dann nicht zeigen? Nur die Bewegung dieses einen Schrittes fühlen lassen: etwas ist in Bewegung geraten, ein Lufthauch — „un ange passe" sagt man im Französischen: ein Engel geht vorbei, wenn in einer gewöhnlichen Unterhaltung plötzlich eine ungewöhnliche Stille eintritt.

In unserer Vorstellung von Wildheit und in den Assoziationen, die sich um den Ausdruck „energetische Erfahrung" ranken, schwingt das Gefühl von Gefangenheit, die durchbrochen, zerstört werden soll, mit. Die starke Anziehung, die diese Worte ausüben, beruht auf der Sehnsucht, diesem Zustand der Gefangenheit ein Ende zu bereiten, mit welchen Mitteln auch immer. Und wenn unser Lebensgefühl das eines „sich-im-Wege-Stehens" ist (und das ist es oft), dann ist der Wunsch nach Selbstbefreiung dem nach Selbstzerstörung nahe. Eines der schwierigsten Dinge in einem Bewegungsunterricht, der sich am Primitive Dance (oder an östlichen Bewegungstechniken wie der des Tai-chi) orientiert, ist die Sanftheit und Passivität der nicht-gemachten, nur-zugelassenen Bewegung zu vermitteln. „Mit dem Tao zu gehen" (4) heißt es da. Aber was heißt das für uns?

Es gibt in dem Sinn keine afrikanische Philosophie, die sich mit der des Ostens messen könnte. Aber die getanzten Göttergestalten z.B. des Candomblé (5) erzählen ihre Geschichte: Oxalà (sprich: Oshala) oberster Gott, dem christlichen Gottvater (oder auch Gottsohn) gleichgestellt, drückt in seinen leicht schlackernden, an Parkinson erinnernden Bewegungen ein geheimes Leiden, eine Gebrechlichkeit aus, die einem Gott — in unserem Verständnis — nicht ziemt. Er hält nicht das Zepter der Welt, den Erdapfel, nein, mit einem Stab voller Glöckchen und Narrenschellen tastet er sich wie mit einem Blindenstock vor. Wird der Boden ihn tragen? In einer Welt, die brüchig erscheint, bewegt er sich mit instinkthafter Orientierung — dem Tao folgend? Seine Passion ist nicht die eines Märtyrers, mehr die eines uralten Weisen, der vorsichtig und fragend und doch gelassen sich ganz dem Augenblick öffnet, ihn aufnimmt, riecht, schmeckt, sieht und hört. Oxalàs Schritt ist klein, sehr einfach — aufmunternd lächelnd tritt mir Oxalà in Gestalt eines geduldigen Tanzlehrers (6) entgegen. Ich versuche, noch einmal mich in diesen kleinen, einfachen Schritt hineinzugeben.

Wie einfach — und wie schwer! Wie grob ich mir vorkomme, ein tolpatschiges Stück Fleisch im Reich der Schwingungen und Geister! Der Schamane in den Tälern des Himalayas (7) weist ebenfalls jene schlackernden, aus der Form geratenen, fassungslosen, krank anmutenden Bewegungen auf. Mit ihnen vollzieht er seine Rituale, stellt seine Geisterfallen auf, mit denen er die Geister vom Dorf abhält, holt er verlorene Seelen zurück, saugt er dem Kranken das Gift, das ihn besetzt, aus dem Körper. Seine Bewegungen verraten fachmännische Kenntnis und zugleich eine Durchlässigkeit, die uns Gesundheitsfanatiker des Westens als Gebrechlichkeit, Brüchigkeit fast unangenehm berührt. Wir fühlen uns bedroht — wovon? Wenn wir uns vor Augen führen, worin die „Ausbildung" eines Schamanen besteht, bzw. womit sie beginnt, können wir unser Grauen als Angst vor Persönlichkeitsauflösung, Desintegration, Sterben benennen. Denn der Anfang einer Schamanenlaufbahn ist von eben jenem bestimmt: sein Leib wird zerstückelt, in einen Kessel geworfen und gekocht, bis sich das Fleisch von den Knochen löst. Diese werden dann eingesammelt und zusammengesetzt und bilden das Skelett des neugeborenen (nicht: wiederauferstandenen!) Menschen, der nun zum Heiler wird, weil er durch jene Reiche der Desintegration führen kann. Es ist wichtig, diese initiatischen Prozesse der Zerstückelung und des Loskochens von Fleisch als Erfahrungen am eigenen Leibe zu verstehen, wobei dieses Verständnis sich eigentlich schon als Erfahrung erweist, also nur für den, der selbst initiiert ist, verständlich ist. Aber einen Hauch, eine Ahnung vermittelt uns die Art, wie sich die Initiierten bewegen.

Erzählt sie nicht die Geschichte von der Lösung des Fleisches von den Knochen (bei Carlos Castaneda als Lösung dessen, der zum „Krieger" geworden ist, von seiner persönlichen Biografie), die Geschichte der Heiligen Krankheit, die Leben heißt und den Berufenen ergreift, betrifft, durcheinanderbringt in seinen Gewohnheiten, die er als seine Persönlichkeit betrachtete, ihn aufrüttelt, und für immer verändert? Erzählt sie nicht die Geschichte einer ungeheuren, unfaßbaren Transformation, zeichnet ihren Verlauf nach, und wiederholt sie, vergegenwärtigt sie, läßt sie immer wieder neu Fleisch werden?

Unser abendländischer, sich auf Tatsachen und Fakten berufende Geist will unter Transformation nur deren Ergebnis verstehen. Wenn der Hirschtanz der Huichol (8) Transformation verspricht, so ist für uns damit die Erwartung verbunden, Geweihe aus den Köpfen sprießen zu sehen. Unser Sinn für Bewegung — und damit für Transformation als Bewegung von einer Form zu anderen als Band, das die Formen verbindet —, unser Bewegungssinn ist uns verloren gegangen. Besser: er ist verschüttet. Denn wenn wir den Hirschtanz tanzen, erleben wir Transformation, und auch wenn wir den Rest kindlich ungeschiedener „wilder" Bewegung in uns wieder entdecken, wissen wir, was gemeint ist mit Transformation. Als nüchterne Erwachsene finden wir als Ausdruck für den Superlativ unserer Entrüstung das Wort „unmöglich" — wir finden jemanden oder etwas „einfach unmöglich". Und so wird die frühe Kindheit vielleicht zum verlorenen Paradies, wo das Bewußtsein noch keine Trennung zwischen möglich und unmöglich gemacht, keine Vorurteile, Vorbehalte aufgebaut hatte, wo alles noch möglich war. Aber dieser Gefühlszustand des „alles-noch-möglich", der als Zustand des „in-Fühlung-Seins" erlebt wird, ist nicht verloren, nur verschüttet. Wenn wir jene sanften, wilden Tänzer betrachten, werden wir daran erinnert: alles ist möglich, es ist alles verbunden. All ist möglich, weil alles verbunden ist.

Mein erster Kontakt mit Trance-Tänzen war ein Besuch eines von der Gemeinde organisierten Abends, die zu Wohltätigkeitszwecken einen balinesischen Tänzer eingeladen hatte. Im Saal des Kindergartens fanden sich vor allem ältere Damen ein, und lärmende Kinder. Die Stühle waren klein, in artigem Halbkreis aufgestellt. An den Fenstern hingen Transparente, die die Verbrüderung der Menschheit darstellen sollten: Eskimokinder, kleine Rothäute und Negerlein — ich war eher mißtrauisch, was die Gestaltung des Abends betraf. Der Tänzer trat auf. Er trug ein schillerndes Gewand aus Brokat, der Oberkörper war nackt. Es wurde eine Musik aus einem Casettenrecorder wiedergegeben. In kürzester Zeit vergaß ich alles, was um mich herum war, tauchte ein und fühlte mich getragen von einem Strom — es mußte dieses an Starrkrampf grenzende Zucken gewesen sein, das mich elektrisierte und in eine trance-ähnliche Entspannung führte. Das Zucken ließ sich nicht mehr auf bestimmte Körperteile des Tänzers lokalisieren — es war überall, erfüllte den Raum, abgelöst von dem Körper, von dem es ausging, setzte es sich fort, ließ mich an soviel erinnern, an soviel, ein einziger Strom der Erinnerungen in den ich tauchte, aber es waren Erinnerungen, nicht einzelne Bilder, ich erinnerte mich, erinnerte mich, aber ich weiß nicht woran.

„JUICE"

In meiner Kindheit gab es einen Vorfall, dem nicht viel Bedeutung zugemessen wurde, der mich aber tief beeindruckte. Ich war in der Küche mit meiner Großmutter, Plätzchen backen, wie jeden Advent. Die sicheren Bewegungen, mit denen meine Großmutter die gewohnten Handlungen ausführte, gaben mir ein Gefühl der Vertrautheit, des Heimeligen. Plötzlich trat etwas ein, was alles schlagartig veränderte: die alltäglichen Handgriffe, ausgerichtet und bedacht, gingen über in ein wildes Schlagen aus dem Handgelenk, als könnte die Hand nicht aufhören, die Luft zu ohrfeigen. Die Bewegungen sind so schnell, daß die Hand in der Luft stehen zu bleiben scheint wie der Flügel einer Libelle, blitzschnell, wie geölt. Die Hand hat sich verselbständigt. Schuld war ein defekter elektrischer Draht, mit dem meine Großmutter in Berührung gekommen war. Der Eindruck, der mir blieb, war nicht der eines Unfalls, sondern der eines Ausnahmezustandes, der mich, den Zuschauer, jedoch in Berührung mit einer Lebendigkeit brachte, die ich offensichtlich nicht gewohnt war — im Gegenteil: die dadurch vielleicht entstand, daß gerade meine Gewohnheiten, auch bezüglich von Bewegungsabläufen, durchkreuzt und so durcheinandergebracht wurden.

Das Erstaunliche an der elektrisierten Bewegung ist, daß sie vom Prinzip her der Bewegung, die Intensität entlädt, gleich ist. Beide Male sind es Bewegungen, die Hin und Her, Auf und Ab verlaufen, also nicht auf ein Ziel gerichtet sind, sondern von Pol zu Pol sich einander zuspielen.

Gehen wir von dem Phänomen der Elektrizität aus. Niemand hat bis jetzt sagen können, was Elektrizität *ist*, nur wie sie wirkt. Das heißt: Sie ist ihre Wirkung. Nur wenn Elektrizität fließt, wirkt sie, das heißt, nur wenn sie fließt, *ist* sie, weshalb sie kurzerhand als Strom bezeichnet wird. Der Strom fließt zwischen zwei Polen, Plus und Minus, aber er ist weder bei dem einen Pol noch bei dem anderen, er ist eben dazwischen, als Beziehung zwischen den Polen beschreibbar. Strom hat also keinen Ort, nur eine Bahn. So entzieht sich das Phänomen der Kontrolle, läßt sich in der Grammatik des fixierenden Bewußtseins, das „einen Punkt machen" möchte, nicht festlegen. Das Wort „Kontakt" jedoch beschreibt genau die Beziehung, die zwischen den Polen herrscht und die Bahn des Stromes nachzeichnet. *Juice* (engl.) bedeutet im amerikanischen Slang sowohl Saft wie auch Strom, elektrischer Strom, wohl verstanden. Und was heißt es nun, wenn die amerikanischen Tanzlehrer in Ermangelung präziserer Angaben ihre Schüler auffordern, eine Bewegung „more juicy" zu machen? Vielleicht schneller, flotter, vielleicht auch entspannter, langsamer? Weniger akzentuiert, oder mehr? Härter — oder weicher? Da stellt sich die Frage, ob sich überhaupt ein Komperativ von flüssig bilden läßt — was heißt „flüssiger"? Es ist interessant zu sehen, daß die persönliche Interpretation dessen sich ganz nach der Vorstellung, was Leben und lebendig sei, bildet. Manche sehen in dem Wort „lebendiger" eine Aufforderung zu größerer Aktivität, andere verbinden vielleicht mit dem Wort eine gewisse weihevolle Verlangsamung, die der Ausdrucksfähigkeit nachhelfen soll.

Manchmal sagen die Lehrer auch: „easy!" (was soviel heißt wie: Entspanne dich, nimm's leicht) oder auch: „Give youself" (was an eine nicht näher definierte Hingabefähigkeit appelliert). Aber viel zu selten sagen sie: Laß dich bewegen — mache nichts, lasse nur zu. Wu Wei, das taoistische Prinzip des Nicht-Tuns, ist den meisten Tanzlehrern nicht bekannt, und wenn, höchst suspekt — muß da nicht eine Bewegung unartikuliert, unakzentuiert, verwaschen, formlos werden, wenn solche Prinzipien sich erst durchsetzen? Liegt nicht das Tänzerische gerade in der bewußten Gestaltung? Wenn dem nicht so wäre — was wäre denn dann der Unterschied zwischen Tänzern und normalen Menschen? Hier berühren wir ein heikles Thema, das dem Selbstverständnis des Tanzes — und der Tänzer — zusetzt. Vergegenwärtigen wir uns: im Abendland hat die Leib-Seele-Trennung nicht nur unser Denken, sondern auch unser Lebensgefühl bestimmt. Der Körper des Tänzers ist ein Instrument, das dann gut funktioniert, wenn es die Inhalte, mit denen es gefüttert wird, unverfälscht im Sinne seines Auftraggebers wiedergibt, also Tanzschritte und Gesten reproduziert. Was ich als Produktion des Körpers bezeichnen möchte, wird meist unter dem Begriff Somatisation in den Bereich von Krankheitsbildern verwiesen, die charakterisiert sind von jenen unwillkürlichen Bewegungen des Tremendum. Auch ein Tic ist ein Beispiel für die Eigenproduktion des Körpers. Unwillkürlich gibt da der Körper Rückmeldung über seine Befindlichkeit. Aber diese Befindlichkeit im Tanz thematisieren zu wollen ist für uns, die wir uns am Ideal der Körperbeherrschung orientieren, undenkbar geworden. Trotzdem weist uns der Primitive Tanz gerade darauf hin, daß eben der Produktion des Körpers mindestens ebensoviel ästhetischer Wert beizumessen ist wie der gekonnten Reproduktion von Gedankenbildern,die bewußt konzipiert wurden, so wie dies in der Pantomime geschieht. In der Pantomime dient die Körperbeherrschung dem Zweck, den Körper wirklich ganz zum Instrument, zum Mittel zu machen, so daß der Inhalt, der vermittelt werden soll, möglichst ohne „Eigengeräusch" des Körpers durchgegeben werden kann. Kein Mensch wird bei der Pantomime auf die Idee kommen, „natürlichen Ausdruck" und „echte Gefühle" zu suchen, denn Pantomime thematisiert ihre eigene Bedeutung: höchste Stilisierung.

Werden allerdings Produktion und Reproduktion verwechselt — ein Denk- und Fühlfehler, der sich manchmal im Ausdruckstanz einschleicht — so kann das Unbehagen des Zuschauers die Peinlichkeit anzeigen, die mit einem solchen Mißverständnis verbunden ist. Peinlichkeit könnte dabei als negative Betroffenheit gesehen werden — denn so ganz fremd ist uns dieses Mißverständnis vielleicht nicht: tragen nicht auch wir unsere Gefühle mit uns herum wie kostbare Schätze, auf deren Echtheit wir bestehen, und wie Schätze vorzuzeigen und brüderlich zu teilen wir allzu bereit sind? Denn wenn Gefühle nicht natürlich sind — wo wäre dann noch Natur zu finden? Gefühle sind heilig. Sie werden mit Echtheit, das heißt der Echtheit, die der ganz eigenen Produktion des Körpers entspringt, in Verbindung gebracht und sollen das Gegenteil von „kopfigen" Konzepten sein — und sind genau das, was sie nicht sein wollen: nämlich Konzepte, Urteile, Interpretationen von Erfahrungen, die darüber hinaus, im Gegensatz zu Gedanken, nicht hinterfragt werden, sich nicht kritisieren lassen.

Ein Gefühl ist eine Entscheidung. Und die Schlachtung der Heiligen Kuh „Gefühl" ist etwas, was uns nahegeht, betrifft — daher die Pein der Peinlichkeit. Es ist der große Verdienst der Strasberg Schauspielschulen, hier einen Ausweg zu zeigen. Der Schauspieler wird angehalten, das Gefühl, das er ausdrücken will, nicht zu reproduzieren, sondern zu produzieren, das heißt: in Fühlung zu gehen. Was bedeutet das aber anderes als: das Erleben, das jenes Gefühl entstehen läßt, zu vergegenwärtigen, in das Erdbeben einzusteigen und sich von ihm führen zu lassen?

Gegenwart wird erlebt als ein In-Fühlung-Sein mit dem, was geschieht, und das In-Fühlung-Sein — nicht das Gefühl! — erschafft die Gegenwart. Die Fühlung unterscheidet sich vom Gefühl insofern, als daß in ihr die fließende Qualität des Erlebens noch enthalten ist, während das Gefühl sich schon verfestigt hat. Fühlen heißt also, im Fluß zu sein, und je intensiver nun die Gegenwart erlebt wird, desto weniger scheint es ein gewöhnlicher Fluß zu sein, der in eine Richtung fließt — desto mehr gleicht sich dieser Lebens- und Erlebensfluß dem Modell des elektrischen Stromes an, denn nun, im Zustand höchster Intensität, höchster Erregung und absoluter Gegenwart (9) berühren sich die gegensätzlichen Pole von Schmerz und Lust, Wunsch und Angst.

Niemals ist das Leben so sehr Leben, wie wenn's einem „zweierlei wird", „heiß und kalt überläuft", „ganz anders ist", dann geht das Leben in der Gegenwart und die Gegenwart im Leben auf, der Saft quillt hervor, das Übermaß wird frei. „Saftig" wird als Adjektiv eingesetzt, um einen Superlativ zu bezeichnen („eine saftige Bescherung"). Noch deutlicher ist es im Englischen und Italienischen, wo „tremdous" und „tremendo" eben den Superlativ des Allesübersteigenden ausdrücken. Das Tremendum wird in seinem Moment der Verflüssigung erfaßt. Irgendwie scheint es nahe zu liegen, Lebendigkeit — als Steigerung von Leben im Sinne des Überlebens — mit Strom, insbesondere elektrischem Strom zu vergleichen. Der Begriff Bio- oder Lebensenergie bietet sich für diesen Vergleich an. Mit der Entdeckung des Galvanismus, der zum erstenmal elektrische Phänomene im Bereich lebendiger Organismen nachwies, (wobei die berühmten Froschschenkel als erstes Versuchsfeld dienten) ging die Forschung der Frage nach, wie Leben und Energie zusammenhängen.

Romantische Geister trugen in ihrer Weise zur Lösung der Frage bei: das Artifakt Frankenstein wird durch einen Blitzschlag zum Leben erweckt (10). Die Saga von Frankenstein, dem Bio-Roboter, hat sich insofern bewährt, als sie schon sehr früh auf die implizierten Schwierigkeiten und Gefahren solcher Experimente hinwies: in Frankenstein, dem artifiziellen Ergebnis einer Reihe von Transplantationen — oder soll man es lieber Synplantationen nennen? — erwacht ja nicht nur das Leben, sondern das Böse, das in Form von wiederbelebten Gehirnwindungen und Nervenenden eingeschlossen ist, und nun ans

Tageslicht drängt. Das wiederbelebte Fleisch ist vollgestopft mit Identitäten aus anderen Leben (in Frankensteins Fall bekanntlich Leben von Mördern und Triebverbrechern ; ein Gegenvorschlag wäre, es einmal mit einem Frankenstein aus Heiligenreliquien zu probieren ...) und verdeutlicht die intuitive Kenntnis schamanistischer Weisheit, die das Fleisch des Initianden durch Kochen vom Knochen löst, das heißt eben jene Erinnerung löscht, die sich mit der individuellen Identität verbanden, um so eine transformative Reinigung des Organismus erreichen. Frankenstein ist das warnende Gegenbeispiel. Was genau aber symbolisiert das Fleisch?

Leben und Erleben bedingen einander. Wer nicht lebt (z.B. ein Exkarnierter, ein Geist) kann auch nicht erleben (weshalb die Inkarnation erste Bedingung für Transformation ist — wie es in der Lehre vom Karma ausgedrückt wird) und solange einer lebt, erlebt er. Dies hat sich in Studien über Deprivationszustände erwiesen, insofern das Erleben sich von äußeren Reizen auf innere Wahrnehmung verlagert, also eben nicht abschaltet.

Das Erlebte wird verinnerlicht und in der Erinnerung wieder belebt, das Erlebnis, auch wenn es die Schwelle der Wahrnehmung nicht überschritten hatte und somit bewußt wahrgenommen wurde, hat sich dem Fleisch eingeprägt, seinen Eindruck, bzw. Abdruck hinterlassen: ein Inbild entsteht. Wie nun die Außenwelt in der Innenwelt, das Abbild im Inbild repräsentiert ist, stellt immer neuen Zündstoff für philosophische Diskussionen dar. Wichtig ist für uns jedoch im Zusammenhang mit Lebensenergie nur die Frage: Kann es eine inbildlose Erinnerung geben? Ich gehe dabei von meinem Erlebnis eines „bildlosen Erinnerungsstromes", wie ich es im Zusammenhang mit dem balinesischen Tänzer beschrieben habe, aus.

BILD UND BEDEUTUNG

Sich ein Bild machen" heißt soviel wie eine Bedeutung im Erlebten sehen — wobei genau genommen, nicht das Bild im Gesehenen enthalten ist, sondern, als Sinnbild, in das Erlebte hineinprojiziert wird. Das Sinnbild ist eigentlich mehr ein Rahmen, ein Raster, das der Wirklichkeit auferlegt wird. Es ist also durchaus möglich, etwas zu sehen, das sich zu keinem Bild zusammenfügt. Meist wird es dann vom Bewußtsein, das sich an Bildern orientiert, als so bedeutungslos empfunden, daß es gar nicht aufgenommen wird und ins Unbewußte absinkt. Kriminalgeschichten fangen oft mit solchen trivialen Beobachtungen an, so daß der Leser unwillkürlich gespannt wird, was es damit auf sich habe — der Leser wird also mit bedeutungslosen Bildern „angemacht" (schöner ist das vielgebrauchte englische Idiom „to turn on", das den energetisch-elektrischen Aspekt von Spannung, Erregung oder Libido verdeutlicht). Und da liegt der Trick, denn kein anderer Sinn hat soviel Sinn im Sinn wie das Sehen. Der Taschenkünstler ist mit seinen Tricks und Gaukeleien vor allem darum bemüht, das nach Sinn sich ausrichtende Auge mit allerlei gewöhnlichen und durchaus sinnvollen Handlungen abzuspeisen, so daß es befriedigt sich einlullen läßt und dann, durch den Trick stutzig gemacht, dem Sinn nicht auf die Spur kommt, das heißt feststellen muß, daß es sich getäuscht hat, daß es auf eine falsche Spur gekommen ist. Stutzend nimmt man wahr, daß man sich getäuscht hat: daß wohl die Sinne einen Sinn gefunden haben, aber daß es der falsche war: so ist der sinnsuchende Sinn dem Trickster auf den Leim gegangen. Und etwas Lustvolles ist an der erfolgten Sinnestäuschung, die die Sinn-Suche und Sinn-Befangenheit ad absurdum führt. Nur zu gerne läßt man sich in die Irre führen, folgt der Fata Morgana wider besseres Wissen und Gewissen, fühlt sich von der Illusion getragen, „verschaukelt". Im Film spricht von von „suspense" (engl.) und meint eine schwebende Situation, die offen gelassen wird. Im Thriller ist es ein wichtiges Mittel, um das Interesse des Zuschauers zu wecken, zu halten. Denn die Wahrheit fesselt nicht — sie entläßt in die Welt der Tatsachen. Im „suspense" sind wir der befangenen, verbissenen Suche nach Wahrheit enthoben, und was für ein Genuß ist diese Suspension! Die Spannung aber, die die ungelöste Situation in uns hervorruft, bewegt uns: die Spannung trägt uns, wird zum Fluß, auf dem wir hintreiben. Oft ist es die Kameraführung, die diese Bewegtheit unterstützt — oder auch eine bewegende Musik, die einzig und allein die Funktion hat, uns nicht an den Bildern festhalten zu lassen, sondern uns zu lösen, für einen größeren Zusammenhang zu öffnen. „Suspense" aufzubauen ist eine große Kunst, eine raffinierte Strategie, setzt Planung und Berechnung voraus — läßt sich „suspense" improvisieren?

Es handelte sich um einen Schöpfungsmythos. (11) Der Film war mit sehr einfachen Mitteln gedreht worden. Die Landschaft erschien sehr karstig, fast wie Wüste — ich überlegte: wo gibt es in Brasilien eine solche Wüste, denn ich wußte, daß der Film in Brasilien gedreht worden war und auch einen jener afro-brasilianischen Mythen zeigte, die der Stamm der Bantu mitgebracht hatte, Ich wollte genau verfolgen was geschah und da mir das nicht gelang, schob ich die Schuld auf die mangelnde Qualität der Kamera, des Filmmaterials, des Filmers selbst, dem es offenbar nicht gelungen war, einen Winkel zu finden, von dem aus die Szene sich übersichtlich hätte aufnehmen lassen können. Da hantierten Männer im Lendenschurz — aufgelöst in Überbelichtung — mit etwas, das sie sich abwechselnd vor die Stirne hielten. Dann wußte ich plötzlich: es war ein Stein. Und seine runde, grell weiße Ebenmäßigkeit erstaunte mich. Ansonsten wußte ich nicht, was es sollte. Stein vorm Kopf — Brett vorm Kopf, das war alles was mir einfiel. Getanzt wurde auch nicht — zumindest nicht in dem Sinne wie ich mir ein getanztes Ritual vorgestellt hätte. Es war und blieb ein Hantieren, die übliche schlackernde Bewegungsweise (die wir schon von Oxalà kannten), die das Hantieren ein wenig umständlich machte. Dann war der Filmstreifen zu Ende.

Ich blinzelte, als ich ans Tageslicht trat. Ich löste ganz richtig meine Fahrkarte und fuhr nach Hause, setzte mich noch kurz in ein Café, und bestellte einen Kaffee. Erst als jemand mich fragte, ob neben mir noch frei sei, merkte ich, in welchem Zustand ich mich befand: die Grenzen meines Körpers hatten sich ca. 1 1/2 Meter über meine Haut hinaus verschoben. Es fühlte sich an, als säße ich in einer bläulich schimmernden Luftblase. Ich sah den Fragenden an, und wortlos, selbstverständlich, suchte er sich einen anderen Platz. Ich war hellwach und stellte meine Verzauberung fest.

Was war geschehen? Ich konnte es nicht begreifen, mir nicht erklären. Ich fragte nach der Bedeutung des Mythos — bzw. nach dessen Inhalt, aber bezeichnenderweise war niemand da, den ich hätte fragen können — ein echter „suspense". Zunächst reagierte ich mit Frustration. Sicher hatte ich etwas Wichtiges versäumt, sicher war die Erklärung der Bedeutung durch mangelnde Sprachkenntnisse verloren gegangen. Daß es keine festgelegte Bedeutung gab — das kam mir nicht in den Sinn. Ich kam einfach nicht von der Vorstellung los, irgendwo gäbe es ein Wörterbuch, das die Symbole erklärte. Ich fühlte mich ausgeschlossen von jenem Wissen, das sich mir jedoch als körperliche Erfahrung mitgeteilt hat. Das Gefühl erweiterter Körpergrenzen, eines umgebenden Energieraumes, hatte ich schon anläßlich einer Begegnung mit Dürkheim gemacht. Nun traf ich, Jahre danach, auf einen Mann, einen ganz normalen Mann, Rechtsanwalt — wenn das einen Eindruck von Normalität vermitteln kann —, der mir erzählte, er habe auf dem Feuer getanzt, bzw. sei über glühende Kohlen gegangen. Die Inder nennen dies: über Blumen gehen. Ich fragte ihn, wie es sich angefühlt hätte, und er sagte: weich, wie auf Blumen zu gehen. Ich fragte ihn nach den Vorbereitungen aus und er erzählte mir bereitwillig: da seien tatsächlich Rituale gewesen, drei Tage lang zuvor. Waschungen, eine bestimmte Diät, rituelle Handlungen, wenn man so wollte — aber ihre Bedeutung wüßte er nicht. Es wäre extra ein Man aus Indien gekommen, der hätte kleine Statuetten in Milch und Honig gebadet, und hätte, wie die meisten Inder, sehr elegante, weiche Handbewegungen gehabt. Auch er berichtete davon, bei hellwachem Bewußtsein gewesen und die Situation als eine gewöhnliche wahrgenommen zu haben. Ungewöhnlich war nur, daß er über glühende Kohlen ging und sich nicht verbrannte. Später fragte er, ob die Musik dabei gespielt hätte, jene quäkend-näselnden unerträglichen indischen Schalmeien, deren Lärm er die Tage zuvor bei der Meditation hatte ertragen müssen. Alle fragten ihn, ob er sie denn nicht gehört hätte? Er hatte sie nicht gehört. Da fiel mir eine Begebenheit ein, für die ich bis jetzt keine vergleichbare Erfahrung gefunden hatte: die Wohnungsnot zwang mich, zu einer Zeit, da ich ganz versessen war auf Meditation und meine Atemzüge zählte, wann ich nur konnte, eine Wohnung mit einem Mädchen zu teilen, die sich von Bob Dylan in ihrem radikalen Weltschmerz verstanden fühlte, und seine Lieder spielte, sobald sich eine Gelegenheit bot — und das war fast immer. Ich saß da und meditierte verzweifelt gegen den Weltschmerz an, zählte und zählte — und stellte fest, daß mich die Musik von nebenan nicht mehr störte. Ich hörte sie sehr genau, verstand sogar die Texte, aber sie berührte mich nicht mehr als Störung. „Ich blieb bei mir selbst" — und fühlte mich umgeben von einem Fluidum, das mich schützte.

Wogegen?

Und was ist eine Störung?

Ich versuche nun, die obigen Phänomene mit der bisherigen Einführung und Beschreibung von Primitivem Tanz, wilder Bewegung und energetischer Erfahrung in Verbindung zu bringen.

In unserer Vorstellung ist Wahrheit ein Faktum, ein Fall, und deshalb suchen wir eine bestimmte, abgegrenzte Bedeutung, die ein Geschehen, das zu einem Fall wird, bedeutungsvoll macht. In der Zuordnung von Geschehen und Bedeutung findet der Fall seinen Sinn. Das Symbolon ist etwas, was zusammenführt. (Das Diabolon etwas, was getrennt hält.) Bei der Zusammenführung durch das Symbol ist das *Was und das Das* wichtig, nicht das *Wie*. Unter dem Zeichen des Symbols geschieht Zuordnung, nicht Beziehung. Im Bereiche des Tanzes heißt dies, die Bewegungen in Gesten und Gebärden aufzuteilen und sie einzeln zu bestimmen, ihnen symbolische Bedeutung beizumessen. Aus dem Willkommenstanz läßt sich die Willkommensgeste herausschälen, abstrahieren. Aber wie ist es mit der wilden Bewegung, die von einem Extrem zum anderen fällt, sich — will man ihr eine Bedeutung zumessen — in ihr Gegenteil verkehrt, so daß der freigiebige Willkommensgruß zur unersättlichen Anmaßung wird? Geben und Nehmen, sagt man bei uns, „do ut des" hieß es bei den Römern: ich gebe, damit du gibst. Gleichzeitigkeit wird jedoch vermieden, denn wenn

„Geben" „Nehmen" bedeutet, hebt sich die Bedeutung auf. Bedeutung setzt, genau wie Gefühl, eine Entscheidung voraus, ebenso die Abgrenzung von Sinn gegen Unsinn oder Sinnlosigkeit. Und insofern ist die wilde Bewegung, die das Hin und Her vereint, eine bedeutungslose, sinnlose oder unsinnige Bewegung — die Bewegung von Narren und Kindern, von Kranken, Irren, Ekstatikern. Es ist eine Bewegung, die aus dem Übermaß geboren ist, die noch vor jeder Sinngebung und Verbildlichung sich abspielte — sich zuspielte. Bewegung vor Bedeutung, Fließen, bevor der Fluß einen Namen trägt.

„The mind is movement" sagt Bhagwhan. (12) Das Bewußtsein selbst ist es, das sich immer bewegt, von einer Tatsache zur anderen wandert, wie die tastenden Finger über die Perlen einer Kette wandern, und so die Zeit erschafft, denn was ist Zeit anderes als ein Abzählen, ein Abtasten der Perlen entlang einer Kette? Gib dem Bewußtsein seine Wegzehrung, und Stille wird eintreten, Zeitlosigkeit. Sowohl der katholische Rosenkranz wie die tibetische Gebetsmühle scheinen darin ihre Funktion zu finden. Nicht das Was, sondern das Wie hat Bedeutung, die Bewegung trägt in sich einen Sinn, der sich im Tun erschließt. So lassen sich die monoton, scheinbar sinn- und bedeutungslos sich wiederholenden Bewegungen des Primitiven Tanzes durchaus als rituelle Handlungen verstehen, wobei das Verständnis kein symbolisches (und auch kein diabolisches!) sondern ein energetisches ist. Die Frage, die ein solches Verständnis uns erschließt, ist nicht: Was bedeutet die Bewegung? sondern: Wie fühlt sie sich an? Wie wirkt sie auf den, der sie sieht, und der sie, wahrnehmend, nachvollzieht?

> Daß Bewegung eine Wirkung — noch vor jeder Bedeutung — auf den Zuschauer hat, wurde mir während und nach eines Ritus der wirbelnden Derwische bewußt. Was für eine Bedeutung ließe sich denn dem stundenlangen Drehen beimessen? Trotzdem verfolgte ich jedes Kreisen von neuem, ließ die Wiederholung des Einmaligen geschehen, und war wie gebannt davon. Ich kann nicht sagen, daß die drei Stunden im Nu verflogen. Ich war mir wohl bewußt, daß Zeit verging, aber im Nachhinein geschah eine Verwandlung: die in sich einmaligen Bewegungen schmolzen durch die Wiederholung zu einer einzigen Bewegungseinheit zusammen, zu einer Gestalt, einem einzigen Wirbel, der die Zeit in sich aufsog.

Die Bewegung (z.B. des Wirbelns) ist das Band, das die einzelnen Gesten und Gebärden (ob sie Bedeutung haben und symbolträchtig sind oder nicht ...) verbindet und so vereinigt zu einem Ganzen. In der Bewegung erfährt das körperlich dargestellte Symbol seine Ergänzung. So wird der Tanz an sich zum Ritus der Verbindung, Vereinigung. Seine Wirkung ist die einer Verflüssigung. Alles ist nun in allem. So läßt sich auch verstehen, inwiefern Störung gerade zur Lösung — man beachte den Doppelaspekt des Wortes! — beitragen kann: das Symbol, das ja den Anspruch auf Totalität erhebt, betrachtet alles das, was sich dem Symbol nicht unterordnen läßt, als Störung. (13) Störung ist also der gegensätzliche Pol, an dem sich das Symbol reibt. Hier gibt es zwei Möglichkeiten: sich „stur stellen" und auf sein Recht, bzw. sein Symbol pochen, oder die Reibung als Bewegung wahrnehmen, und sich von ihr führen lassen. Das Symbol wird eingeschmolzen und in einen größeren Zusammenhang überführt. Der Totalitätsanspruch aufgelöst: das ist die Lösung.

In Trance zu gehen heißt für mich, eben diese Verflüssigung zuzulassen.

TRANCE

[handwritten annotations: "= jenseits d. Materie, ..." at top; "TRANCE WORTURSPRUNG" at left margin; "Bewegung" above text]

Trance wird französisch ausgesprochen, kommt aber aus dem englischen Spiritismus des letzten Jahrhunderts und hört sich, englisch ausgesprochen, gleichlautend mit dem Präfix Trans- (wie in Transzendenz, Transformation, Transparenz) an, wodurch die lautmalerische Wortspielerei möglich wird, Worte, die mit Trans- beginnen, umzubenennen: da gibt es eine Trancezendenz, eine Tranceparenz und einee Tranceformation. Diese zunächst beliebig erscheinende Wortspielerei hat sich vor allem in dem Begriff „Tranceformation" (14) als Aufforderung zum Umdenken entpuppt, und bildet auch den Titel von Elmar Grubers ausführlichem Werk über Schamanen. (15)

In der Therapie, wo es ja besonders um das Problem der Veränderung geht, hat Trance, als Zustand der Verflüssigung, natürlich einen ganz anderen Stellenwert bekommen als in den sensationslüsternen Spiritistenseancen des allzu gruselbereiten 19. Jahrhunderts und in den Zeitungsmeldungen, die den Skandal markieren. „Er war wie in Trance" (bevor er Amok lief) heißt es da. „Er wußte nicht mehr was er tat", „er war nicht mehr er selbst", „etwas in ihm war stärker als sein Wille", „etwas trieb ihn dazu ...". Die Fremdbestimmung wird als Skandalon thematisiert, und die Trance als Bürgerschreck in die Nähe von Drogen, sexueller Hörigkeit, religiösem Wahn gerückt. Umso mehr wird der Bürger in seiner eingleisigen Wahrheitssuche, seinem Pochen auf Recht und Konvention (und Symbol wird semantisch als Konvention angesehen! (16) bestätigt, die anarchistische Notwendigkeit von Verflüssigung entkräftet. Wenn man allerdings betrachtet, wie die bürgerliche Gesellschaft mit dem Bewußtsein und dem Unbewußten ihrer Subjekte umgeht, würde man — Trance als einen Zustand der Besetzung und Besessenheit gesehen — eher zu dem Schluß kommen, zu dem auch Michael Harner kam: „Society is trance". (17) In psychiatrischen Anstalten werden Patienten mit Psychopharmaka vollgestopft oder unter Elektroschock gesetzt (18), so daß sie das beste Beispiel einer Tranceformation abgeben, die nicht nur im Geiste sich vollzieht, sondern leiblich sich zeigt. Pharmazeutische Industrien schaffen Bedürfnisse, die werbefachmännisch suggerierten Krankheitsbildern Abhilfe schaffen sollen. In der Werbung sitzen die großen Trancekünstler — man kann es ihnen nicht verdenken.

Auch wer ein politisches Programm an den Mann bringen will, tut gut daran, sich an dessen Unbewußtes zu wenden, denn Kommunikation läuft heute schon lange nicht mehr auf der Ebene des Bewußtseins als Informationsaustausch, sondern gerät immer mehr in die Bereiche des Unbewußten, wo die Gesetze der Suggestion herrschen. Erinnern wir uns: Wahrheit fesselt nicht! Auch Ideologie muß sich verkaufen und deshalb attraktiv verpackt werden. Solche Verpackungsmeister sind in den Medien — „die die öffentliche Meinung widerspiegeln" — zu finden. Was sich als Information gebärdet, ist eigentlich Suggestion.

McLuhans' Satz: „The medium is the message" (19) drückt das Prinzip der Trance aus: nicht das Was sondern das Wie interessiert. Unter diesem Aspekt haben Therapeuten die Hypnosetherapie zur Dehypnotherapie (20) umgetauft, denn es soll nicht nur erarbeitet werden, *Was* man will, sondern auch *Wie* man will. Ausgegangen wird von der Hypothese, daß, wenn man erkennt, *Wie* man sich selbst im Wege steht, man auch lernt, *Wie* man sich selbst durchlassen kann. *noch nicht unbedingt...*

Der Zustand solcher Durchlässigkeit (oder Tranceparenz) ist ein Zustand, wo „einem alles einerlei" ist. Es ist jedoch nicht ein Zustand apathisch resignierter Gleichgültigkeit, sondern der einer Gleichwertigkeit — der von Camus als Erlebnis des Absurden (21) geschildert wurde. Die Dinge bieten sich in ihrer leuchtenden Ursprünglichkeit dar, keine Bewertung verdeckt sie oder macht sie stumpf und trübe. Es ist ein Zustand poetischer Klarsicht, ein Zustand, der vom Raster der angelegten Wertmaßstäbe entbindet, von Gefühlen und Gefühlsidentifikationen befreit, ein Zustand, der die Züge des Satori (22) trägt. Wie nun der Einstieg in diesen Jungbron unmittelbarer Wahrnehmung zu erreichen ist, ist Thema und Aufgabe vor allem östlicher Meditationspraktiken. Das spontane Auftreten von Trancezuständen im Alltag weist uns aber ebenfalls Wege auf, die vielleicht unserem kulturgeschichtlich vermittelten Existenzbezug mehr entsprechen.

TRANCE UND BEWEGUNG

Der Zustand, in dem einem alles einerlei ist, ergibt sich im Alltag meist nach einer übermäßigen Anstrengung, sei es körperlich, seelisch-gefühlsmäßig, oder geistig. Aus dem Sport (vor allem dem Dauerlauf) kennen wir das Phänomen, daß gerade der „Tote Punkt" in seiner Überwindung neue Kräfte erschließt. Im Gefühlsleben bedeutet eine Enttäuschung den Zusammenbruch von Erwartungen und Wertungen und kann paradoxerweise als Einbruch wiedergewonnener Freiheit und Erleichterung erlebt werden. In der Enttäuschung liegt die Lust, sich selbst wieder zu gewinnen, auch wenn man um einige Illusionen ärmer ist. Im Denken wird die oft an Verbissenheit angrenzende Mühe linear-logischer Folgerungen und Analysen durch den Einfall belohnt — und meist kommt der Einfall, der alles in Verbindung bringt und sich aufeinander beziehen läßt, gerade dann, wenn das Denken schon verzweifelt ist und die ganze Sache ad acta legen wollte.

Es gibt also einen Einstieg in die Trance, der höchste Anstrengung bis zur totalen Erschöpfung empfiehlt. Es ist dabei aber unerläßlich, darauf hinzuweisen, daß Erschöpfung, Enttäuschung, Kopfzerbrechen in sich allein noch nicht den Überschlag in den paradisischen Zustand der Mühelosigkeit als eine Art Schlaraffenland garantieren. Es geht nicht darum, „sich fertig zu machen", als wolle man sich selbst dabei loswerden. Das hieße, das Kind mit dem Bade auszuschütten, denn es geht nur darum, die Anstrengung der Erwartung, die Verbissenheit des „*Es* muß doch werden!" loszulassen. Und wenn dies nicht aus höherer Einsicht wie etwa im Taoismus geschieht, muß das Schicksal eben den Weg des Widerstandes nehmen, und zwar nicht den des geringsten, sondern den des stärksten — um den Widerstand selbst ad absurdum zu führen. Das ist für uns, die wir die Willensfreiheit als Errungenschaft unserer abendländischen Philosophie überaus hoch schätzen, eine harte Nuß. Hart kommt uns auch die Erfahrung des Zusammenbruchs an, erscheint uns als Kapitulation, so daß wir gar nicht die Früchte des Ich-Verlusts recht genießen können.

Das Ich ist unersetzbar in seiner Funktion, Bewußtsein aufzubauen. Es orientiert sich, indem es fixiert und identifiziert. Der Tote Punkt markiert die Grenze zwischen Ich und Selbst: zuerst strampelt sich das Ich ab, dann geht alles wie von selbst. (Eine umgangssprachliche Redewendung beschreibt auch tranceartige Zustände als Zustände, in denen alles „wie von selbst" geht).

Ich und Bewußtsein sind aber in unserer Kultur so stark miteinander verbunden, daß eine Trennung der beiden nicht denkbar und auch vom Erleben her nicht zugelassen werden kann, Ich-Verlust also oft mit Bewußtlosigkeit assoziiert wird (wie im Beispiel der Trance der Vergleich mit Somnambulismus und Betäubung durch Drogen herangezogen wird) und tatsächlich auch eintreten kann. (So wird berichtet, daß ein Orgasmus Ohnmacht auslösen kann). In östlichen Kulturen, die eine ganz andere Beziehung zum Selbst haben, wird hingegen das Bewußtsein nicht durch Bewußtlosigkeit, sondern durch Bewußtheit abgelöst.

Im Tanz nun verlangt die fließende, gekonnte Bewegung (man sagt, etwas geht wie geschmiert, wenn man Perfektion andeuten will) immer ein gewisses Maß an Ich-Aufgabe, wenn der Körper sich verselbständigt und „in Fluß kommt". (Ähnliches beobachten wir beim Redner, beim Schauspieler). Schon deswegen hat der Tanz einen rauschhaften Effekt, der den Tänzer die Sorgen des Alltags, die grauen Bedingungen und Begrenzungen des Lebens vergessen läßt. Tanzekstase war im Volkstanz nicht als Flucht vor der Wirklichkeit angesehen, sondern als deren Umwertung und Neuordnung von therapeutischem Nutzen: sie belebte, gab wieder Kraft. Bei einem zentralafrikanischen Stamm (23) war es Aufgabe der Initianden, sich zurückzuziehen und einen bestimmten Tanz zu lernen, der dann den Dorfältesten vorgeführt wurde. Diese konnten an der Qualität der Bewegungen ermessen, ob der Tänzer „awa" — das, was Kraft gibt — gewonnen hätte. Die Einübung in eine sich verselbständigende Bewegung nimmt also nicht Kraft, sondern gibt Kraft — wobei im Bereich der Initiation wohl von einer Animation die Rede ist. Muskelkraft wird zwar zunächst eingesetzt, aber das Ziel ist nicht das eines Muskeltrainings, sondern das der Entwicklung von Spiritualität. Die Verselbständigung des Körpers als Mittel zur Selbstfindung läßt sich aber nicht nur in den Trance-Tänzen nachweisen, sondern zeigt sich noch in den Stolper-, Hinke- und Fallschritten der Volkstänze als getanzter Ausrutscher. Die Eigenproduktion des Körpers wird stilisiert. Die Stilisierung entschärft die explosive Kraft, die dem Unwillkürlichen innewohnt. In den Trance-Tänzen etwa des Voodoo oder des Candomblé hingegen ist gerade die Verselbständigung des Körpers das Ziel, denn so bereitet sich der Körper auf den Zustand der Besessenheit vor. Der Geist erscheint, indem er in den Tänzer hineinfährt, ihn reitet, wie es da genannt wird, und sich in den Tanzbewegungen zu erkennen gibt. Der Stil ist Ausdruck der Anwesenheit des Geistes oder Gottes.

Im Kunsttanz ist das Unwillkürliche durch Körperbeherrschung gebannt. Im Volkstanz schwingt noch die intuitive Kenntnis von der therapeutischen Wirkung des Tanzrausches mit und läßt im Rahmen der Stilisierung das Unwillkürliche bedingt zu. Es hängt von der didaktischen Vermittlung ab, inwieweit den Tanzbewegungen eine energetische Erfahrung beigemessen wird. (24)

Die Stilisierung von Unwillkürlichem läßt sich sehr gut am Beispiel eines kroatischen Tanzes aufzeigen: Eine Bewegungsfolge einfacher, sehr rhythmischer Tanzschritte wird abgelöst von einer Choreografie, die die Gruppe in Paare aufteilt und den Paaren eine getanzte Annäherung vorschreibt, bis es zum Händedruck kommt. In dieser Phase der Annäherung geht ein anhaltendes Zittern durch die Tänzer, gerade so als würde sie die Scheu, die Scham, oder auch die Erregung nur so beuteln. Hier überlagert sich die dargestellte Form mit der Darstellung eines energetischen Zustands, und ruft beim Zuschauer eine heitere Reaktion hervor, denn in der Überlagerung erkennt er sich selbst, wie er sich zu beherrschen versucht und doch ab und zu aufgeben, sich gehen lassen muß — und will!

Man könnte aber auch das eintretende Zittern unabhängig von den Gesten interpretieren, nämlich als Strom fließender Lebensenergie. Die Gesten legen sich darüber wie eine in sich geschlossene, ganz unabhängige Schicht des Lebens, das formalisiert, konventionell sich in verständlichen und sinnvollen Gebärden abspielt. Es entsteht der Eindruck von Figuren, die von einem Motor betrieben werden. Manchmal tritt der Motor in den Vordergrund, offenbart seine Motorik und relativiert das Geschehen: dem Betrieb liegt der Trieb zu Grunde. Und so gewährt der Tanz Anschluß sowohl an die Form wie auch an das Formlose, an die zivilisierte Bewegung ebenso wie an die unzivilisierte. Die wilde Bewegung erweist sich in diesem getanzten Zusammenhang als Ursprung und Matrix aller sich daraus entwickelnden Bewegungen, ohne daß noch unterschieden werden könnte, was krank und gesund, normal oder abartig, aktiv oder passiv, männlich oder weiblich wäre. Noch vor jeder Wertung und festlegenden Bedeutung ist die wilde Bewegung Ausdruck des Lebendigen an sich.

Nicht nur zu wissen, sondern auch zu spüren, daß man lebt, sich in der wilden Bewegung auf den Ursprung des Lebensgefühls rückzubeziehen — dies scheint ein Urbedürfnis zu sein, das sich bis in unseren zivilisierten Alltag hinein erhalten hat: die wilde Bewegung ist nicht nur, wie anfangs beschrieben wurde, eine Form der Entladung, die Intensität in unwillkürliche und „sinnlose" Motorik umsetzt und so abführt, sondern darüber hinaus ein Rückbezug auf das Leben, wie es pulst und drängt und treibt — kribbelt und wibbelt, wie Fontane sagt — und nach Form sucht wie ein Fluß nach seinem Bett.

Und woher kommt es nur, daß uns das Glitzern und Gleißen, kleinste Bewegungen des Lichts, das Tanzen der Sonnenreflexion so fasziniert? Daß wir das Schimmern und Aufblitzen mit einer Verzauberung assoziieren, die jenseits allen Kalküls liegt, die nicht nach dem Wert des Edelsteins fragt, nicht die Beschaffenheit des Stoffes untersucht, sondern sich nur der Oszillation hingeben will? Besonders Kinder und Primitive sind für diese Verzauberung anfällig (25). Die Zivilisation hat uns das Kalkül gelehrt und den Zauber ausgegrenzt. So sind Tand und Tändelei Inbegriff des Unechten geworden, das Tingeltangel erklärt sich selbst als halbseiden. Und die Narrenkappe ist voller Schellen, die die unmotivierten Bewegungen des Narren mit einem Gebimmel begleiten. Auch die Schnarren, Ratschen und Klappern, mit dem früher die Aussätzigen ihr Kommen ankündigen mußten, sind wichtige Requisiten im Fastnachtstreiben, sollen sie doch durch ihren nervtötenden Lärm das Chaos verbreiten. Die Grenzen sind aufgehoben: Fratzen brechen hervor, der Mummenschanz läßt die Verzerrung zu, fördert die Entgleisung, freut sich an der Manier des Spreizens. Der hinkende Gang des Klumpfußes ruft Angst durch die Regelmäßigkeit seines schlingernden, schleifenden, schleppenden, humpelnden Rhythmus' hervor. Die guten Geister hingegen begleitet ein feines, fast unhörbares Läuten von Glöckchen — etwas liegt in der Luft, und wer kann sich da entziehen? Da hilft nur das Wachs in den Ohren, ein Mittel, das die Gefährten des Odysseus schon anwandten: Desensibilisierung. Das heißt —

wenn wir bedenken, daß im Ohr das Organ des Gleichgewichts sitzt — durch Desensibilisierung das Gleichgewicht wahren, eben nicht, und sei die Sehnsucht danach noch so groß, sich in die Flut des auflösenden Chaos zu werfen, Regression um einer schamanistischen Neugeburt willen zu wagen. Das Gleichgewicht wahren, immer derselbe bleiben, nie sich verlieren — das sind die Ideale unserer Erziehung. Dabei wird außer acht gelassen, daß der, der sich nie verliert, auch nie finden kann. Aber das Paradox der Erfahrung, daß Verlieren das Finden bedingt, wird vermieden — es ist ein heikler Punkt, vor dessen Berührung man sich scheut, fast als fürchte man sich vor der elektrisierenden Wirkung, vor dem leichten Schlag. — Oder vor dem Zauber?

Was also ist es, das verzaubert? Gibt es Kategorien der Verzauberung?

Das Läuten und Klingeln, ebenso wie das Aufblitzen, beschreiben nicht nur äußere Phänomene, sondern auch innere Zustände, Erfahrungen, die in den Redewendungen „da klingelt etwas in mir" (ein Aha-Erlebnis), „da läutet etwas" oder „etwas blitzt in mir auf" oder „ich habe keinen Schimmer" (soviel wie: ich habe keine Ahnung) ihren bildlichen, besser: ihren bewegungsbildlichen Ausdruck finden. So nimmt die volkstümliche Sprache Entdeckungen der Wissenschaft vorweg, die mit der Erforschung der Gehirnwellen einen Nachweis der Beeinflussung äußerer Bewegungsbilder (z.B. das Aufblitzen der untergehenden Sonne zwischen den Bäumen einer Pappelallee) auf den inneren Zustand erbrachte. (26) So versetzen bestimmte Rhythmen und Geschwindigkeiten regelmäßig sich wiederholender Bewegungsabläufe in Trance, weil sie den Alpha-Wellen, die für tiefe Entspannung und leichte Trance-Zustände verantwortlich gemacht werden, entsprechen und sie damit auslösen. Hier wird uns auch bewußt, welche Macht das Wissen um Entsprechungen hat, denn die Entsprechung ist der Schlüssel zum Ansprechen auf unbewußter Ebene — zur Verzauberung. Das bedeutet, daß uns jemand mit seinem „Getändel" und „Gelaber" deswegen auf die Nerven geht, weil er uns zwar nicht auf der bewußten, aber umso mehr auf der unbewußten Ebene — die man nicht unterschätzen sollte! — anspricht, und wir alle unsere Aufmerksamkeit aufbringen müssen, dem Sog des Unbewußten zu widerstehen und uns nicht einlullen zu lassen, wach zu bleiben. Diese Anstrengung wirkt „nervtötend", die Abwehr verschließt, zermürbt. Störung oder Zauber? Beiden gemeinsam ist die innewohnende Kraft der Ablenkung, und darüber hinaus, der Auflösung eines bestehenden Gleichgewichts, einer Ordnung.

Sich auf das Lebendige zurückzubeziehen heißt, eine autonome und autoregulative Ordnung jenseits der Ordnung des Bewußtseins zuzulassen. Und eben der Wechsel von einer beengenden Ordnung, in die Störung oder Zauber nicht integriert werden kann, auf eine zunächst erschreckend und erschütternd weite Ordnung, also ein Wechsel von Enge nach Weite, vermittelt das Gefühl, dahinzusinken, abzugleiten, den Boden unter den Füßen zu verlieren. So heißt es auch Ab- und nicht Auflenkung. Und mit dem Gefühl der Abwärtsbewegung verbindet sich die Vorstellung von „versumpfen" (Regression), „versakken" (Depression) und „bergab gehen" (Minderung von Leistungs- und sogar Lebensqualität) kurz: die Vorstellung des Untergangs. So wird der Tingeltangel nicht mit Bewußtseinserweiterung sondern mit Verfallenheit assoziiert. Aber Bob Dylans „dshingel-dshangel in the morning" in „Hey, Mr. Tambourine Man!" deutete damals das Heraufdämmern einer neuen Ära an: Jongleure und Akrobaten, Artisten aller Art führten den Kreuzzug der Blumenkinder an.

Verzauberung als Auflösung der bestehenden Ordnung — „ganz weg sein" — bezeichnet einerseits einen Zustand der Entzückung, der bis zur Entrückung und dem Verrücktsein reicht (man sagt auch: „ganz verrückt sein nach etwas ..." um den Superlativ der Begierde zu umreißen) und zeigt andererseits, wie sich Dasein als Schnittpunkt von Raum, Zeit und Ich an eine Bewußtseinsordnung hält. Fragt man nach, wie sich das Ganzwegsein angefühlt habe, so wird der Zustand oft als einer von überhöhter, gesteigerter Präsenz beschrieben. Eine hellwache Geistesgegenwart gesellt sich als Erfahrungswert zu den mit Trance assoziierten Vorstellungen von Fremdbestimmung und Regression. Versumpfen und Versacken erweisen sich bei näherem Hinsehen als genau das Gegenteil dessen, was darin gefürchtet wird, nämlich der Auflösung. Es ist eine Folgen von eben Nicht-Verzauberung, fortschreitender Bezugslosigkeit zum Leben und zum Lebendigen, ein Nicht-Fallenlassen, das Verklebung und Erstarrung bedingt.

Es wirkt belebend, in die formlos flüssigen Bewegungsabläufe des motorischen Potentials einzutauchen und sich von dem Kontinuum des Lebendigen — das sich noch lange vor dem Einsetzen der Bewußtwerdung als rhythmisches Muster etwa des mütterlichen Herzschlags und Atemzugs vermittelt und als Urvertrauen, nämlich dem Gefühl „drinnen zu sein" sich verankert — weitertragen zu lassen, wo das Bewußtsein nicht mehr weiter weiß. Wir kennen alle das Gestikulieren, welches das Ringen nach dem passenden Wort begleitet, kreisende Bewegungen aus dem Handgelenk, die das etc. etc. ersetzen sollen, das Auf- und Abgehen dessen, der einen Gedanken entwickelt.

Dabei macht es wohl einen Unterschied, ob ich sage: „Die Zeit bewegt mich durch das Leben" oder: „Das Leben bewegt mich durch die Zeit". Die Zeit wird erst zu meiner Zeit, wenn ich sie erlebe. Wenn sie erlebnisleer und unbesetzt verläuft, wird sie in ihrer Bewegung selbst unlebendig, mechanisch, das unbarmherzige Ticken einer Uhr, das Vergänglichkeit erschafft. Wenn hingegen das Leben führt, dann belebt sich die Zeit, füllt sie sich mit Bewegung. So ist es zu verstehen, daß Bewegung, wenn sie als Getragenwerden, Geführt- und Gefahren-, als Bewegtwerden erlebt wird, eine geradezu verblüffende Entspannung bewirkt. Typisches Beispiel schwermütiger Verstimmung ist das Gefühl, vom Leben und seiner Bewegung zurückgelassen worden zu sein, den Anschluß verpaßt zu haben. Es erscheint als literarisches Thema des 19. Jahrhunderts (27) und spiegelt sich heute in salopper Form in einigen Redewendungen wieder. So sagt man „der Zug ist längst abgefahren für ihn", „er ist auf dem falschen Gleis" und natürlich, „auf etwas abfahren".

Kinder entwickeln Trance-induzierende Bewegungsspiele (wie auch andere Trance-Induktionen, von denen sich Trance-Therapeuten leiten lassen) um sich einzuleben, vom Leben mitgenommen zu werden — dies natürlich besonders in Situationen, wo der Anschluß an das Kontinuum der Nähe nicht garantiert (siehe autistische Bewegungen hospitalisierter Kinder!) und das Urvertrauen gestört ist.

Als Kind schaukelte ich mich stundenlang in den grauen, unbewegten Himmel mancher Tage hinein. Oder ich drehte und drehte mich, bis die Welt sich zu drehen begann, und ich in ihrem Mittelpunkt stand. Mit offenen Augen ließ ich sie vorbeiziehen, ohne meinen Blick an etwas zu heften. Es war wie im Karussell zu sitzen —.

Und manchmal stellte ich mir vor, wie es wäre, wenn die am Himmel dahinjagenden Wolken Wellen in einem Meer wären, durch das sich das Schiff der Welt vorwärtsbewegt. Da wurde eine steil aufragende Hauswand zum Schiffsbug, und ich, gelassen, stand an der Reeling und genoß die Fahrt.

Auch für Erwachsene hat oft das Rattern des Zuges, Zuckeln der Kutsche, Schaukeln des Bootes und Schlingern des Dampfers — um nur einige Beispiele zu nennen — seine Wirkung beseligender Entspannung nicht verloren. Es ist, als würden sie für die kurze Zeit der Fahrt die selbstauferlegte Anspannung des Alltags vergessen und sich gehen, besser: sich leben lassen. Der Anschluß an ein solches Bewegungskontinuum scheint von dem Gebot kontrollierter Aktivität ebenso wie dem aktiver Kontrolle zu entbinden. (So hat sich die Umformung des Satzes „Ich atme" in „Ich lasse mich atmen" bei Entspannungstechniken besonders bewährt!).

Die befreiend entspannende Wirkung der Umkehrung von Aktiv in Passiv läßt sich folgendermaßen erklären: zunächst sind Bewegungen keine Aktivität. Als Motorik — etwa des Kindes — setzen sie unwillkürlich und spontan ein und bleiben auf der Ebene eines diffusen Agierens. (Dem auf anderer Ebene etwa ein diffuses, bzw. anarchisches Agitieren entspricht). Der Vorgang des Erlernens einer bestimmten Bewegung geht meist so vor sich, daß bestimmte Bewegungsmuster als Vorbild dienen und abgeschaut werden. Das eigene, noch unbeholfene Agieren wird dabei immer mehr auf die schon vollendete, in sich als Form abgeschlossene Aktion des Vorbilds abgestimmt. Dies wird durch Koordination erreicht. Dabei werden viele kleine Bewegungen zu einer Bewegungseinheit zusammengefaßt, so daß man von „einem bestimmten Zug" eines Menschen spricht und letztlich Bewegungsgewohnheiten meint, die sich bis in die Feinmotorik eines bestimmten Muskelverhaltens als Bewegungstypen durchsetzen und festsetzen. So ist „der Griff nach der Flasche" und der „Zug am Zigarettenstummel" eine solche Bewegungseinheit und differiert außerordentlich — wie die Bewegungspalette berühmter Filmstars zeigt. Ein Vorteil dieser Bewegungseinheiten ist, daß Bewegungsabläufe automatisiert werden, und dadurch ein Minimum an Bewußtseinsaufwand beanspruchen. Eine Gefahr liegt jedoch in der Gewöhnung, nämlich die Gefahr eines Sucht- und Zwangsverhaltens, wobei die Bewegungseinheit als Gewohnheit verkapselt und verpackt abläuft, ohne daß sie das Bewußtsein aufhalten kann. Eine solche unwillkürliche Konsequenz wird als „nicht mehr aufhören können" erlebt und erschreckt durch die Ohnmacht des Bewußtseins, das dem motorisch sich abspulenden Gewohnheitsprogramm nicht gewachsen ist. Ein Trick, solche Gewohnheitsmuster zu durchbrechen, ist der der unerwarteten Intervention. Eine solche wird übrigens schon in einem der Grimmschen Märchen beschrieben. (28) und gehört natürlich zum Handwerk von Therapeuten, Komikern und anderen Störenfrieden. (29) Der Einbruch des Unerwarteten löst den Zusammenhang der Erwartung (der Hoffnung wie auch der Angst) auf, und zeigt sich in einer Art Lähmung, die eine von Grund auf neue Zusammensetzung sowohl von Erwartung und Gewohnheit als auch von automatisiertem Bewegungsablauf erfordert. Im Prozeß des Umlernens wird daher die Automation abgebaut, und Präsenz aufgebaut. (30) Den Könnern entgeht manchmal das Wichtigste: Leben.

LEBEN ALS TANZ

Nein, ich meine nicht einen Walzer, der sich von Höhepunkt zur Höhepunkt schwingt und die Tiefen zu nehmen weiß. Auch keinen Tango bitte — soll ich mir selbst zum Objekt und Opfer meines Fatalismus werden? Reigen? Auch keinen Reigen — und überhaupt: keinen Hexentanz, keinen Veitstanz, keinen Roboter-Tanz — was hat übrigens Leben mit Tanz zu tun? Ja, ich weiß, nichts liegt näher, als den Zeitgeist im Tanzstil der Epoche aufzuspüren. Und darüber hinaus bietet der Tanz als stilisierte Bewegung sich zur Identifikation mit Gefühlen an, mehr noch: erlaubt die Stilisierung von Gefühlen und bewahrt vor der Ambivalenz der Emotionalität. So ist der Walzer für ein beschwingtes Lebensgefühl, der Tango für Stolz, und der Rockn' Roll für Kaugummikauen zuständig. Ein Stil grenzt sich gegen den anderen ab, schließt sich gegenseitig aus. Da wechselt der Stil wie die Mode, aber der Wechsel selbst bleibt, denn er macht es erst möglich, daß ein kleiner Ausschnitt von Bewegungen und Gefühlen zum Nonplusultra erhoben, absolut gesetzt und jeder Bezugnahme enthoben ist. Wie aber ist es mit der sicher nicht zufälligen Überlappung von Tanz und Krankheitsbildern? Haben Krankheiten Stil? Das genau ist der Punkt, an dem sich die Geister scheiden. Viele wollen im Tanz das Prinzip der gestalteten Bewegung, der Stilisierung an sich sehen, wobei der Körper des Tänzers zu perfekter Funktiontüchtigkeit dressiert wird, um eben jene perfekt funktionierende Körperlichkeit zu stilisieren. Welcher Tanzstil auch immer vertreten wird — die Erscheinung der Krankheit mit ihren Symptomen wird ausgegrenzt. Dies entspricht dem allgemeinen Krankheitsbild, das nach Stillegung, Betäubung, Einweisung ins Krankenhaus oder Anstalt ruft und den Rückzug aus der Öffentlichkeit fordert. (31) Invaliden jeglicher Art wird der Zutritt zum Tanzparkett verwehrt, denn hier wird Jugend, Schönheit und Gesundheit gefeiert. Eine geltungsbedürftige, leistungsorientierte Gesellschaft verschanzt sich gegen Invalidität (lat. invalens — ungültig), wehrt nicht nur das Leiden, sondern auch jede Form von Betroffenheit, Ergriffenheit in der Stilisierung der eigenen Validität ab, die dann, im „bop" der „punks", im „robot Dance" ad absurdum geführt wird. Bezeichnenderweise fordern die neuen Tanzstile zunehmend nach akrobatischen Leistungen, um den Körper dem Roboter anzupassen. Akrobat und Invalide stehen sich hier als Extreme gegenüber — die ich übrigens in der Figur eines auf Krücken tanzenden Krüppels vereint einmal innerhalb einer Commedia dell' Arte Aufführung erlebt habe. Auch Valeska Gert und Lindsy Kemp durchbrachen mit ihrem Tanz die Begrenzung des Tänzers und integrierten Groteskes, Perverses, tanzten den Ausnahmezustand. Doch meist gilt das Entweder-Oder.

Schon der Slap-stick, der gekonnte Ausrutscher, legt den Clown auf seine Rolle fest. Und Eltern teilen ihre Kinder schon bald in die Gattung des Tollpatsches oder der Ballerina ein. Deshalb steht Tonio Kröger (32), der Übersensible, auf Seiten der Nicht-Tänzer, denn wer will, bei so viel draller Lebensbejahung, die der Tanz für sich gepachtet hat, da noch tanzen? Rotbäckige Lebendigkeit, wie sie manchmal noch in Volkstanzkreisen anzutreffen ist, scheint Sensibilität und kritischen Verstand auszuschließen. Aber, Gott sei Dank, der Schein trügt: Lebendigkeit geht nicht nur über rote Backen, sondern auch über Gesundheit hinaus.

Wie das Leben umgrenzt ist von Tod, so gewinnt es nur durch die zugelassene Erfahrung der Sterblichkeit an Lebendigkeit. Lebendigkeit entsteht als Vereinigung der Gegensätze von Leben und Tod und bringt, wie jede Vereinigung der Gegensätze, etwas in Fluß. Eine heilende Erschütterung setzt ein und ergänzt die Selbstverständlichkeit des Lebens durch den Schock. Leben: das heißt sich einleben, eingewöhnen, Gewohnheiten entwickeln, die helfen sollen, sich im Leben zu orientieren und zu beheimaten. Da macht der Tod einen Strich durch die Rechnung und reißt aus dem Halbschlaf der Gewohnheiten, die sich selbst verstehen, heraus. Sterben heißt, in der Vergegenwärtigung des Todes die Gewohnheiten loszulassen, das Ungewöhnliche zuzulassen. Jeder, und wenn er sich noch so gewöhnlich dünkt, stirbt seinen Tod, und der Tod bleibt für jeden ungewöhnlich — an den Tod läßt es sich nicht gewöhnen, wenn es an den eigenen Leib geht. Der Leib ist der Ort, in dem sich Leben und Tod, Gewohnheiten und Ungewöhnliches begegnen und aufeinander wirken wie eine chemische Reaktion.

So ist der Tod jene große Störung, deren Vermeidung und Verdrängung hinter aller Störbarkeit steht. Und die Überwindung der Todesangst kennzeichnet die bestandene Initiation (33), der Initiand hat nicht nur gesellschaftlich gesehen seinen Status Quo gewechselt und ist in eine neue Gruppe der Gesellschaft aufgenommen worden — sein eigener Leib hat sich als durchlässig erfahren, er selbst hat, unter dem Zeichen des Todes, die Lebensbewegung erlebt. Von nun an heißt leben für ihn unterwegs zu sein. Und daher auch: jedes Wachsen ein Sterben. Lebensenergie kann nicht gehortet werden, sondern drängt nach Entwicklung, Verwandlung. Mit dem Leben mitzugehen, sich der Lebensbewegung nicht zu verschließen, sondern zu öffnen — darum geht es. Jeder Motoradfahrer weiß, daß man sich in die Kurven legen muß, und man wird einen Beifahrer schätzen, der sich nicht, aus dem geheimen Wunsch abzubremsen oder dagegen zu lenken, verspannt. Vielleicht ist die Überwindung der Angst vor Geschwindigkeit heute an Stelle der Initiation getreten. (34)

Nie aber habe ich so hautnah miterlebt, wie sehr sich Lebendigkeit steigern und auf die Anwensenden als Erschütterung übertragen kann, als bei dem Tanz des aussätzigen Gottes Omulù. (35)

Die Gestalt war vollkommen verhüllt, denn der Anblick des Aussatzes muß unerträglich sein. Und gerade die Verhüllung der menschlichen Gestalt ließ im Tanz etwas hervortreten und sich offenbaren, was ganz spezifisch menschlich war: nicht Bewegung, sondern Bewegtheit, unglaubliches Pathos, das mit den Fäusten auf die Erde schlagen, die Toten erwachen ließ.

Und später, in der Inszenierung eines ritualisierten Lamento, wird mir dessen tiefe Bedeutung bewußt. Das Lamento gebärdet sich als einzige aus dem Leib hervorbrechende Frage, die geradezu die Form einer Anklage annimmt, wobei in der Anklage der Schmerz, aus dem Leib herausgesetzt, veräußerlicht wird. Es ist eine Frage, die ihre Antwort schon in sich trägt, im Ausdruck findet. Es ist jedoch nicht der Ausdruck eines bestimmten Gefühls, auch nicht Ausdruck des Schmerzes, sondern eine Kontaktaufnahme, was bedeutet, in Fühlung zu gehen: sich zu lösen, ohne sich aufzulösen, sich im Schmerz nicht zu verschließen, sondern zu öffnen, und durch die Öffnung sich neu mit dem Leben verbinden, trotz allem lebendig zu bleiben. Oder — lebendig zu werden?

Manchmal gelingt es, im Tanz das Tremendum zu verinnerlichen und den Ausdruck einer betroffen machenden Lebendigkeit zu finden. Ist es da angemessen, von gestalteter Bewegung zu sprechen, oder ist es nicht besser, es die Gestaltung von Bewegtheit zu nennen?

II

Tanz im Märchen

Als ich das Ideal der Tanzkunst, nämlich das der Körperbeherrschung zu hinterfragen begann, untersuchte ich Märchen aus allen Ländern und Kulturbereichen, um ein Gefühl dafür zu bekommen, was Tanz auf mythischer Ebene bedeuten könnte. Ich fand meine Vermutung bestätigt: vom Tanzenkönnen, vom Tanz als Kunst, war nie die Rede. Es scheint dies eine recht neue Schöpfung zu sein, die vielleicht mit dem Berufsbild des Tänzers einhergeht. In den Märchen aber ist es oft so, daß getanzt wird, ob man will oder nicht, daß eben gerade der Tanz den Willen und die Kontrolle aufhebt. Da zeigt sich der Tanz von einer anderen Seite: nicht der Tänzer beherrscht den Tanz und führt ihn aus, sondern der Tanz beherrscht den Tänzer und zwingt ihn zur Ausführung einer Gesetzmäßigkeit, die dem Tanz innezuwohnen scheint. Der Tanz erscheint nicht als Beiwerk und Verzierung, als schmeichelnde Einrahmung des erzählten Geschehens, sondern der Tanz selbst ist das Geschehen, das den gesetzten Rahmen sprengt. Der Tanz zeigt sich als eine Ordnung, die sich entwickelt. Die alte Ordnung, ein bestehendes Gleichgewicht, wird aufgelöst, und eine neue Ordnung vorbereitet. Sie bildet sich heraus, Stück für Stück. Der Tanz als Transformationsprozeß steht im Mittelpunkt und schafft die Verbindung zwischen Anfang und Ende, er schlägt die Brücke, spannt den Bogen. Der Tanz leitet — manchmal sanft, manchmal wild und gewalttätig — von einem Zustand in den anderen über, verflüssigt das Geschehen und ermöglicht bei lebendigem Leibe die sich entwickelnde Ordnung nachzuvollziehen, lange noch bevor das Bewußtsein sie als solche erkennen kann.

Im Tanz geschieht etwas, das sich dem Verstand entzieht, aber sich dem Leib mitteilt: die Grenzen, die die Formen voneinander unterscheiden, stehen nun offen. In den Märchen erhält der Tanz seine ursprüngliche Macht zurück, bricht, gleich einer unaufhaltsamen Naturgewalt, in die Gewohnheiten ein und bahnt dem Ungewöhnlichen einen Weg, so daß der Verlauf des Schicksals von jenem Einbruch bestimmt, der Mensch berührt und verändert wird. Das Ungewöhnliche zu bewohnen, das Unbewußte zu wissen — darum ringt das erwachende Bewußtsein, das eine Ordnung braucht. Eben jene Auseinandersetzung zwischen Ordnung und Chaos, Bewußtsein und Unbewußtem, Ruhe und Bewegung, Form und Fluß ist das Thema, das die hier aufgeführten Märchen, so verschieden sie sein mögen, verbindet. Tanz, als Gestaltung der Bewegtheit, hat hier die Aufgabe, es in der Auseinandersetzung nicht zum Bruch kommen zu lassen, sondern die Gegensätze im Austausch zueinander zu führen, den Leib im Erleben, und damit auch das Bewußtsein zu erweitern.

KOPFLOS

Etwas scheinen die Tiere zu wissen, was der Mensch nicht weiß, das heißt in sein Bewußtsein nicht integriert hat. Deshalb muß der Mensch bei den Tieren in die Schule gehen, denn einst, so erzählt ein Eskimo-Märchen:

> ... war der Mensch ganz in den Gewohnheiten des Alltags befangen, und sein Geist wurde von Einförmigkeit verzehrt. Deshalb entführte der Adler, der König der Lüfte, des Geistes und der Übersicht, Schutzher der Schamanen, ein Menschenkind und lehrte es Tänze und Gesänge, damit es die Gabe des Festes unter die Menschen bringen konnte. Denn wenn die Menschen feiern, dann verjüngt sich die Natur, und die Erde lebt auf. (1)

Es erstaunt vielleicht, daß gerade „Naturmenschen" wie die Eskimos die Notwendigkeit des Festes formulieren, denn nur zu leicht wird eine natürliche, also unzivilisierte Lebensweise mit einem Bewußtsein von Natur verwechselt. Dabei ist im Gegenteil auch bei der natürlichen Lebensweise die Gefahr einer Eingewöhnung, Abstumpfung gegeben, und die Tiere lehren den Menschen, sich erneut der Natur, dem Leben zu öffnen. Sie wirken damit einer einseitigen Ausbildung des Bewußtseins, das um Sicherheit und Schutz in einer lebensfeindlichen Welt besorgt sein muß, entgegen und versöhnen den Menschen mit seinem Schicksal, indem sie ihn den Anschluß an seine eigene Vitalität lehren. Daß auch wir Zivilisierte von den Tieren lernen können, wird anhand von Übungen in Michael Harners Buch „The Way of the Shaman" (2) beschrieben. Auch in der uralten, vermutlich von den Babyloniern stammenden Philosophie der Kahunas (3), wie sie heute noch im Volksglauben Hawais anzutreffen ist, wird die lebenswichtige Funktion von Medizin-Tieren immer wieder betont, denn nur die Tiere haben direkten Zugang zum Höheren Selbst und können ihm die Wünsche des Ichs übermitteln. Dieses religiöse (religere lat. = sich rückbeziehen, wiederanknüpfen) Verhältnis zu unserer eigenen Lebendigkeit ist uns verlorengegangen; so ist die Wiederaufnahme eines solchen Bezuges der Beginn einer Bewußtseinserweiterung — denn eine in sich verarmte, steril gewordene Geistigkeit kann von sich aus nicht weiterführen. So müssen auch wir von Tieren lernen — aber was?

Der Mensch, sagt man, ist die Krone der Schöpfung, und der Kopf krönt die menschliche Gestalt. Der Kopf gilt als der Sitz des Bewußtseins, das eben den Menschen vom Tier unterscheidet, und das Ordnung in die Welt bringt. Wenn wir nun nach einem Beispiel für Unordnung suchen, so merken wir, daß es nur deswegen Unordnung geben kann, weil die Wirklichkeit nicht unseren Erwartungen entspricht, sich also nicht mit der Vorstellung, die wir von Ordnung haben, deckt. Etwas ist also „in Ordnung", wenn es sich mit unseren Erwartungen, das heißt aber, unseren Gewohnheiten deckt, und diese Deckungsgleichheit wird als Einförmigkeit beschrieben, die das Leben verzehrt. Erst das Ungewöhnliche bringt die Ordnung durcheinander, bringt aber auch Kontakt mit dem Lebendigen, das jenseits aller Gewohnheiten atmet und pulsiert, anwesend ist. In Gruselgeschichten findet sich häufig ein typischer Satz, der das Gruseln einleitet: „Etwas war nicht in Ordnung" oder „Etwas stimmte nicht". Dabei wird gerne auf die Ordentlichkeit hingewiesen, trotz derer sich das Gefühl der Unordnung, des Nichtgeheuren, nicht abwehren läßt. Die Sinne spüren das Übersinnliche auf, das über die Vorstellungskraft hinausgeht. „Nicht wissen, wo einem der Kopf steht" und, als Steigerung, „den Kopf verlieren", heißt in völliger Verwirrung, panischem Schrecken oder seliger Entrückung

„nicht mehr wissen, wer man ist", „außer Rand und Band geraten", „außer sich sein", „seiner selbst nicht mehr mächtig sein". Jedes Gefühl für Identität scheint ausgeschaltet zu sein, trotzdem tritt nicht unbedingt Bewußtlosigkeit ein. Es scheint also jenseits aller Zuordnungen, die eben Identität schaffen, ein Ordnungsprinzip zu geben, das im Leib wirkt und des Willens nicht bedarf — eine unwillkürliche Ordnung, die Atem und Herzschlag reguliert, die die Zellenerneuerung des Körpers nach einem konstant bleibenden Muster betreibt, so daß wir uns jeden Morgen, minimale Alterserscheinungen ausgehommen, doch immer wieder als dieselbe Gestalt erkennen können und uns „in Ordnung" fühlen — oder auch nicht. In der Biologie und Biochemie wird, in Anlehnung an kybernetische Modelle, dieses Muster Programm genannt, so daß die Ebene der unwillkürlichen Ordnung, die der Schamane in seinem Bemühen um Heilung aufsucht, auch die Ebene biologischer Programmierung (4) heißen könnte. Dieselbe Ebene ist es auch, die den Anschluß an die eigene Vitalität ermöglicht. So erklärt Hegel in seiner *Philosophie der Religion* die Entstehung von Tiergöttern als Vergötterung der eigenen Lebendigkeit, derer sich der Mensch bewußt wird. Um sich an diese Bewußtseinsebene des Unwillkürlichen heranzutasten — es fragt sich, ob man hier überhaupt von einem Bewußtsein sprechen kann — scheint die Vorstellung des kopflosen Zustandes schon immer hilfreich gewesen zu sein. So finden wir die kopflose menschliche Gestalt in den indianischen Höhlenzeichnungen Nordamerikas, in taoistischen Zauberzeichen und in der tantrischen Figur der Mähavidyä Cinnamaste (5). In meiner eigenen, von der bunten Vielfalt katholischer Archetypen geprägten Kindheit war es der heilige Mauritius, der, seinen Kopf unter dem Arm tragend, mich mit diesem Ausnahmezustand vertraut machte. Auch Störtebecker stand Modell. Nach der Enthauptung des Piraten soll dieser nämlich noch ein paar Schritte getan und diejenigen seiner Gefolgsmänner, deren Reihen er abging, vor dem Galgen bewahrt haben (6). Ähnliches wird übrigens auch von Karl IV. der Schotten erzählt (7). Als Kind stellte ich die Wahrheit dieser Geschichten nie in Frage, vielmehr dienten sie mir als Vorlage zum Erproben eines seltsamen Gefühls: nämlich den Kopf verloren zu haben und abzuwarten, was als

nächstes geschieht. Später entdeckte ich in der Intensiv-Atmung (8) eine Methode, diesen Zustand zu verstärken: der Körper schließt sich zu einer unabhängigen Einheit und läßt Bilder, Erinnerungsfetzen, losgelöst von jeglicher Identität (9), einhertreiben, aufblitzen gegen den dunkelroten Hintergrund zähflüssig brodelnden Bioplasmas (10). Dieses scheint von zuckender Nerven-

energie durchleuchtet, die Grenzen der Haut aufzulösen und in tausend Bewegungsformen, die die Evolution durchspielen (11), seinen Ausdruck zu suchen. Ich weiß nicht, ob der freudianische Begriff des Polymorph-Perversen (12) hier zutreffend ist, aber zweifellos handelt es sich um eine Art der Vielförmigkeit, die der im Märchen beschriebenen Einförmigkeit entgegengesetzt ist: die Tiere feiern die kosmische Ordnung, und den Menschen wird die Gabe des Festes durch die Tiere vermittelt.

KATASTROPHE

In meiner Sammlung von Märchen, die mit Tanz zu tun haben, stieß ich auf eine Gruppe, die sich einfach nicht einordnen lassen wollte in dieses Konzept der Sinnsuche. Ich konnte keinen Sinn in diesen Geschichten aufspüren, mehr noch, sie machten einen merkwürdig verstörten und verstörenden, fremden und befremdenden Eindruck auf mich, den ich nicht anders als ein Gefühl der Ausweglosigkeit beschreiben kann. Ich war geneigt, diese Märchen ganz wezulassen. Sie schienen mir einerseits zu trivial, andererseits zu störend, um erwähnt zu werden. Ich dachte mir, ihre Entstehung müßte ein Versehen gewesen sein. Erst duch die Studien des Ethnopsychoanalytikers Geza Roheim (13) über die Mythen der zentralaustralischen Ureinwohner wurde mir bewußt, was mir in den Märchen fehlte: es war die Hoffnung auf eine sinnvolle Verwandlung, also Verwandlung im Sinne von Entwicklung.

> Herr Eidechse veranstaltete ein großen Tanzfest. Er steigerte sich in einen so wilden Tanz hinein, daß niemand ihn aufhalten konnte. Und da er sehr stark war, fürchteten die Leute sich. Als sie ihn am Arm packten, schleuderte er sie so heftig von sich, daß sie ins Meer fielen und sich in alle Arten von Fischen und Schildkröten verwandelten, oder sie fielen auf die Inseln und wurden zu Vögeln und anderen Tieren.

Es muß zunächst gesagt werden, daß genau diese Geschichte — Tanzfest und Störung, die zu beliebiger Verwandlung in Tiergestalt führt — nicht nur bei den austro-melanesischen Pygmäen vorkommt, sondern, daß ich eine ähnliche Version (14) bei den südamerikanischen Indianern vom Stamm der Tembè fand. Vom Zwergwuchs der Pygmäen auf deren infantil gebliebene Körper- und Bewußtseinsstruktur zu schließen (15), ist wohl der heutigen Ethnologie nicht mehr angemessen, Roheims Versuch jedoch, infantile Phantasien mit den Mythen der Pygmäen zu vergleichen, wirkt durchaus überzeugend und vor allem anregend.

Denn gerade die Konfrontation mit frühkindlichen Ängsten und daraus resultierenden Aggressionen (wie sie etwa bei Melanie Klein beschrieben werden) nimmt zunächst den Charakter einer unerwünschten Störung an, führt aber dann zu einer tieferen Einsicht in Grundschichten unseres eigenen Bewußtseins, bzw. Unbewußten und vermittelt ein Gefühl für die Bedingungen von Bewußtseinsentwicklung. Als Wichtigstes erschien mir hier, sich die unermessliche Verlassenheit und Schutzlosigkeit des Kindes vorzustellen, das dieses bei einer Trennung, und sei sie noch so kurz, von der Mutter erlebt. Die Integration dieser Enttäuschung, die später für alle anderen Enttäuschungen Vorbild sein wird, erfolgt durch eine Scheidung von Lust — Unlust, und Gut — Böse. Die Mutter, die verloren wurde und die Mutter, die wieder gefunden wurde, diese Mutter und damit die Welt sind ambivalent geworden. Da sich ein Kind aber Ambivalenz in diesem frühen, schutzlosen und abhängigen Zustand nicht leisten kann, wird der böse Teil abgespalten und vor die Tür gesetzt, wo er in Form von Hexen und Menschenfresserinnen im dunklen Wald des Unbewußten lauert. Diese Abspaltung und Projektion hat einen weiteren Vorteil, nämlich daß auf die böse Mutter all die eigene Aggression des Kindes, die aus der Enttäuschung resultiert, abgeschoben werden kann. Bei zunehmender Belastbarkeit und Frustrationstoleranz (16) kann allmählich die Schwarz-Weiß-Zeichnung der Welt aufgegeben werden und einer differenzierten Nuancierung Platz machen. Auch kulturgeschichtlich findet die Bewältigung der Ambivalenz ihren Niederschlag. Von den vielen Beispielen, die sich hier anbieten, sei der Doppelaspekt der hinduistischen Muttergöttin erwähnt, der Kali und Devi in einer Figur vereint. Es sei auch nochmals auf den notwendigen Trennungscharakter des Diabolischen (da-bolon, im Gegensatz zu sym-bolon) hingewiesen.

Was heißt dies nun in bezug auf den Tanz?

Im vorigen Kapitel haben wir das Fest als Überhöhung und Überwindung des Alltags kennengelernt. Umso mehr muß ein Tanzfest diesen Charakter des positiven Außergewöhnlichen tragen, scheint sich doch Tanz als alte, vielleicht älteste Form bewährt zu haben, in der das Lebewesen seine Lebendigkeit gestaltet. Aber nun sprengt der Hausherr selbst, Herr Eidechse, den Rahmen der Veranstaltung. Die archaisch ungeschiedene Macht des Tanzes offenbart sich in all ihrer Wildheit und Hemmungslosigkeit, die Gäste sind ihr ausgeliefert. Wer diese explodierende Lebensenergie zu hemmen versucht, wird hinauskatapultiert, abgetrennt, und in eine völlig andere Form eingeschlossen, so daß diese Transformation nicht mehr als Veränderung, sondern als Katastrophe gewertet werden muß. In dem Wort Katastrophe deutet das Praefix „Kata" auf die totale Veränderung hin, die zwischen den Strophen, das heißt Zuständen, keinerlei Verbindung und Beziehung zuläßt, also den Bruch bedeutet). Die Umgestaltung von Menschen in Tiere — die uns auch von unseren Märchen nur zu vertraut ist — nimmt hier die tragische Form einer irreversiblen Verunstaltung an. Der Tanz hat also nicht zu einem Austausch von Mensch und Tier geführt, sondern endet in der Katastrophe: die Menschen werden auf die Beliebigkeit aller Formen und damit auch ihrer eigenen zurückgeworfen, die Transformation vollzieht sich planlos, sinnlos und darüber hinaus regressiv, insofern Menschen zu Tieren werden, das heißt, sich in instinkthafter Orientierung verfangen.

Die Figur der Eidechse, die ja für das Geschehen verantwortlich ist, lädt noch zu einer weiteren Gedankenverbindung ein: das menschliche Stammhirn, das auch Reptiliengehirn (17) — als ältestes Gehirn — genannt wird, ist verantwortlich für die Automatisierung einmal gelernter Handlungen, die nun unbewußt ausgeführt werden können und eine Entlastung des Bewußtseins bedeuten, das sich dadurch anderen Aufgaben zuwenden kann — z.B. etwas Neues zu erlernen. In der Veranschaulichung der katastrophalen Folgen des Tanzes der Eidechse ließe sich eine intuitive Erkenntnis aufweisen, die auch die Diabolisierung des Tanzes wie sie uns später begegnen wird erklären könnte: die Aktivierung der autonomen Funktionen im Menschen, also der wilde Tanz des Roboters im Menschen, kann eine Kettenreaktion wilder Mutationen hervorrufen, die die Evolution wie ein steuerloses Schiff durch die Beliebigkeit der Formen von Transformation zu Transformation treiben läßt. Es ist also unerläßlich, daß der, der auf der Suche nach Regeneration und Heilung ist, und der in den „kopflosen" Zustand der Lebendigkeit hinabtaucht, der das Aufgeben von Identität und Persönlichkeit wagt und sich auf Desintegration (wie sie bei der schamanistischen Initiation erwähnt wurde) einläßt, unbeirrbar in seiner bewußten Ausrichtung auf sinnvolle Entwicklung verankert ist. Es ist daher auch erklärbar, daß therapeutische Methoden, die eben mit jener Rückführung auf die Ebene der formlosen Lebendigkeit operieren, sich mit positiven Affirmationen geradezu religiöser Art den Rückbezug auf einen allumfassenden Sinnzusammenhang sichern. Nur die Vorstellung einer kosmischen Intelligenz führt als heilendes, heilsames Programm durch die Räume völliger Verwirrung, durch die Begegnung mit dem Chaos hindurch. Sie gibt die Kraft, „sich ein Herz zu fassen", Mut zu haben, der oft in den uns vertrauten Märchen den einzigen Weg aus der Ausweglosigkeit zeigt.

Nur der Sinn für Entwicklung, also das vage Gefühl, daß es irgendwie immer weiter geht, ein Gefühl der Kontinuität, — Urvertrauen — gibt die Garantie, daß in der Bewegung sich ein Weg eröffnet. Im Tanz der Eidechse findet zwar das Unwillkürliche seine Form als Tanz, aber der Tanz selbst ist in seiner Wirkung willkürlich: es stellt sich keine kosmische Ordnung des Unwillkürlichen ein. Hier fehlt der übergeordnete Sinn, und durch das Fehlen wird Reifen unmöglich gemacht.

Ordnung ist gerechtfertigt, wenn sie Sinn vermittelt. Wenn sie das Reifen — das Umgehen mit der Ambivalenz in der Welt — nicht nur zuläßt, sondern fördert, also im Dienst einer fortschreitenden Integration steht.

TANZENLERNEN IN DER UNTERWELT

Es waren einst zwei Brüder. Der eine machte sich eine Jagdhütte in der Krone eines Azywaywabaumes, auf dem sich die Araras zu versammeln pflegten, um die Blüten zu fressen. Er hatte schon viele Araras geschossen, als zwei Jaguare kamen. Sie brachten Stücke von Kürbisflaschen mit, die sie mit Nektar anfüllten, den sie aus den großen, gelben Blüten des Azywaywa auspreßten. Der Mann sah ihnen verwundert zu, getraute sich aber nicht, auf sie zu schießen. So beobachtete er sie täglich lange Zeit hindurch.

Eines Tages wollte sein Bruder auch in der Jagdhütte ansitzen. Da erzählte er ihm, daß er dort die beiden Jaguare treffen werde, und warnte ihn, er solle nicht auf sie schießen. Der Bruder begab sich in die Jagdhütte. Als aber die beiden Jaguare gekommen waren und sich dicht bei ihm auf die Äste setzten, glaubte er wenigstens den einen töten zu können und schoß zwei Pfeile auf ihn ab, die nicht die geringste Wirkung taten. Darauf schoß er auch zweimal auf den anderen Jaguar, mit dem gleichen Erfolg. Nun bemerkten aber die Tiere, daß er in der Jagdhütte war. Da verursachten sie einen heftigen Sturm, der die Jagdhütte samt dem Jäger zur Erde schleuderte und zerschmetterte. Die Jaguare aber stiegen herab und schleiften den Leichnam nach dem Eingang zur Unterwelt, der nur so groß war wie ein Ameisenloch. Durch diese Öffnung zogen sie ihn hinab.

Am anderen Tage dachte sich der Bruder des Toten gleich, daß jener seine Warnung nicht beachtet hätte und verunglückt wäre. Er ging, um ihn zu suchen, fand die herabgestürzte Jagdhütte und folgte der Blutspur bis zu dem Ameisenloch. ,,Hier müssen sie ihn hinabgezogen haben'', sagte er sich und verwandelte sich in eine Ameise. Er kroch durch das Loch hinab und kam bald auf eine breite Straße, die nach dem Dorf der Jaguare führte. Schon von weitem hörte er von dort deren Gesänge. Er sah in dem Dorf ein großes Haus, vor dem der Leichnam seines Bruders in der Sonne an einem Holzkreuz angebunden war. Er ging in das Haus hinein und sah an einer Stange unter dem Dach viele Gefäße mit Honig aufgehängt. Darunter tanzten und sangen die Jaguare des Nachts, und der Mann fand das Fest so schön, daß er seinen toten Bruder ganz vergaß und

nur noch den Wunsch hatte, mittanzen zu dürfen. Er lernte die gan-
zen Gesänge, und schließlich meinte er, die Jaguare würden ihn
wohl auch in Menschengestalt nicht erkennen. So verwandelte er
sich allnächtlich in einen Menschen und sang und tanzte mit den
Jaguaren, und tagsüber wurde er zur Ameise.

So trieb er es, bis er den Jaguaren alles abgelauscht hatte und
ihrer überdrüssig war. Dann kehrte er durch das Ameisenloch an die
Oberwelt zurück und erzählte seinem Volk, was er gesehen und ge-
lernt hatte. — ,,Laßt uns heute singen!'' sprach er zu den Leuten,
aber diese antworteten: ,,Wie singt man denn?'' — Da lehrte er sie
singen. — ,,Laßt uns nun Honig holen! Ich weiß, wie man unter
dem Honig singt.'' — Sie taten es und brachten den Honig in das
Dorf unter Freudengeschrei. Nun lehrte er die Frauen unter den
aufgehängten Honiggefäßen singen, und einen Monat später zeigte
er auch den Männern, wie man den Honig mit Wasser mischt und
auf dem Dorfplatz das Fest feiert.'' (18)

Das Indianermärchen vom Ursprung des Honigfestes scheint mir in bei-
spielhafter Weise eine gelungene Initiation darzustellen, wobei der Tanz eine
entscheidende Rolle spielt.

Da sind zwei Brüder, und obwohl sie Brüder sind, handeln sie genau entgegengesetzt. Der eine handelt gemäß den Gewohnheiten. Er sieht die Jaguare, und obwohl er vorgewarnt sein sollte, schießt er auf sie. Seine Pfeile ver-
fehlen ihre Wirkung. Das Ungewöhnliche bricht ein. Aber noch bevor der Jäger sich umstellen kann, wird er Opfer seiner eigenen Gewalt, die in der Luft
liegt, zum Sturm wird, und ihn erschlägt. Der andere Bruder, der dank seiner
Beobachtungsgabe schon auf das Außergewöhnliche eingestellt ist, ahnt das
Unglück, verfolgt die Blutspur, die bis zum Eingang der Unterwelt führt, und
um seinen Bruder wieder zu finden — in tiefenpsychologischer Sicht hieße
das: um sich mit dem Bruder zu vereinen, da die beiden Brüder zwei Seiten
ein und derselben Persönlichkeit verkörpern — steigt er in die Unterwelt hinab. Der eine ist also in seinen Gewohnheiten befangen und muß sterben. Der
andere ist offen, voller Staunen und Zurückhaltung. Vielleicht ist er deshalb
so flexibel, so daß er sich sogar so klein machen kann wie eine Ameise, denn
nicht umsonst ist der Eingang in die Unterwelt so klein und der menschlichen
Größe nicht angemessen. Das Menschsein muß also abgestreift werden, die
Maße der Unterwelt verlangen nach Transparenz, nach Anpassung an das Un-
gewohnte. Und dann wird der Held von der Schönheit überwältigt, so sehr,
daß er sogar den Tod seines Bruders vergißt. Es ist also die Schönheit, und
nicht die Nützlichkeit, die ihn bei den Jaguaren in die Lehre gehen läßt. Aber
was lernt er dort eigentlich? Tanzen und singen oder Honig machen?

Zunächst ist zu sagen, daß Tänze und Gesänge bei den Indianern eine andere Bedeutung haben als bei uns. Wie es in H. Storms poetischem Buch ,,Se-
ven Arrows'' (19) deutlich wird, sind es Kommunikationsformen, in denen In-
formationen übermittelt werden, die sich dem analytisch-linearen Denken entziehen, bzw. es übersteigen. So gehört es zu jeder Initiation, daß diese in einer
Vision gipfelt, und diese wiederum nicht im privaten Erinnerungsschatz des

einzelnen verschwindet, sondern daß sie dem Kollektiv mitgeteilt und zur Verfügung gestellt wird, denn Visionen werden als Manifestationen eines kollektiven Wissens (etwa dem kollektiven Unbewußten C.G. Jungs entsprechend) geachtet. Der einzelne, der berufen ist, wird zum Empfänger transpersonaler Botschaften, die er dann in seinen sozialen Kontext übersetzt, indem er die Erfahrungen in Tänzen und Gesängen gestaltet und sie offenbart. So können alle verstehen, um was es geht, denn der Inhalt, der getanzt und gesungen wird, spricht den Menschen nicht nur auf der Ebene eines analytischen Verständnisses, sondern ganzheitlich an. (In David Coopers Buch „Tod der Familie" (20) fand ich die schöne Geschichte, daß eine als psychotisch klassifizierte Frau sich durch einen solchen „Tanz" äußerte, vergeblich, bis sie endlich auf einen Psychiater traf, der den Tanz als Tanz erkannte, und seine Botschaft zu entziffern verstand.) Man könnte nun fragen, was aber so praktische Angelegenheiten wie die Herstellung von Honig mit kollektivem Unbewußten und transpersonalen Erfahrungen zu tun haben, denn bei uns ist man geneigt, die Praxis der Theorie unterzuordnen und das Know-How als Anwendung und Ausübung übergeordneten Wissens zu sehen, ohne dem Know-How selbst ein innewohnendes Wissen beizumessen. Aber gerade um dieses geht es hier: um ein Wissen des *Wie*, nicht des *Was*. Und so ist anzunehmen, daß die Jaguare nicht bestimmte Tanzschritte, sondern eine Bewegungsqualität vermitteln.

Auf diese stimmt der Held sich so sehr ein, daß er, als er das Know-How ganz in sich absorbiert hat, sogar in seiner menschlichen Gestalt mitzutanzen wagt. Dies ist auch der Punkt der Sättigung, Zeit der Rückkehr. Er ist voll von der Botschaft, die in ihm Gestalt gefunden hat. Nun geht es darum, die Botschaft mitzuteilen, den Eindruck in Ausdruck umschlagen zu lassen, genau auch zu wissen, wann die Erfahrung sich erfüllt hat, und bereit zu sein, die Fülle mitzuteilen — im Ausdruck sie zu entlassen, und somit wieder leer zu werden —. Genau das unterscheidet den echten Schamanen, der als Künder und Künstler seinen Platz in der Gesellschaft findet (oder zumindest finden sollte) von transpersonalen Abenteurern und Freaks, oder von Psychotikern. (21) Auch in unseren europäischen Märchen kennen wir nächtliche Tanzfeste, die den ahnungslosen Beobachter in ihren Bann und damit immer mehr in ein Reich der Geister, Elfen, Kobolde und Hexen ziehen. Aber hier ist das Ende anders: da gibt es kein Zurück mehr. Verstörten Sinnes irrt das Opfer am nächsten Morgen über die Lichtung im Walde, in dem es sich hoffnungslos verloren hat.

Zeigt sich hier, schon in den Märchen, das gebrochene Verhältnis unserer Kultur zur Natur? Sicher ist es kein Zufall, daß im Indianermärchen das Göttliche, Übernatürliche, also ein geistiges Prinzip in einer natürlichen Gestalt, nämlich der des Tieres erscheint. Damit ist eine für den Menschen nachvollziehbare Verbindung zwischen Natur und Geist, Natürlichem und Übernatürlichem geschaffen, so daß der Mensch nicht von der Offenbarung Gottes überwältigt und ausgeschaltet wird, sondern etwas davon lernen kann. Das Tier ist, im Gegensatz zu den Geistern, etwas Lebendiges, etwas aus Fleisch und Blut. Und das Göttliche, das im Tier erscheint, durch seine Tiergestalt hindurch scheint und wirkt, — tanzt —, ist so die Verkörperung des Geistigen Prinzips im Lebendigen. Und eben diese Verankerung im Lebendigen, in der Sinnlichkeit, ruft den Geist, und bewahrt vor den Geistern. Integration statt Desintegration, Wahrsinn statt Wahnsinn ist die Folge. Die Erfahrung des Übernatürlichen muß deshalb nicht abgewehrt werden, sondern dient der Weiterentwicklung, der Kultivierung des Menschen: denn der Schritt vom einfachen Jäger und Sammler zum Menschen, der in der Honigverarbeitung gelernt hat, nicht selber sammeln zu müssen, sondern die Tiere für sich sammeln zu lassen, ist ein Schritt von kulturgeschichtlicher Bedeutung, wie sie etwa Lévi-Strauss dem Schritt von der rohen zur gekochten Nahrung beimißt (22).

Die Schönheit verführt zwar, aber sie führt auch weiter: und obwohl Kant sicher nichts von tanzenden Jaguaren wußte und wissen wollte, so bewährt sich doch seine These, derzufolge Schönheit nur für den Menschen, das heißt, für das tierische aber doch vernünftige Wesen gilt (23). Und einzig dem Menschen ist zur Versöhnung für seine Gespaltenheit in Sinnlichkeit und Vernunft die Schönheit gegönnt (24). Die Schönheit führt nicht nur, sie vermittelt, und erst durch diese Vermittlung ist Lernen möglich. Lernen wird damit nicht nur im bewußten, analytisch-linearen Denkbereich angesiedelt, sondern vollzieht sich auf einer unbewußten, unterirdischen Ebene — wie neue Lerntheorien (25) bestätigen. Darüber hinaus führt der Abstieg in die Unterwelt — der als ein Eintauchen in das Zellbewußtsein, in eine ekstatische Erfahrung der Lebendigkeit an sich gedeutet werden kann — zu einer Erfahrung, die den Gedanken an den Tod verbannt, also zu einer Erfahrung von Unsterblichkeit. Hier zeigt sich auch ein grundlegender Unterschied zwischen schamanistischer und christlicher Kultur: gerade das Lebendige wird bei uns als das Vergängliche, Sterbliche erfahren, und deshalb ein Kontakt mit dem Lebendigen einer Infektion mit Sterblichkeit gleichgesetzt, und vermieden. Hier entsteht ein Mißverständnis, das den Menschen in die Verdrängung und Abspaltung seiner eigenen Lebendigkeit sowie in die gespenstischen Bereiche der Entfremdung und Fremdbestimmung drängt. Dieses Mißverständnis wurde von Lyall Watson der Romeo-Fehler benannt (26).

TRICKSTER UND TEUFEL SPIELEN AUF

Nannabush hat Hunger und überlegt, wie er zu einer Mahlzeit kommt. Da kreuzen Vögel seinen Weg, und er schlägt ihnen ein Spiel vor: er will die Trommel schlagen, und sie sollen singen und tanzen, jedoch bei geschlossenen Augen. Dabei dreht er einem Vogel nach dem anderen den Hals um, das Todesgekreisch geht unter im Gesang der anderen. Nur ein Vogel öffnet die Augen und erkennt die Gefahr — er warnt die anderen, die entkommen können (...)

Märchen der Algonkin-Indianer, Nordamerika

Singen und Tanzen sollten nicht nur ein Vergnügen, sie sollten heilig sein. Und Nannabush, ganz in Manier des Trickster-Gottes (27), begeht ein Sakrileg. Er mißbraucht die Naivität der Vögel, die ihm blindlings vertrauen. Der Vogel, der als einziger das Spiel zu durchbrechen und zu blinzeln wagt, wird, so erzählt das Märchen weiter, für sein Mißtrauen bestraft. Von nun an werden seine Augen rot umrändert sein, und er ist eine Zielscheibe des Spotts für die anderen Vögel, denn auch seinen Schwanz hat er einbüßen müssen. Das mag uns als Strafe ungerecht erscheinen, aber es drückt treffend aus, worin der nicht rückgängig zu machende Verlust besteht. Der Schwanz hat an sich keine Überlebensfunktion, sondern ist reiner Schmuck. Als Verlängerung des Rückgrats bildet er ein Gegenstück zum Kopf, und nimmt, gleich einer Antenne, Verbindung mit dem Hintergrund undUntergrund auf. Diese Verbindung — die man in der Bioenergetik ,,Bodenkontakt'' nennt — muß nun, da sie verloren ist, ersetzt werden. Dabei sind aber die Augen, die von nun an alles genau taxieren und fixieren, völlig überfordert und reagieren bald mit Entzündung. Die ganzheitliche Wahrnehmung, die die Welt, so wie sie ist, zuläßt und aufnimmt, noch nicht urteilt und wertet, einfach auf sich wirken läßt — diese Wahrnehmung wird mit der Vertreibung aus dem Paradies der Naivität, unwiderbringlich mit Gefahr und Unheil, sogar

Tod assoziiert. Das abwägende, berechnende Bewußtsein — symbolisiert in den von Mißtrauen und Schrecken verengten und geröteten Augen — soll die Welt auf ihre Sicherheit hin überprüfen. Eine aus Angst erwachsene Wachheit erweist sich als ungesund, der brennende Zweifel hält den Körper in einem ständigen Alarmzustand, den wir heute als Stress bezeichnen würden. Es entsteht dann Stress, wenn die Angst die Flucht befiehlt, aber die Situation eine Flucht unmöglich macht, die Angst also ihre Aktualität verliert und zu einer chronischen Verengung führt, die wiederum das ganze Lebensgefühl bestimmt.

Im Anschluß an die Geschichte von Nannabush ist mir aufgefallen, daß der größte Teil der europäischen Märchen, in denen das Tanzen vorkommt, ein ähnliches Muster aufweisen wie das erwähnte Indianermärchen. Da wird von gewitzten Gaunern, Strolchen, Dieben, auch Wunderknaben und Hexenmeistern, Rattenfängern und Verführern erzählt, die durch die magische Kraft ihrer Pfeife, Flöte oder Fiedel alle, die ihnen zuhörten, zum Tanzen bringen konnten. Sie alle mußten „nach der Pfeife tanzen", wie die Redewendung heißt, ob sie wollten oder nicht. Die Pfeife besaß eine unwiderstehliche Wirkung, der der Wille nicht gewachsen war. Der Tanz war also unwirklich: der Körper bewegte sich nach eigenen Gesetzen, verselbständigte sich, ging seiner Wege, unterstand ganz dem Einfluß des magischen Instruments, das den Menschen dort traf und in Schwingung brachte, wo sein Bewußtsein sich ausschalten mußte, nämlich auf der Ebene der tierhaften, instinkthaften Sinnlichkeit. Dort setzte die Verführung durch Tanz und Musik ein, dort packte sie die Menschen und überführte sie ihrer rauschhaften Natur. Der Zauberer, der Hexer, der Teufel kennt sich in der Tiernatur gut aus, ist er doch selbst halb ein Tier und kann sich jederzeit ganz verwandeln und in die Wälder, aus denen er gekommen ist, zurückkehren (28). Die Natur nimmt ihn auf. Die Natur ist sein Rückhalt. Die Kraft, aus der er schöpft, ist die Kraft, die der Natur innewohnt. Für ihn ist, im Gegensatz zum Christenmenschen, die Schöpfung nicht ein für alle mal abgeschlossen, sondern gestaltet sich immer neu. Und er, der Zugang hat zu den schöpferischen Kräften, ist ein Meister der Gestaltung, des Schauspiels, Trugbilds, der Sinnestäuschung.

Ob es die bretonische Legende vom jungen Hexenmeister mit seiner teuflischen Fiedel, oder das russische Märchen von Vanja und seiner Teufelsflöte, oder sogar das Märchen Ernst Wiecherts „Die Zauberkugel" ist — es handelt sich um Geschichten, die aus dem europäischen Geist entstanden sind. Dabei müssen wir uns vergegenwärtigen, daß sich das Christentum, das sich in Europa verbreitete, gegen eine Vielzahl „heidnischer" Naturreligionen durchsetzen mußte, und ihm dies oft nur gegen den freien Willen und die innere Überzeugung der Täuflinge gelang. Aus Gründen, die im nächsten Kapitel eingehend behadelt werden sollen, brachte aber gerade auch das Christentum eine zunehmende Entfremdung des Menschen von der Natur mit sich. Und je mehr der Christenmensch seine Herkunft aus der Naturverbundenheit leugnete, bzw. leugnen mußte, ein desto leichteres Spiel hatten diejenigen, die, wie auch immer, noch in Verbindung standen oder in Berührung kamen mit den Mächten, mit denen die Naturreligionen umzugehen wußten. Denn diese ließen sich, trotz der Frohen Botschaft von der zweiten Geburt des Menschen im Geiste, nicht so schnell aus der Welt schaffen, im Gegenteil, durch den manipulativen

Eingriff in die Kollektiv-Psyche verärgert, verklumpten und verklebten sie zur undifferenzierten Figur des Widersachers. Und von nun an ist jener immer da, wartet, lauert, ob sich nicht eine Lücke, eine Gelegenheit für seine Rückkehr ans Tageslicht bietet. Dann ist er zur Stelle, springt aus dem Versteck. Dann spielt er auf, und dann wird getanzt. Dann triumphiert die Natur: im Tanz wird eine Ordnung geschaffen, die die alte auflöst und ablöst. Dabei ist bezeichnend, wie zum Verwechseln ähnlich die Märchen in der Ausschmückung der Details sind: Nur der Rattenfänger von Hameln (von dem ja auch eine Legende, und nicht ein Märchen berichtet, so daß ein Körnchen Wahrheit an der Geschichte sein könnte) wendet sich mit seinem Flötenspiel an die Wehrlosen, die der Natur noch am nächsten und deshalb in ihrer naiven, sinnlichen Wahrnehmung ansprechbar sind, nämlich an Tiere (Ratten) und Kinder. Wenn die magische Tanzmusik ertönt, wenn aufgespielt wird, dann sind es zunächst und zuallererst die amtierenden Personen im Dienst, die tanzen müssen. Verwalter, Minister, Generäle und Gendarme, Priester, ja sogar der Henker und der König selbst müssen tanzen. Sie verkörpern die alte Ordnung mit ihren Gesetzen, Befehlen und Geboten, und sie müssen als erste die neue Ordnung am eigenen Leibe erfahren, damit die alte ungültig wird. Oft widerfährt ihnen dabei eine besonders demütigende Schmach: sie werden zum Tanz an einen Platz gebeten, der für das Tanzen ungeeignet ist, nämlich ins Gestrüpp. Dort zerreißen sie sich, schimpfend und schreiend, tobend vor Wut und um Erbarmen jammernd die Kleider bis auf die Haut. So müssen die letzten Hüllen fallen, nachdem die Autorität schon längst verfallen ist. Tanzend vollzieht sich eine Wandlung, die einem Regierungswechsel gleichkommt: machtpolitisch gesehen ist es die konservative Partei der althergebrachten und eingefahreren Gewohnheiten, die nun abdanken und dem jungen unverschämten Vanja (30) Platz machen muß, nachdem sie sich selbst ad absurdum geführt hat. Kommen wir auf die mythische Bedeutung der Enthauptung um der Regeneration willen zurück, so hieße es: wenn der Körper tanzt, so muß der Kopf fallen, und mit ihm die Gewohnheiten. Sie werden im Tanz abgeschafft. Da ist der zinseintreibende Jude (31) machtlos. Da versagen seine Berechnungen ebenso wie die der Staatsgewalt, die den Störenfried mitsamt seiner Magie einsperren, beseitigen, öffentlich hinrichten lassen will. Gerade die Öffentlichkeit der Hinrichtung (die ja in unserer Zeit aus „humanitären" Gründen vermieden wird, da sie als Quelle von Sensationslust ihren Sinn, nämlich den der Abschreckung, verliert) bietet Gelegenheit zu einer öffentlichen Demonstration: wird nämlich, nach alten Brauch, dem Todeskandidaten sein letzter Wunsch erfüllt — und was könnte das anderes sein, als noch einmal die Geige oder Flöte zu spielen? — so bricht unter dem Galgen, kurz vor Vollstreckung des Urteils, das rettende Chaos aus. Tanz als Symbol für Anarchie: der Tanz entwickelt eine eigene Ordnung, die die von außen gebotene Ordnung in ihrer Schwäche und Unhaltbarkeit, in ihrer unnatürlichen, bezugslosen Willkür entlarvt und damit außer Kraft setzt. Im Tanz setzt sich eine neue Ordnung durch, die von innen her gewachsen ist. So kommt die Natur doch wieder zu ihrem Recht. Dies leider jedoch nur im Märchen, dessen Wunschdenken eine eigene Logik entwickelt.

Die Wirklichkeit sah anders aus. Als das Christentum im vierten Jahrhundert Staatsreligion und damit Massenreligion wurde, bildeten sich seltsame, dionysisch-ekstatisch gefärbte Bräuche innerhalb der Kirche aus, die wohl ein anarchisches Gegengewicht zu einer fortschreitenden Dogmatisierung des Glaubens suchten. Zu ihnen gehörten Tänze, die an den Gräbern der Märtyrer (in diesem Fall des Märtyrers Cyprianus) aufgeführt wurden. So berichtet der Kirchenvater Augustinus (32) empört:

> „ (...) Einst, vor nicht sehr vielen Jahren, war auch in diese Stätte die Frechheit der Tänzer eingedrungen. In diese so heilige Stätte, wo eines so heiligen Märtyrers Leib ruht, wie sich viele erinnern, die älter sind; in eine so heilige Stätte, sage ich, war die Seuche und Frechheit der Tänzer eingedrungen. Die ganze Nacht hindurch wurde hier Frevelhaftes gesungen und während sie sangen, wurde getanzt."

Und so wettert auch der Bischof Johannes Chrysostomos (33) in einer Predigt gegen den Tanz, denn:

> „Wo eben ein Tanz ist, da ist auch der Teufel dabei. Nicht zum Tanze hat uns ja Gott die Füße gegeben, sondern damit wir auf dem rechten Wege wandeln; nicht damit wir ausgelassen seien, nicht damit wir Sprünge machen wie Kamele (denn auch diese führen widerliche Tänze auf, nicht bloß die Weiber), sondern damit wir mit den Engeln den Chorreigen bilden."

Die Kirche verurteilte den Tanz, der im Rom der Spätantike allerdings weitgehend dekadente und obszöne Züge aufweist, und wenig mit der in die Naturreligion eingebundenen Tanzekstase (wie etwa das dyonisische Rasen im klassischen Griechenland) zu tun hat. So zählte der Tänzerberuf zu den für Christen verbotenen Berufen. Und fast scheint es, daß es der Kirche gelungen ist, jede Erinnerung an Ekstase und Orgie (hier natürlich im Sinne der hellenistischen Mysterien gemeint) aus dem Bewußtsein der Gläubigen zu verdrängen, so daß die Liturgie einen ausgesprochen reproduktiven Charakter erhält, der jede spontane Regung erstickt. Und da, ungefähr tausend Jahre später, bricht es wieder hervor: das Lebendige, Unwillkürliche, bahnt sich seinen Weg in Tanzepidemien, findet seinen Ausdruck in Narrenfesten, die zum Tanz in die Kathedrale einladen. Hier ein Passus aus einem Schreiben des Erzbischofs von Sens aus dem Jahre 1445:

> „Zittern und erröten mögen die, die den ruchlosen Ritus einer gewissen Festlichkeit befolgen, den ihre Anführer das Fest der Narren nennen, das eine unzweifelhaft teuflische Einrichtung unter dem ehrwürdigen Namen des Herrn und der Freude der Tage seiner Geburt den Priestern und Klerikern in vielen Kirchen als zu befolgen überliefert hat; an den Tagen, an denen sie nach ganzer Heiligkeit streben sollten, überlassen sie sich Unflätigkeiten und Unanständig-

keiten zur Zeit des Gottesdienstes, indem sie, gespenstische und monströse Masken tragend und als Frauen, Kuppler oder Schauspieler verkleidet, Tänze in der Kirche und in ihrem Chor aufführen, unanständige Lieder singen, fette Speisen von einer Ecke des Altars neben dem die Messe Zelebrierenden essen, ebendort das Würfelspiel betreiben, mit stinkendem Rauch, und zwar vom Leder alter Schuhe, weihräuchern, durch die ganze Kirche rennen und springen, wegen ihrer Schändlichkeit nicht erröten, nackte Männer ohne Bedeckung der Schamteile auf schmutzigen Wagen und Fuhrwerken unverschämt durch die Stadt und die Theater führen, sich zu schimpflichen Schauspielen zum Gelächter der Dabeistehenden und Zusammenlaufenden hergeben, schändliche Gesten mit ihrem Körper ausführen, schamloseste und possenreißerische Reden halten und viele andere Greuel, deren man sich zu erinnern schämt, vollbringen; und mit Recht wird dieses schmähliche Zusammentreffen Fest der Narren genannt, das heißt eine Zusammenballung von üblen Menschen, die über übelste Dinge frohlocken."

Schuldig oder nicht schuldig, — die Kirche konnte Verbote erlassen, mit Strafen drohen, verdammen. Aber was sollte sie tun, wenn der Tanz die Menschen erfaßte und sie tanzen ließ, ob sie wollten oder nicht? Wie sollte die Kirche sich zu etwas stellen, was offenbar nicht dem freien Willen unterworfen war? Lesen wir einen historischen Bericht aus der Limburger Chronik:

„Anno 1374 zu mitten im Sommer, da erhub sich ein wunderlich Ding auff Erdreich, und sonderlich in Teutschen Landen, auff dem Rhein und auff der Mosel, also daß Leute anhuben zu tantzen und zu rasen, und stunden je zwey gegen ein, und tantzeten auff einer Stätte ein halben Tag, und in dem Tantz da fielen sie etwan offt nieder, und ließen sich mit Füßen tretten auff ihren Leib. Davon nahmen sie sich an, daß die genesen wären. Und lieffen von einer Stadt zur andern, und von einer Kirchen zu der andern, und huben Geld auff von den Leuten, wo es ihnen mocht gewerden. Und wurd des Dings also viel, da man zu Cölln in der Stadt mehr dann fünff hundert Täntzer fand. Und fand man, daß es eine Ketzerey war, und geschahe um Gelds willen, daß ihr ein Theil Frau und Mann in Unkeuschheit mochten kommen, und die vollbringen. Und fand man da zu Cölln mehr dann hundert Frauen und Dienstmägde, die nicht eheliche Männer hatten. Die wurden alle in der Täntzerey Kinder-tragend, und wann daß sie tantzeten, so bunden und knebelten sie sich hart um den Leib, daß sie desto geringer wären. Hierauff sprachen ein Theils Meister, sonderlich der guten Artzt, daß ein Theil wurden tantzend, die von heißer Natur wären, und von andern gebrechlichen natürlichen Sachen. Dann deren war wenig, denen das geschahe. Die Meister von der heiligen Schrift, die beschworen der Täntzer ein Theil, die meynten, daß sie besessen wären von dem bösen Geiste. Als nahm es ein betrogen End, und währete wohl sechszehnen Wochen in diesen Landen oder in der Maß. Auch nahmen die vorgenannten Täntzer Mann und Frau sich an, daß sie kein roth sehen möchten. Und war ein eitel Teuscherey, und ist verbottschaft gewesen an Christtum nach meinem Bedünken."

Man sprach von Täuschung, sogar von Betrug, Besessenheit. Aber wer war dafür verantwortlich zu machen? Denn von Schuld zu sprechen ist nur im Falle einer Entscheidung, einer Möglichkeit, sich zu entscheiden, angebracht. Als Auslöser für die Tanzwut (und ähnliche Phänomene wie die der Flagellantentänze und Kinderzüge) werden oft die schweren sozialen Notstände des ausgehenden Mittelalters genannt, vor allem auch die Pest, die in Epidemien durch das Land zog und durch die Unberechenbarkeit ihres Auftauchens ein Lebensgefühl der Unsicherheit, des Ausgeliefertseins vermittelte. Betroffen waren insbesondere die Armen, die es sich nicht leisten konnten, die Städte zu verlassen. So ist nicht verwunderlich, daß die Tanzwut nie die höheren Stände befiel, sondern etwas war, was sich auf der Straße abspielte. Es wird auch überliefert, daß die Tanzbewegungen in der Hauptsache Arbeitsbewegungen der Bauern und Handwerker waren (34).

Der Veitstanz aber (der seinen Namen wohl einer Verwechslung des slawischen Sonnengottes Swantewit mit dem heiligen Veit, sante Vit zu verdanken hat) war zunächst ein Johannistanz heidnischen Ursprungs und gibt heute, wohl unter dem Eindruck der Tanzwutphänomene, mit denen er sich mischte, einem Krankheitsbild seinen Namen. Dieses zeichnet sich durch unkoordinierte, fahrige Bewegungen aus, ist also ganz und gar vom Unwillkürlichen geprägt. So will auch Nietzsche in der Tanzwut einen Sieg des Dionysischen über das christlich-apollinische Christentum sehen.

> „Auch im deutschen Mittelalter wälzten sich unter der gleichen dionysischen Gewalt immer wachsende Schaaren, singend und tanzend, von Ort zu Ort: in diesen Sanct-Johann- und Sanct-Veits-Tänzern erkennen wir die bacchischen Chöre der Griechen wieder, mit ihrer Vorgeschichte in Kleinasien, bis hin zu Babylon und den orgiastischen Sakäen." (35)

Auch der Name Tarantismus, wie die Tanzwut in Süditalien hieß, läßt sich auf die großgriechische Vergangenheit der Stadt Tarantum zurückführen. Dort lebte Pythagoras und wer weiß, ob nicht auch Dionysos dort einmal verehrt wurde, und nun wieder seinen Tribut forderte? Häufiger jedoch ist die Annahme, die Spinne Tarantula sei an allem schuld und gebe auch dem Volkstanz der Tarantella ihren Namen. Wie nämlich auch Gavino Ledda in seinem Bericht über alte sardische Gebräuche (36) zu berichten weiß, scheint der Spinnenbiß zwar nicht lebensgefährlich, aber äußerst schmerzhaft zu sein, so daß das Opfer in einem wilden Tanz des Schmerzes sich Luft zu machen versucht. Dann bricht der Betroffene zusammen und verfällt dem Fieber. Aber mittlerweile haben die übrigen Dorfbewohner und Anwesenden es sich nicht nehmen lassen, die Gelegenheit zum Tanzen auszunutzen: Sofort haben sie sich auf die

Suche nach Musikanten gemacht, die nun aufspielen müssen. Vergessen ist der Kranke, wichtig ist das Fest — auch wenn der Vorwand der der Heilung ist. So ließe sich der Mythos der Tanzwut — der gleichzeitig der Mythos der Unfreiwilligkeit ist — entmythifizieren: Es kommt nicht über die Menschen wie ein Blitz aus heiterem Himmel, sondern die Menschen ergreifen die Glegenheit, sobald sie sich bietet, und legitimieren ihre Ekstase unter dem Schutzmantel kollektiv verankerter Vorstellungen, die zwischen Glauben und Aberglauben nicht so recht unterscheiden lassen.

Die Gelegenheit ist die des Spinnenbisses, also ein Fall von Betroffensein, auch wenn es nur einen einzelnen trifft. Die Betroffenheit, so ließe sich argumentieren, wird nun von der Gruppe ausagiert, und da das Ausagieren von Schmerz wilde Bewegungen verlangt, so ist es nicht verwunderlich, daß auch die Tanzbewegungen das Ihre dazu beitragen, daß die Betroffenheit massenpsychotisch um sich greift. Paracelsus war der erste, der sich mit der Heilung von Tanzwut befaßte. Er versuchte es zunächst mit der Isolierung der Kranken, wodurch die Wirkung der Suggestivkraft abgeschwächt wurde. Außerdem behandelte er die Erkrankten mit Schlägen und kaltem Wasser — eine Behandlungsmethode, die sich in der frühen Psychiatrie größter Beliebtheit erfreute, und vielleicht auch ein gewisses Verlangen nach Bestrafung stillte. Später wandte man jedoch ein entgegengesetztes Therapeutikum an: die Städte bezahlten Musiker, die die Tanzwütigen zu möglichst hohen und schnellen Sprüngen treiben sollten. Man erhoffte sich Linderung des Leidens durch baldige Erschöpfung.

Im Hinblick auf diesen historischen Hintergrund eröffnet sich nun ein tieferes Verständnis für jene Märchen, die vom Teufel höchstpersönlich erzählen. Der Teufel scheint ein perfekter Gastgeber zu sein, und er ist sehr darum besorgt, gute Musik bei den von ihm veranstalteten Festen zu haben. Und so erzählt das irische Märchen „Vom Pfeifer und dem Puka" ebenso wie ein isländisches Märchen „Vom Teufel, der einen Musikanten zum Spielen auf einer Hochzeit dang". Der Puka (Teufel) kennt die Iren gut, und deshalb lauert er dem Musikanten vor dem Wirtshaus auf, und entführt ihn, als dieser besoffen zur Tür wankt.

Über Stock und Stein geht es da in jagendem Galopp, in schwindelerregendem Flug, auf zum Patricks Hügel, wo zu Allerheiligen ein Hexensabbat stattfinden soll. Dem Musikanten ist es nur recht, denn sein Beichtvater hat ihm sowieso als Buße für den Diebstahl einer Gans eine Pilgerfahrt zum Patricks Hügel angeordnet — und dort befindet er sich nun. Sicher nicht in christlicher Gemeinschaft, aber was tut's? Er spielt den alten Weibern, den Hexen auf, und diese tanzen, bis sie erschöpft sind. Dann erst sind sie zufrieden und entlohnen den Pfeifer mit Golddukaten — unnötig zu sagen, daß diese sich am nächsten Morgen als Pferdemist entpuppen. Aber eines hat der Musikant gelernt: das wirkliche Musizieren. Denn war er bis zu jenem Ereignis ein eher beschränkter Mann, der immer nur eine einzige Weise auf seinem Dudelsack blies, so erstaunte er jetzt seine Umgebung durch seine neuen Künste. Bald gilt er als bester

Musikant weit und breit, und so bewahrheiten sich die Worte mit denen der Teufel ihn nach jener Nacht wieder entläßt: Jetzt hast du zweierlei, was du vorher nicht hattest: Musik und Verstand."(37)

Hier taucht wieder das Thema des Lernens auf, nur sind es diesmal nicht tanzende Jaguare, die nächtlich feiern, sondern der Teufel bietet sich als Lehrmeister an, wobei er die Gelegenheit eines an sich christlichen Festes, nämlich Allerheiligen, zum Anlaß nimmt. Und schön sind die Weiber auch nicht, sondern alt und häßlich, ihr Tanz hat nichts Einladendes, sondern etwas Abstoßendes an sich, wie auch der Teufel wohl als mächtig, aber unattraktiv geschildert wird, weit davon entfernt, die Schönheit des bezaubernden Dionysos-Knaben zu besitzen. So führt die Vermischung von christlichem Gedankengut und heidnischen Vorstellungen — und Bedürfnissen! — zu einer seltsamen Verkehrung, die nicht nur heidnische Feste in christliche umbenennt (z.B. Allerheiligen, ursprünglich das Fest der Ahnen) und auf alte Tanzweisen neue Kirchenlieder textet*, sondern auch den Teufel für alles, was spontan und natürlich — wie auch übernatürlich! — ist, verantwortlich macht: So muß der Teufel für ein Bedürfnis nach Unmittelbarkeit, Betroffenheit, nach wirklichem, leiblichem Feiern der Lebendikeit aufkommen, und er tut dies meisterhaft, er, der alte Fruchtbarkeitsgott (39) und Trickster (40). So gut weiß er mit Sinnestäuschung und Blendwerk umzugehen, daß auch der Rechtgläubige manchmal nicht unterscheiden kann, ob es mit rechten oder mit linken Dingen zugeht. So folgt auch der isländische Musikant dem Unbekannten guten Glaubens:

„ ... Da bat ihn der Herr, er solle mit ihm in seinen Hof kommen, um dort zur Hochzeit zu spielen. Der Musikant sagte zu, und er führte ihn in einen solchen schönen Hof, daß alles von Gold und Silber glänzte. Der Musikant war nicht wenig darüber erstaunt, weil er bisher noch nicht gewußt hatte, daß hier in der Nähe ein so großer Hof lag. Der junge Herr führte ihn in einen Palast, und er mußte sich setzen. Nicht lange danach versammelten sich die Hochzeitsgäste. O, das waren aber Herren! Alle mit schwarzen Kleidern, mit schwarzen, wiehernden Rossen und mit schwarzen Wagen. Wenn sie fuhren, bog sich fast die Erde. Die Brautherren brachten ihre Brautjungfern im Wagen mit, und der Musikant mußte ihnen spielen. Die Herren tanzten mit den Damen, und beim Tanze tauchten sie die Finger in eine Scherbe und salbten sich die Augen. Der Musikant beobachtete sie dabei, näherte sich der Scherbe und salbte sich auch ein Auge ein. Er hatte es kaum bestrichen, da konnte er sogleich mit dem Auge erkennen, daß alle die Herren Schwänze und Hörner hatten. Nicht genug damit. Er sah auch, daß dort kein Palast stand, sondern es nur ein furchtbarer Morast und Sumpf war. Und an Stelle der Stühle standen Baumstümpfe dort. Der Musikant

---

* So hatten sich die Ideen der Reformation am französischen Hofe dadurch eingeschmeichelt, daß die Psalmen in der französischen Übersetzung von Clement Marot nach Tanzweisen gesungen und getanzt wurden (38).

erschrak heftig, aber er faßte wieder Mut, wandte die Augen ab und spielte weiter. Als er fertig war, kam sofort der Herr und bezahlte nicht nur mit Papiergeld, sondern mit Gold und Silber. Schließlich als die Mitternacht nicht mehr fern war, gab ihm der Herr noch allerlei Geschenke, Pfefferkuchen und Brote. Dann führte er ihn aus dem Palast heraus zu derselben Stelle hin, wo er ihn mitgenommen hatte." (41)

Der christliche Gott ist nicht die Anlaufperson in bezug auf irdische Wünsche, sollte doch die Wunschkraft des Christenmenschen ganz im Streben nach der Verwirklichung des Guten und in der Ausrichtung auf das Jenseits aufgehen. Somit ist das Triebleben für Gott uninteressant — umsomehr dagegen nimmt sich der Teufel durch Betriebsamkeit aus, wird zu einem Schachtelteufelchen, springt hervor, wenn der innere Frieden sich nicht einstellen mag, und der Leib nach Befriedigung ruft: da braucht der Teufel keine Türen, kein Hindernis versperrt ihm den Weg. Der Widersacher ist im eigenen Leib, ganz nah, und ganz unmittelbar. Er braucht nur zu flüstern. Jeder Atemzug kann ihn rufen, jeder Pulsschlag läßt ihn kommen, den Leibhaftigen, der unter der Haut sitzt und juckt. Der Teufel ist schon längst drinnen im Leib, den das Christentum so vernachlässigt, so mißachtet hat — der Mythos der geschlechtlichen Vereinigung, zu dem die Incubi und Succubi (42) den Menschen verführen, ist ein Mythos, der nachträglich die Fremdbesetzung des Leibes erklären, gleichsam domestizieren will. Der Teufel, mehr als Gott, ist allgegenwärtig: die Triebfeder in ihm gehorcht den Gesetzen aufgeladener Spannkraft, mal springt er, mal schnellt er sich ab, mal schwingt er sich, immer elastisch, über die Gesetze der Natur hinweg. Übernatürlich? Es ist nur die Spannung, die aus dem Verborgenen heraus in das Offenbare hineinragt. Nichts und Sein, in diesen federnden Zusammenhang gebracht, spielen sich gegenseitig die Requisiten zu: hier ein Schloß, morgen fort, dort ein Schatz, jedoch nicht lang. Gedeckt ist die Tafel, aber bald nur mehr Wiese und dröhnendes Gelächter, brüllender Hohn begleitet den, der sich auf die Suche nach einer Spur begibt, wo es keine Spur geben kann. Die Natur ist in ihrer Kausalität außer Kraft gesetzt. Vampire haben keinen Schatten, Gespenster werden vom Regen nicht naß. Das Geisterreich kündigt sich durch Aufhebung der Naturgesetze an, jegliche Wirksamkeit ist ungültig und nichts ist mehr endgültig, alles ist so, als ob nichts gewesen sei ... Und ist es nicht das Leben selbst, das lockt, und doch nicht mehr ist als ein Traum? Zumindest für den, der zu einem geistigen Bewußtsein zu erwachen hofft und dem die Lebenszeit als Warte- und Probezeit nicht schnell genug vergehen kann. Und ist es nicht die Enttäuschung die den Teufel auf den Plan ruft? (43)

Denn wenn auch die Schulweisheit der Scholastik (44) die Welt bis ins kleinste Detail in Analogieschlüssen zu erfassen versucht und Gottes wunderbare Ordnung beweist, so krankt das Sinngefüge daran, daß es kein Wunder mehr gibt, das nicht einem Beweis zu dienen hätte, und das Wunderbare sich nicht mehr erleben läßt, sondern geglaubt werden muß, die eigene Erfahrung nicht mehr offen bleiben darf, sondern durch dogmatisch festgelegten Sinn verschlossen wird.

Es nennt sich Gottvertrauen — aber ist es nicht ein tiefes Mißtrauen, das zu solcher Verengung führt? Aus den liebevoll bemalten Bibeln verschwinden die possierlichen Tiergestalten, die die Schöpfung repräsentierten, Flügel wachsen den Wesen, entheben sie dem Tierreich, entpuppen sich als Teufel, dann als Engel, und schließlich sind es nur noch Engel, die das Lob Gottes singen (45). So verurteilen englische Hexengerichte nicht nur die Hexe, sondern auch ihr Haustier, und übergeben beide dem reinigenden Feuer (46). Das Lebendige wird aus dem Leben verbannt. Bleibt nur noch der Tanz als Ventil. Hier wird im Tanz also weniger die Ordnung als viel mehr die Auflösung der Ordnung gesucht, und in den schnellen, sich abfedernden, springenden, umhewirbelnden Bauerntänzen gefunden. Es geht nicht darum, die Fassung zu bewahren und die Schwerkraft in höfischer Eleganz zu überwinden. Gerade die leichte Erschütterung, die den Körper beim Aufkommen auf der Erde durchläuft, wird als erfrischendes Durchschütteln, als Belebung zugelassen. Und Neidhart von Reuenthal beschreibt schon die Vorzüge des Bauerntanzes im Gegensatz zur adelig-edlen Etikette:

„Juheia, wie er sprang! Herz, Milz, Lung' und Leber sich rundum in ihm schwang." (47)

AUFLÖSUNG ODER ERLÖSUNG DURCH DEN TANZ

*Es war einmal ein König, der hatte zwölf Töchter. Ob-
wohl er jede Nacht ihre Schlafkammern abschloß, fand
er von neuem ihre Schuhe vom Tanze aufgebraucht vor.
Er versprach demjenigen, der das Rätsel um das nächtliche Tanzen lösen konnte, eine Tochter und sein Reich.
Viele Königssöhne hatten sich beworben, aber keiner von
ihnen hatte das Rätsel gelöst. Sie mußten sterben. Da fand
sich ein alter invalider Soldat, der von einer kundigen Alten belehrt worden war, wie er sich verhalten sollte. Er
trank den Schlaftrunk, den ihm die Töchter verabreichen
wollten nicht, stellte sich aber schlafend. So konnte er ihnen in ein unterirdisches Reich folgen, in dem sie mit
zwölf Prinzen jede Nacht tanzten, denn durch den Tanz
sollten die Prinzen erlöst werden, und es fehlte nicht mehr
viel. Der Soldat aber, unsichtbar gemacht von einem Man-
tel, den ihm die Alte gegeben hatte, nahm alles genau wahr
und brachte auch Beweismaterial von seinen nächtlichen
Abenteuern mit, so daß er später sich dem König auswei-
sen und die Prinzessinnen überführen könnte. Zum Lohn
erhielt er die älteste Prinzessin zur Frau und das König-
reich dazu. Die Prinzen aber wurden auf soviel Tage wieder verwünscht, wie sie Nächte mit den Prinzessinnen getanzt hatten. (48)*

Zunächst zum Tanz: Er scheint sehr heftig die Füße zu beanspruchen,
denn er fordert den beachtlichen Tribut eines nächtlich durchtanz-
ten Paar Schuhe. Es ist, als wollten die bloßen Füße sich durch die
Sohlen hindurch zur Erde vortanzen, um ganz mit ihr in Berührung zu sein. In
den alten Fruchtbarkeitstänzen mochte wohl eine solche unmittelbare Beziehung zur Erde gesucht worden sein: Die Erde selbst wurde belebt, bewegt, so

daß sie sich öffnete und ihre Gaben entließ. Die Menschen waren Kinder der Mutter Erde, im Tanz kehrten sie zurück an die Quelle der Kräfte: Alles kam von der Erde, was Leben war. Die Erde gab und nahm. Dann wurde der Himmel mit seiner Verheißung auf unwandelbare Wahrheit beruhigender für die Menschen, die der ständige Wandel ängstigte, nicht zur Ruhe kommen ließ. Da wurde Mutter Erde zum Symbol des Schoßes, der die irdische Hülle des Menschen nach seinem Tode beherbergt. — Staub zu Staub —. Deshalb erinnert die Erde immer mehr an das Sterbenmüssen, nicht an das Wachsenkönnen. Die Schuhe — Errungenschaft der Zivilisation — schützen vor der allzu schmerzlichen Erinnerung, hier auf Erden nicht zu Hause zu sein. Wenn also im Tanz die Schuhe aufgerieben, zertanzt werden, so wird damit auch die sich bewahrende Haltung des Nichtsterbenwollens aufgegeben: Daraus erwächst eine Kraft, die nicht nur all diese Nächte und das Doppelleben durchstehen, sondern auch noch die Prinzen erlösen läßt.

Aber das Doppelleben, das das eigentliche Rätsel darstellt, wird aufgedeckt, und damit werden die Grenzen, die offen standen, wieder geschlossen, die Prinzen verwünscht, die Prinzessinnen verheiratet. Die Welt teilt sich wieder in Schwarz und Weiß, Tag und Nacht, Gesetz und Verschwörung, Gewöhnliches und Ungewöhnliches, Welt und Unterwelt. Die Reise ist beendet. Der kluge Soldat, der vorgewarnt war, hat sich nicht in die Irre führen lassen, hat die Unbewußtheit des Schlafes zu umgehen gewußt, hat von der Reise sogar etwas mitgebracht — einen Zweig der unterirdischen Bäume, einen Trunkpokal der nächtlichen Festgelage. Aber das dient nur zum Beweis, ist nicht zu vergleichen mit den Tänzen und Gesängen, die der Initiierte als Ausdruck seiner Erfahrung mitbringt. Und so hat der Soldat eigentlich auch nicht dazu gelernt, er bleibt invalid. Die älteste Prinzessin nimmt er mehr aus Resignation über sein eigenes Alter, nicht aus Lust, oder gar Liebe zu ihr. Ein trauriges Ende — man hätte den Prinzessinnen etwas Besseres gewünscht. Die Prinzen werden in das Dunkel ihrer nächtlichen Gefangenheit zurückgestoßen, ihr Versuch, sich tanzend zu erlösen, wird ihnen mit Verwünschung vergolten — welcher Zauber oder Fluch hier wirkt, wird nicht gesagt. Aber es liegt nahe, an alte heidnische Bräuche zu denken die sich im Verborgenen der Nacht und im Unterbewußtsein des Volkes halten können, ohne ans Tageslicht oder ans Bewußtsein dringen zu dürfen, ihre Existenz und wohl auch ihre Faszination durch ihre Heimlichkeit bewahren. Das Unbewußte übt einen Sog aus, der als Verführung und Bedrohung zugleich in den Märchen seine Gestalt findet: der Tanz wird zur Sucht, zur Obsession, wird dämonisch.

Tanzen heißt: nicht mehr aufhören können. So sind für die böse Stiefmutter von Schneewittchen schon glühende Pantoffeln bereitgestellt, in denen sie sich zu Tode tanzen muß. Während die füreinander Bestimmten im Tanze zueinander finden; während Aschenputtel und Allerleirauh, angetan mit der Pracht von Sonne, Mond und Sternen, beim Hofball erscheinen und sich dort die rechtmäßige Zuordnung zum jeweiligen Königssohn vollzieht, verfolgt der Tanzfluch die Ausgestoßenen, sozusagen den unteilbaren Rest: Das Böse, das sich nicht integrieren läßt, muß tanzen, bis die überschüssige Energie restlos aufgebraucht ist, bis der Mensch tot umfällt. Gibt es eine angemessenere Strafe für den, der seinen niederen Gefühlen folgend sich zu bösen Taten hat hinreißen lassen, als Opfer seines eigenen Leibes zu werden, der nun im Tanz sich verselbständigt? So gibt es eine historisch verbürgte Legende des 13. Jahrhunderts, die von einem Priester erzählt, der ausgelassene Tänzer und Tänzerinnen, die sich ausgerechnet auf dem Kirchhof und während der Messe vergnügten, mit folgenden Worten verfluchte: „Ei, so wollt' ich, daß ihr tanzet ein ganzes Jahr." Erst der Dispens des mitleidigen Bischofs konnte den Fluch wieder aufheben, und viele, sagte man wohl zur Abschreckung, seien schon vorher gestorben. Da zeigt sich, daß die menschliche Natur sich zwar sehr nach Ekstase sehnt, aber sie zu ertragen kaum mehr fähig ist. Die menschliche Natur, eine Doppelnatur, möchte vom Austausch ihrer Anteile leben, und darf es nicht. Die Zugänge zur Unterwelt werden zugeschüttet, die Ritzen und Löcher, die den Einstieg ermöglichen, verklebt. Das, was aber verdrängt und abgewehrt werden muß, kündigt sich nicht als Besuch, sondern als Invasion an, und nun kommt es übermächtig, im Gewand einer Naturgewalt, einer Krankheit, die sich nicht mehr einschätzen läßt, sich dem Zugriff des Bewußtseins entzieht. So ist es auch unmöglich, den so wichtigen Zeitpunkt der Rückkehr zu erspüren, denn jedes Gefühl für Sättigung, Fülle — für Reife — ist verloren gegangen, und jede Begegnung mit dem Unwillkürlichen, Ungewöhnlichen ist deshalb fatal. Kinder, sollte man meinen, seien davon ausgenommen, da sie sich noch im Zustand der Unschuld befänden — aber im Gegenteil dazu scheinen sie sich besonders gut als Medium für kollektiv verdrängte Inhalte zu eignen. Nicht nur in den Märchen — wie wir am Beipiel der „Roten Schuhe" sehen werden — rückt das wilde, besessene Kind in den Vordergrund und macht die Fremdbestimmung als Folge von Abspaltung deutlich. Auch historische Dokumente berichten von befremdlichen Vorkommnissen:

So erzählt Rothes Thüringer Chronik: „Zu Erfurt versammelten sich im Jahre 1237 ganz unvermutet und auf einmal über hundert Kinder auf der Gasse, Knaben und Mägdelein, fingen an zu tanzen und tanzten zum Tore hinaus in einem fort durch den Steigerwald bis nach Arnstadt, wo sie ganz matt und ermüdet an den Mauern auf der Gasse nieder und in tiefen Schlaf fielen. Sie wurden von den Eltern auf Wagen zurückgeholt. Viele aber hatten ein Zittern bekommen, welches sie lebenslang nicht wieder verlieren konnten"

Der schlesische Pfarrer Florian Daule in Fürstenberg erzählt in seinem Tantzteuffel", der in das 1569 erschienene Theatrum Diabolorum aufgenommen wurde, eine ganz ähnliche Begebenheit von Tanzwut einiger Kinder. Er schreibt: „Ich lese ein Geschicht, so sich zugetragen Anno 1551 zu Reichenbach, zwo Meilwegs von der Schweidenitz. Es ist ein Mann gewesen mit namen Jacob Vierschering, welcher fünff Kinder gehabt, unter welchen dreye, das erste ein Mägdelein Barbara, dreyzehen Jar alt, das ander ein Knäblein, neun Jar alt, das dritte auch ein Mägdlein von sieben Jaren, haben den Sontag Palmarum so wunderlich angefangen zutantzen und zuspringen, deßgleichen unerfahren ist, auch so seltzam und wunderlich, daß es nicht zufassen, welches sie alle tage, ungefehrlich 7 oder 8 stunden die quer und die lenge, hin und wider in alle Winckel, auß der Stuben ins Hauß, auß dem Hauß in die Stuben, fortan getrieben, haben sich so gedrehet und gesprungen, daß sie grausam müde worden, geschnaubet und gekiechen, daß es nicht wunder gewesen, sie weren auff der stett ligen blieben, und verschmachtet. Und da sie sich durch alle Winckel müde getantzet, haben sie sich mit den Köpfen auff die Erden gelegt, sich under einander gedrehet und verwirret, als wollten sie auff den Köpffen tantzen. So lang sie jre zeit außgehabt, seind sie auff die Erden gefallen, als weren sie todt, und haben eine gute weil geschlaffen. Da sie aber erwachet, haben sie bißweilen essen geheischen, nach dem essen haben sie wiederumb angefangen zutantzen wie zuvor, gehupfft und gesprungen ohne underlaß, deßgleichen auch des nachts, so sie es ankommen, haben wenig geredt, bißweilen alle zugleich gelachet. Es hat sich auch ein Pfarrherr, nicht weit davon, understanden jnen zuhelffen, hat sie neun tage bey jme gehabt, daß das aber nichts helffen wöllen etc. So weit finde ich diese Histori. Wie es aber endtlichen mit den armen Kinderlein blieben, steht nichts ausdrücklichen dabey, aber abzunemmen auß den letzten worten dieser Geschicht, daß die armen Kinderlein so lange getantzet haben, bis sie gestorben.“

Man tut sich schwer, in dem Treiben der Kinder einen Ausbruch von Lebensfreude, ein übermütiges Tollen sehen zu wollen. Man hat vielmehr den Eindruck, etwas ganz Fremdes, ihrem Alter und ihrem Bewußtsein in keiner Weise Entsprechendes sei über die Kinder gekommen und habe sie berührt und verwandelt, ohne daß diese Berührung bewußt verarbeitet werden konnte — so nimmt der Autor des zweiten Berichtes als selbstverständlich an, daß nur der Tod da noch einen Ausweg zeigen kann. Beim ersten Bericht ist von einem Zittern die Rede, das wie ein Brandmal die Überlebenden gekennzeichnet hatte: es ist das Stigma des Tremendum, das sich im Leib als Erinnerung an den Einbruch unmotivierter Motorik bewahrt, das verinnerlicht wird.

Anhand der Jaguar-Geschichte zeigte ich schon den Unterschied zwischen dem Tanz der Tiere und dem Tanz der Geister auf, hier möchte ich aber noch weiter darauf eingehen. Drei Märchen sollen dabei verglichen werden:

Eine Tolowim-Frau war im Frühling ruhelos und einsam, denn ihr Mann hatte sich für die Vorbereitungen gewisser Rituale zurückgezogen. Da sieht sie einen Schmetterling, will ihn fangen, folgt ihm, verläßt ihr kleines Kind. Der Schmetterling wird zu einem Mann und wird ihr Liebhaber. Er fragt sie, ob sie mit ihm kommen wolle, und warnt sie, es sei gefährlich. Sie müsse sich deshalb an seinem Gürtel festhalten, wenn sie das Tal der Schmetterlinge überqueren. Aber sie verliert ihn, denn sie greift nach den Schmetterlingen, die sie nun umtanzen, denen sie folgt ... bis ihre Schritte immer unsicherer wurden, und ihr Herz stehen blieb — das war das Ende der Tolowim-Frau. (50)

Ein junges Mädchen ist einem Burschen versprochen, stirbt jedoch vor der Heirat. Nun erscheint sie nachts ihrem Verlobten und verführt ihn, mit ihr zu tanzen. Am nächsten Morgen ist der Bursche todkrank und folgt bald seiner Geliebten ins Reich der Toten. (51)

Ein Bauer hatte eine Tochter. Dem, der es nachts bei ihr aushielt, wollte er dreihundert Dukaten zahlen, aber jeden, der es versuchte, fand man am nächsten Morgen tot auf, denn das Mädchen war eine Hexe, die die armen Burschen zu Tode ritt. Aber einer war durch eine kundige Alte vorgewarnt, und es gelang ihm, den Spieß umzudrehen: nun war die Hexe das Pferd, und der Bursche der Reiter. Nach drei Nächten war die Hexe tot, und mußte begraben werden. Aber das genügte nicht, denn nachts erwachte sie zu neuem Leben. Erst als der Bursche ihr einen Pfahl durchs Herz treibt, kehrt Ruhe ein. (52)

Die Tolowim-Frau hat ein Motiv: ihre unbestimmbare Ruhelosigkeit hat in der Gestalt des flatternden Schmetterlings eine Bestimmung gefunden. Mag sie sich auch verlieren — sie hat immer ein Ziel vor Augen. Auch die junge Tote weiß, was sie will. Im Tod hat sie nicht die ewige Ruhe finden können, die ihr bestimmt ist. Da sind noch Gefühle, die sie bewegen, so sehr drängen, treiben, daß sie ihr gegen die Gesetze der Natur eine Phantom-Gestalt verleihen, die jedoch noch soviel Ausdruckskraft besitzt, daß der heimgesuchte junge Mann „infiziert" wird. Hat aber die Hexe Gefühle? Handelt sie aus einem Motiv heraus? Beschrieben wird nur ihre Motorik, das Reiten, das sich im übrigen gegen sie selbst kehrt als Gerittenwerden. Sie ist wirklich „außer sich", insofern es keinen Bezug mehr zwischen Motivation, Emotion und Motorik gibt. Man könnte ihr freilich so etwas wie unersättliche Gier, unstillbare Sehnsucht unterstellen, aber das sind keine echten Gefühle in dem Sinn, daß sie einen Wirklichkeitsbezug schaffen, sondern vielmehr Gefühls-Konserven, die immer wieder neu aufgewärmt werden: Phantom-Gefühle, die zu einer Phantombewegung führen, ohne jedoch an Wirkungskraft zu verlieren, eher noch gewinnen, denn die Bezugslosigkeit schließt die Emotionen zu einem Regelkreis immer neu sich aufladender Motorik. Und darin liegt das Unheimliche, das es dem Träger und Akteur solcher Motorik unmöglich macht, sich im Reich der Lebenden oder der Toten zu beheimaten. — Erst als die Quelle pulsierender Lebendigkeit, das Herz selbst in seiner Materialität zerstört ist, ist der Macht der Gefühle, den Impulsen, ein Ende gesetzt. Die Umtriebe hören auf.

Die Sucht kann keinen Punkt machen. Deshalb tritt nie Sättigung ein, denn auch wenn das Maß voll ist, fehlt die Sensibilität, dies wahrzunehmen. So gibt es keine Umkehr oder Rückkehr, und damit kein Bewußtsein. In der Umgangssprache schlägt sich diese Maßlosigkeit nieder, wenn wir die Worte „unheimlich" oder „wahnsinnig" als Superlativ einsetzen — das Bewußtsein macht sich nicht mehr die Mühe, das Übermaß zu begreifen, zu integrieren, sich darauf zu beziehen. Gleichzeitig ist es Zeichen einer Absage an die Wirklichkeit, einer Desensibilisierung, die aus jeder ekstatischen Erfahrung, die potentiell eine initiatische sein könnte, ein bezugsloses „Ausflippen" macht.

Dementsprechend gibt es eine Bewegungsqualität: unsensibel, impulsiv, sich selbst verzehrend und zerstörend, rücksichtslos — Ausdruck von Gewalt. Aus der Verdrängung der Lebendigkeit ist der Mythos der Sehnsucht — der Sucht nach der Sucht — enstanden.

DER TÄNZER UNSERER LIEBEN FRAU

Es war einmal ein Gaukler, der tanzend und springend von Ort zu Ort zog, bis er der ewigen Wanderjahre und aller Weltlust müde ward. Da gab er all seine Habe hin und trat in das Kloster zu Clairvaux ein. Der neue Laienbruder war zwar schön und stattlich von Gestalt, doch die Bräuche und Sitten des Klosters kannte er nicht. Er hatte ja seine ganze Zeit mit Springen, Tanzen und Räderschlagen verbracht und nie hatte ein Mensch den Gedanken gehabt, ihm das Vaterunser, das Ave oder gar das Kredo zu lehren. Voll Demut staunte er alles im Kloster an, er sah, wie die Brüder nie ihr frommes Schweigen brachen, und so ging auch er wie ein Stummer umher, bis er von den Brüdern verlacht und mit Zwang zum Reden gebracht wurde. Er sah, wie jeder auf seine Weise dem Herrn diente, wie die Priester am Altar ihr heiliges Amt vollzogen, wie die Diakonen die Evangelien lasen, wie die Klosterschüler im Chor den Psalter sangen, und wie selbst der kleinste von ihnen ohne Zaudern das Vaterunser aufsagen konnte. Da stand er beschämt: ach er allein, er konnte nichts! Oft stand er lauschend vor den Zellen und hörte die Klagen und Weherufe von drinnen hervortönen, und wie er den Grund des Weinens reiflich überlegte, fand er, daß die da drinnen Gott für ihre Schuld um Gnade anflehten. „Ach", sprach er, „was tue ich hier? Ich kann nichts als müßig stehen und gaffen! Ich bin das Brot nicht wert, das man mir gibt. Ach, wenn man es merkt, so werden sie mich mit Schande verjagen, weil ich zu gar nichts nütze bin!" In seinem Gram flüchtete er aus des Tages Licht in eine unterirdische Kapelle, wo zwischen Kerzen das Bild der Gottesmutter stand. Dort verkroch er sich sorgenvoll in einen Winkel. Plötzlich klang tief und voll die Münsterglocke, welche die Brüder zur Messe lud. Er hob das Haupt und sprang auf: „Soll ich hier liegen, während alle anderen wetteifern, Unsere Frau zu loben? Was säum' ich noch? Bin ich nicht auch in mancherlei Künsten erfahren? Nach Kräften dient ihr ein jeder, so will auch ich tun, was ich kann!" Rasch warf er die lange Kutte beiseite und gürtete sein dünnes Jäckchen um die Lenden. Dann trat er demutvoll vor das Bild der Gottesmutter und sprach: „Dir, Königin ob allen Königinnen befehle ich Seele und Leib! Zu dir komme ich voll Vertrauen, ob nimm mit meinem Eifer vorlieb! Die schönsten Spiele, die ich kann, wähle ich *dir zur Lust, so wie ein Böcklein auf der Heide vor seiner Mutter hüpft und springt. Du verschmähst nie, was dir ein Herz aus Liebe bietet, sieh, was ich habe, bring ich dir!" Und während droben die Hymnen erschollen, beginnt er mit vollen Kräften zu tanzen, bald vor- und blad rückwärts, auf und nieder, er geht auf den Händen durch die Kapelle und überschlägt sich in der Luft, alle Arten von Tänzen springt er mit kunstgerechtem Schwung, und nach jedem Tanz verneigt er sich vor dem Bilde: „Das tu' ich nur für dich, daß sich dein Auge daran erfreue, erfreust du doch die ganze Welt!" Und wiederum hebt er an, die Hand auf die Stirn gelegt, mit kleinen Schritten zierlich in der Runde zu gehen, dabei weint er und betet: „O Frau, dir singe ich Ehre und Preis mit Herz und Leib, mit Hand und Fuß. Da droben singen sie Lobeshymnen: laß mich dein treuer Tänzer sein und gibt mir in deinem himmlischen Palast eine kleine Wohnung, denn dein bin ich ganz und gar." Solange der Sang von oben klingt, tanzt er ruhelos, bis ihm der Atem vergeht und die Glieder den Dienst versagen: da sinkt er in Ohnmacht taumelnd zu den Füßen der Himmelskönigin nieder. Und siehe, die Strahlende neigt sich mit gütigem Lächeln hernieder und fächelt ihn mit ihrem Tüchlein, und mit ihrer süßen Gnadenhand kühlt sie das Feuer seiner Schläfen.*

Ein Mönch hatte von draußen diese Vorgänge mit angesehen und heimlich den Abt geholt. Dieser ließ am anderen Tage den Laienbruder vor sich laden. Der Arme erschrak zu Tode, denn er glaubte, er solle wegen seines Müßiggangs vertrieben werden. Er fiel also voll Zagen vor dem Abt auf die Knie und sprach: „O Herr, ich weiß, ich kann hier nicht bleiben, doch ich will tun, was ihr befehlt. Ich will hinaus ins Elend gehen!" Doch der Abt neigte sich voll Ehrfurcht, küßte ihn und bat ihn, zu Gott für ihn und die Brüder zu beten, damit sie einst von seinen Gnaden erben möchten. Da ward der Arme vor Freude krank und kam zu sterben. Als aber sein letztes Stündlein gekommen war, da trugen der Engel Scharen den Tänzer Unserer lieben Frau zum allerhöchsten Sternenzelt. (53)

Angst und Schrecken waren schon immer die gängigen Mittel, Ordnung zu schaffen und zu bewahren. So soll der heilige Methodios den König Boris von Bulgarien zum Christentum bekehrt haben, indem er ein Höllenbildnis an die Wand des Königspalastes malte (54). Und Gregor der Große war der Ansicht, der Krater des Ätna nehme jeden Tag an Umfang zu, um die ungeheure Zahl der Verdammten aufzunehmen. In den Vulkanen sah man nämlich zu seiner Zeit (6. Jh.) Eingangstore zur Hölle, ihr Dröhnen galt als schwacher Widerhall des Jammerns der Verdammten (55).

Eine irische Legende erzählt vom heiligen Patrick, dem Nationalheiligen, er habe eine Höhle ausheben lassen, um Zweifler von der Hölle zu überzeugen. Es seien nämlich einige Mönche in die Höhle abgestiegen und hätten nach ihrer Rückkehr Fegefeuer wie Hölle mit erschreckender Genauigkeit beschrieben. Auch der Ritter Owen behauptete im Jahre 1153 von unterirdischen Erlebnissen in jener Höhle, und sein Bericht machte großen Eindruck. Von überall her kamen die Leute angereist, und die Höhle/Hölle wurde zum Geschäft. Erst Papst Alexander ließ sie als Betrug entlarven und schließen. Dies im Jahre 1497 (56). Teufel und Hölle wurden in der Unterwelt angesiedelt, auch das Fegefeuer, eine wichtige Einrichtung, die die Bedingungslosigkeit der ewigen Verdammnis modifizierte. Und wenn man sich nun die ungeheuren Ausmaße von Hölle und Fegefeuer vor Augen führt, so entsteht das Bild einer Menschheit, die die dünne Kruste der Erde in ständigem Schrecken vor der brodelnden Mitte des Erdinneren bewohnte. Zudem war die Erde, die in alten Fruchtbarkeitsriten als gute Mutter verehrt wurde, unheimlich geworden. Der Abstieg in die Höhle der Unterwelt konnte nichts Gutes bringen — er diente zur Abschreckung, nicht der kulturschaffenden Lernerfahrung. Er erfüllte allerdings auch eine Nachfrage, die sich selbst durch die Frohe Botschaft nicht aus der Welt schaffen ließ: dem Bedürfnis nach Schrecken, nach Grusel und Grauen, nach Tremendum. In der Angst vor der Hölle und dem überall lauernden Teufel mitsamt Hilfsteufeln und Geistern und einer Hierarchie von Dämonen ließe sich so eine Rückbindung, eine Religion des Lebendigen sehen, die die schamanistische Tradition fortsetzte und — in der Form ihrer eigenen Negativierung — als Verteufelung, sich bewahrte. Zwar gab die Kirche selbst keine offizielle Auskunft über Aussehen und Ort der Hölle, war aber nicht gut auf Leute wie Origenes (57) zu sprechen, die der Hölle keine materielle Wirklichkeit beimessen wollten. Dagegen behauptet Thomas von Aquin, daß das Feuer, das die Leiber der Verdammten peinigen werde, körperlich sei. Körperliches Erleben wurde sehr wichtig, wenn es um das Schicksal der Verdammten ging. Auch wurden die Qualen der Hölle liebevoll ausgemalt und stellen — nebst dem Motiv des strengen, richtenden Christus — einen großen Anteil der Darstellungen in romanischen Kirchen dar. Bei den Höllenstrafen wurde auf sinnbildliche Entsprechung geachtet. So mußten die, die sich die Sünde der Völlerei zuschulden hatten kommen lassen, essen, bis sie nicht mehr konnten — wobei man, da sie ja schon tot waren, nicht davon sprechen kann, daß sie sich zu Tode essen mußten — als Strafe war für sie vorgesehen, das natürliche Maß der Sättigung nicht einhalten zu dürfen: über das Maß hinaus mußten sie ihr Vergehen, für das sie bestraft werden sollten, zwanghaft wiederholen. Den Lüsternen erging es ebenso. Ein Bedürfnis nach sinnbildlicher Verkörperung ist auch in den Arten weltlicher wie geistlicher Strafen zu sehen. So wurde Ketzern wie Aufständischen eine glühende Krone aufs Haupt gedrückt, und in unserer Redewendung „auf Kohlen sitzen" spiegelt sich eine Bestrafung wider, die die Unruhe und Rastlosigkeit des Bösen in der Welt wie Gleiches mit Gleichem vergolt. Es gab tatsächlich die Strafe, sich tot lachen oder tot tanzen zu müssen, wobei der Bestrafte durch Zuckungen und Krämpfe seiner eigenen sich verselbständigten Reflexe umkam. Die Strafe spiegelte also das Verbrechen wider, und großer Wert wurde auf das Moment des Unwillkürlichen gelegt. Man kann sich auch vorstellen, daß durch die Öffentlichkeit von Bestrafung und Hinrichtung sich ein dankbares Volksvergnügen ergab, denn jeder konnte durch den Anblick allein schon an der Wollust unwillkürlicher Spasmen teilnehmen, ohne am eigenen Körper die Folgen tragen zu müssen (58). Die Abschreckung hatte einen Beigeschmack von „entertainment"

und „animation". Allerdings brachte sich das Christentum durch allzu volkstümliche Ausschmückung des Grauens in Verruf und verlor an Glaubwür-
digkeit, bei Gebildeten und Gelehrten, wie auch beim einfachen Volk. So wei-
gert sich ein Weber aus Toulouse um 1247, an die Möglichkeit der Verdam-
mung der Mehrheit der Gläubigen zu glauben, wie sie Thomas von Aquin schil-
dert: „Auch darin äußert sich die Gnade Gottes zur Hauptsache, daß er einige
wenige zu der Seligkeit erhebt, die sehr vielen versagt ist" (59). Dazu meint
der Weber: „Wenn ich des Gottes habhaft würde, der von tausenden von Menschen, die er erschaffen hat, einem die Seligkeit gibt und alle anderen in die
Verdammnis stürzt, so würde ich ihn wie einen Verräter mit Zähnen und Nä-
geln bearbeiten und ihm ins Gesicht speien." (60) Und Simon von Tournai,
ein Gelehrter derselben Zeit ruft aus: „Allmächtiger Gott! Wie lange wird diese aberläubische Sekte der Christen und Protzenerfindung noch andauern!"
(61) Im 12. und 13. Jahrhundert wird immer öfter die Absage an den Aberglauben und die Suche nach dem rechten Glauben gefordert. Die Kirche verliert an Verbindlichkeit, die eigene Erfahrung der Offenbarung, der Begegnung mit Gott inspiriert Mystiker wie Häretiker, wobei die Kirche durch die
Einrichtung der Inquisition eben die Frage einer möglichen Abgrenzung, was
Mystik, und was Häresie sei, zu beantworten sucht. Eine weitere Möglichkeit,
die Schreckensherrschaft christlicher Drohungen abzuwenden, ist die Verkehrung ins Komische, Possenhafte: in den Carmina Burana findet die beißende
Satirik und überschäumende Lebenslust ihren Ausdruck. Junge Theologiestu-
denten, sogenannte Golliarden, die sich dem Druck ihrer bevorstehenden Kar-
riere als Geistliche entziehen und in der Welt lieber die chaotische Fülle und
bunte Vielfalt aufsuchen als sie abwehren, schlagen sich als Gaukler, Straßen-
sänger und Schausteller durch (62). Als Jongleure betreiben sie auf ihre Weise
die Suche nach dem Gleichgewicht, das die Welt wieder zum Ort der Lebenslust werden lassen soll. Die Scholastik hingegen schraubt ihre Ansprüche hoch
und versucht die Gottesbeweise, die nun erbracht werden müssen, dem Ni-
veau der Aristotelischen Logik anzupassen.

Die Kirche richtet sich nach dem Satz des Kirchenvaters Augustinus: „In
keiner Religion lassen sich Menschen zusammenhalten, wenn sie nicht durch
sichtbare Symbole oder Sakramente irgendwelcher Art zu einer Gemeinschaft
zusammengeschlossen werden." (63) Sie versucht, dem Bedürfnis nach Rückbindung an ein kollektives Unbewußtes — und damit an das Kollektiv — nach-
zukommen, indem sie ihre Symbole und Sakramente anbietet und durch Gestaltung der Riten sich eine Umgestaltung, eine Erziehung, Neuordnung des
zu bekehrenden Kollektivs erhofft. Nun geht es aber genau umgekehrt zu: das
kollektive Unbewußte gestaltet die Kirche, wie dies an einer zunehmenden
Dämonisierung abzulesen ist. Gegen diese wiederum muß sich die Kirche weh-
ren, und eine Dogmatisierung tritt ein, die sich, als Abwehr von Mißverständ-
nissen und Falschlehren, von einem Konzil zum anderen vollzieht. Dämonisierung und Dogmatisierung bedingen sich so in diesem Erziehungsversuch, durch
den die Kirche den christlichen Glauben sowohl im Bewußten wie im Unbewußten ihrer Anhänger verankern will. Es zeigt sich aber, daß die Gestalt des
strengen, richtenden Christus sich keiner großen Beliebtheit beim Volke er-
freut, das, Dämonisierung und Dogmatisierung zum Trotz, für sich einen drit-

ten Weg wählt, der in der Vermittlung, in der Fürbitte besteht. So wird Maria, in Nachfolge der Erd- und Muttergottheiten, zur eigentlichen Hauptperson des christlichen Dramas. Sogar Christus ist ihr unterlegen, denn er kann ihr, seiner Mutter, nichts abschlagen. Und sie selbst, ein Ort der Zuflucht und des Schutzes, richtet und urteilt nicht, sondern nimmt den Menschen an, so wie er ist, und verwendet sich für ihn bei Gott. In einer Zeit, in der das junge Wissenschaftsverständnis der Scholastik sich um die logische Einteilung der Welt, um Klassifizierung und folgernde Sätze bemühte, umging das Volk die Bürokratisierung des Himmels, die durch das begriffliche Denken entstanden war, und wandte sich direkt an die zuständige Person Marias, wie etwa von einem Zisterzienser Laienbruder erzählt wird. „Herr", betete jener, „wenn du diese Versuchung nicht von mir nimmst, dann werde ich mich bei deiner Mutter über dich beschweren!" (64) In dieser Zeit entstanden also die Marienlegenden, die ein französischer Prior, Gautier de Coincy, 1230 sammelte. Allen gemeinsam ist die Veranschaulichung der Gnade, die Maria zu eigen ist, und die sie von der Strenge Gottes unterscheidet: Eros setzt sich gegen Logos durch. Maria nimmt den Tänzer und seinen Tanz an. Sie hebt das Gesetz auf, nach dem der Tanz, das Gauklertum, die Possenreißerei — Springen, Tanzen, Räderschlagen, auf den Händen gehen, Überschläge in der Luft — sich nicht mit dem Ernst des Lebens, und schon gar nicht mit dem Ernst des Christentums und dessen Streben nach Ordnung verträgt. Und mehr noch: offensichtlich zieht sie den hingebungsvollen Tänzer, der seinen Tanz aus Liebe anbietet, den wetteifernden Betenden vor, denn diesen hat sie sich nicht in ihrer lebenden Gegenwärtigkeit gezeigt. Für die Betenden geziemt sich der Glaube, dem Tänzer jedoch, der das Maß körperlicher Hingabe voll ausschöpft und sich darin bis zur Bewußtlosigkeit erschöpft, kommt die göttliche Erscheinung zu, weshalb auch der Abt voll Ehrfurcht sich vor dem Tänzer verneigt und dessen Fürsprache bei Maria erbittet.

Es scheint, daß in Sachen Religion die strenge Ordnung des Logos, die sich durch Lippenbekenntnis erledigen läßt wie ein Geschäft, den Menschen Gott nicht näher bringt, also ein Überschlag auf eine weitere Ordnung notwendig wird. Diese erweiterte und weitende Ordnung ist die Ordnung des Eros, im christlichen Bereich die Ordnung durch die Gnade. Soweit, so gut — wie aber verträgt der Leib diese Ordnung? Anscheinend schlecht. Denn es ist ein ruheloser, atemloser Tanz, mit dem sich der Tänzer Maria hingibt. „Die Glieder versagen den Dienst", Bewußtlosigkeit tritt ein, die Begnadigung entgeht dem wachen Bewußtsein. Nur die Anwesenheit eines Dritten gibt Kunde vom außergewöhnlichen Geschehen. Dem Tänzer hätte man sicher nicht geglaubt. Und sein zerschundener, abgearbeiteter Körper hätte kein beredtes Zeugnis für ein verklärendes Erlebnis abgelegt. Die Gnade wird allein durch die Geste des sich belebenden Standbildes bewiesen, die Gnade zeigt sich also außerhalb der Person des Begnadeten. Sie schließt ihn nicht nur nicht ein, sondern sie schließt ihn aus: mit der Bewußtlosigkeit endet das Abenteuer der Begegnung. Alles weitere geht so schnell, daß man kaum von einer Verwandlung des Menschen sprechen kann, denn sein Geist hat nichts aus der Fleischwerdung gelernt und eilt heim, zu Gott, sobald sich die erste Gelegenheit bietet: er stirbt vor Freude über die Auszeichnung der Gnade. Nichts Unwillkürliches geschieht ihm, das seinen Willen ablöst, sein Ich aufgeben läßt — der Tanz bleibt weltlich, bleibt Arbeit, die nur durch ihre Widmung geheiligt wird. Der Tanz führt nicht weiter, über die Grenzen des Leibes hinaus, in die Ekstase: und weil der Leib in seiner Beherrschtheit eng bleibt, das Ich nicht sterben kann, stirbt der ganze Mensch. Die Bewußtlosigkeit ist als eine Vorstufe zu sehen, der Tod selbst als Verweigerung, durch die Berührung mit dem Göttlichen zu wachsen. Schon hier zeichnet sich jene bezugslose Verzückung ab, die später Tintoretto seinen hingerissenen Heiligen ins Gesicht schreiben wird. Auch ist es nicht mehr der Abstieg in die Unterwelt, der die initiatische Erfahrung einleitet, sondern eine eilige Himmelfahrt, die dem lästigen Leben und weltlichen Treiben ein Ende macht — denn der eigentliche Wunsch des Tänzers war der nach Beendigung, nicht Verwandlung. Und sein Wunsch geht in Erfüllung.

ROTE SCHUHE

Wer meint, Andersens Märchen von den roten Schuhen sei eine niedliche, nette Version kindlicher Tanzwut, nur weil es für Kinder geschrieben ist und von Kindern gelesen wird, der irrt. Denn eine Dämonisierung geradezu mittelalterlichen Ausmaßes hat sich in die Kinderstube des frühen neunzehnten Jahrhunderts eingeschlichen, diesmal unter dem Zeichen einer puritanisch verstiegenen Pädagogik, die nicht von der natürlichen Reinheit und Unschuld des Kindes ausgeht, sondern von der Möglichkeit der Sünde, gegen die der Schrecken eingeimpft wird. Unnötig zu sagen, daß gerade der Schrecken die Schuld, das Verbot die Sünde hervorruft. Und so müht sich Andersen in einer kunstvollen Konstruktion auch ab, uns die Sünde der kleinen Karen glaubhaft darzustellen, denn, so könnte man fragen, ist es nicht ganz natürlich, daß ein Kind rote Schuhe liebt und diese lieber tragen will als irgendwelche anderen? Um also die Sünde dem Zufall zu entreißen und als freie Willensentscheidung der kleinen Sünderin anzulasten, wird erzählt, wie es überhaupt dazu kommen konnte: Karen, wie viele andere Figuren Andersons, ist arm, so arm, daß sie zunächst gar keine Schuhe besitzt, und im Winter Holzpantinen tragen muß, die ihre Knöchel wund und rot reiben, ganz schrecklich rot — wie betont wird. Das erregt das Mitleid einer Schuhmachersfrau, die Karen Schuhe aus roten Stoff näht, ganz plump, aber gut gemeint ...

,, ... Gerade an dem Tage, als ihre Mutter begraben wurde, bekam sie die roten Schuhe und hatte sie das erstemal an; das war ja freilich nichts, um darin zu trauern, aber sie hatte nun keine andern und so ging sie mit den roten Schuhen an den nackten Füßen hinter dem ärmlichen Sarg. Da kam eben ein großer, alter Wagen, und darin saß eine große, alte Dame; sie sah das kleine Mädchen an und hatte Mitleid mit ihr und so sagte sie zum Prediger: 'Hört, gebt mir das kleine Mädchen, dann will ich gut zu ihr sein!' Und Karen glaubte, das sei alles um der roten Schuhe willen, aber die alte Dame sagte, daß sie greulich wären, und sie wurden verbrannt, aber Karen selbst wurde rein und nett angezogen, sie mußte lesen und nähen lernen.'' (65)

Sie verliert die Mutter und erhält die Schuhe — sie verliert den Boden unter den Füßen und bekommt neuen untergeschoben. Sie wird aufgenommen, und ist sogar sozial aufgestiegen. Beginnt hier ihre Entfremdung? Denn anläßlich des Besuches der kleinen Prinzessin, die rote Saffianschuhe trägt, wird Karen mit weiteren Aufstiegsmöglichkeiten konfrontiert, und vielleicht wird sie sich schon jetzt der Ärmlichkeit ihrer eigenen Herkunft bewußt. Zumindest zieht sie einen Vergleich zwischen ihren eigenen roten Lumpenschuhen, die durch Mitleid an sie gekommen sind, und den königlichen roten Schuhen, die für eine Prinzessin selbstverständlich sind. Und da findet sich auch schon die Gelegenheit, wie diese noch latente Faszination sich realisieren läßt. Karen soll neue Schuhe bekommen, und wie es der Zufall so will, stehen doch tatsächlich beim Schuster ein Paar rote Schuhe herum, die für ein Grafenkind bestimmt waren, aber nicht paßten. Karen passen sie. Und nun kommt der Angelpunkt der Geschichte, der die Welt aus den Fugen geraten läßt. Die neuen Schuhe waren für die Einsegnung gedacht, mit denen das Kind die Kirche betreten, in die Gemeinde eintreten sollte. Es versteht sich, daß rote Schuhe gänzlich ungeeignet dafür sind, mehr noch, daß dadurch ein Tabu gebrochen und diese erste Sünde nun unaufhaltsam sich fortsetzen wird. Um diesen gewichtigen Verstoß plausibel zu machen, läßt Andersen die Ersatzmutter eine gütige, alte und stark sehbehinderte Dame sein, die das Verbot, mit roten Schuhen wieder in die Kirche zu gehen, erst nach der Einsegnung ausspricht, da sie nachträglich von allen Leuten erfahren hat, was geschehen sei. Zu spät — das Böse hat sich schon eingeschlichen, die Verführung wirkt. Das Kind ist überfordert — wie ließe sich besser die fatale Macht des Bösen zeigen, als sie durch die dämonische Verselbständigung der Füße sinnbildlich darzustellen? Die Schuhe haften an den Füßen so wie die Verführung — der Trieb, der Reiz, die Sehnsucht — am Leib haftet und ihre eigene Dynamik entwickeln. Die Schuhe werden zum Symbol der Fremdbestimmung — wie unsere Redewendung ausdrückt: „sich jemandes Schuh anziehen", was soviel heißt wie: „die Sache eines anderen zur eigenen zu machen". Nun sind magisch aufgeladene Kleidungsstücke — man denke an die Tarnkappen und Siebenmeilenstiefel — keine Seltenheit in den Märchen. Denn um die Aufgaben, die in den Märchen oft gestellt werden, lösen zu können, braucht es übernatürliche Kräfte — handelt es sich doch meist um eigentlich unlösbare Aufgaben, bei denen der Betreffende an die Grenzen seines Wissens und Könnens gerät. Hier hilft nur noch Magie — das heißt: übernatürliche Kräfte, über die nur durch den Anschluß an das Unbewußte verfügt werden kann. Eine moralisierende Bewertung solcher übernatürlicher Hilfsmittel, dank derer der Mensch über sich selbst hinauswachsen kann, kommt einer Absage an die Wirklichkeit und Wirksamkeit des Unbewußten gleich und kennzeichnet den Unterschied zwischen Märchen und Kunstmärchen. Die Chance, durch den Ausnahmezustand des Außergewöhnlichen zu lernen, ist vertan, und die Moral bestätigt sich selbst. Der Mensch kann nicht über sich hinauswachsen — im Gegenteil: die Schuhe, die Karen weiterbringen, in das Neuland bewußtseinserweiternder Erfahrungen transportieren könnten, werden ihr zum Verhängnis. Es braucht eine Aufgabe, um die Kräfte einzusetzen und einzuordnen, und eine Aufgabe hat auch Karen, nämlich sich um ihre alte Pflegemutter, die im Sterben liegt, zu kümmern. Nur ist es keine Aufgabe, die einem Kind gemäß ist und schon gar nicht der wilden Sinnlichkeit und Neugier dieses ganz besonderen, entwurzelten Kindes entspricht. Um sich nützlich zu machen, wird von Karen nicht etwas verlangt, was über ihre Kräfte hinausgeht und sie fordert, sondern, ganz im Sinne einer für das neunzehnte Jahrhundert typischen, christlichen Nächstenliebe: Selbstverleugnung und Verzicht. Als Karen sich dagegen entscheidet — vom unchristlichen Gedanken bewogen, daß die alte Dame so oder so sterben müsse — setzt die Verwilderung ein, die sie aus der Gemeinschaft der Menschen heraustreibt.

> „ ... Sie zog die roten Schuhe an, das konnte sie ja auch wohl; aber dann ging sie zum Ball und fing an zu tanzen. Jedoch als sie zur Rechten wollte, tanzten die Schuhe zur Linken, und als sie die Diele hinauf wollte, tantzen die Schuhe die Diele hinunter, die Treppe hinab, durch die Straße und durch das Stadttot hinaus. Tanzen tat sie und tanzen mußte sie, ganz hinaus in den finstern Wald." (66)

Dort begegnet ihr kein hilfreiches Tier, keine kundige Alte, kein Naturgeist, nicht einmal der Teufel will sich zeigen. Stattdessen nimmt sie eine seltsame Erscheinung wahr: Fast meint sie, es sei der Mond. Aber es ist ein Gesicht und gehört jenem rotbärtigen Soldaten, der ihr als Bettler vor der Kirche begegnet war und dort zum erstenmal den Tanzfluch aussprach, indem er auf die roten Schuhe klopfte. Nun wiederholt er seinen hämischen Ausruf: „Sieh, was für schöne Tanzschuhe!" und als sie diese fortzuwerfen versucht, merkt sie, daß sie unauflöslich mit ihrem Körper verwachsen sind. Der alte Soldat, uns aus dem Märchen von den zertanzten Schuhen schon bekannt, taucht hier wieder auf als eine dämonisierte, unheimliche Schreckensfigur, die zum Sprachrohr für die Drohungen des Über-Ich wird. Und so ist es auch nicht der Teufel, sondern ein Engel, der den Fluch ausspricht.

> „ ... Sie tanzte auf den offnen Kirchhof hinaus, aber die Toten dort tanzten nicht, die hatten etwas weit Besseres zu tun, als zu tanzen; sie wollte sich auf des Armen Grab setzen, wo das bittere Farrenkraut wächst, aber für sie war weder Ruhe noch Rast, und als sie gegen die offene Kirchentür hin tanzte, sah sie dort einen Engel in langen, weißen Kleidern, mit Schwingen, die ihm von den Schultern bis zur Erde reichten, sein Antlitz war streng und ernst, und in der Hand hielt er ein Schwert, sehr breit und glänzend.
> 'Tanzen sollst du!' sagte er: 'tanzen auf deinen roten Schuhen, bis du bleich und kalt wirst, bis deine Haut wie bei einem Gerippe zusammenschrumpft! Tanzen sollst du von Tür zu Tür, und wo stolze, hochmütige Kinder wohnen, sollst du anklopfen, so daß sie dich hören und dich fürchten! Tanzen sollst du, tanzen ...!'
> 'Gnade!' rief Karen. Aber sie hörte nicht, was der Engel erwiderte, denn die Schuhe trugen sie durch die Tür hinaus auf das Feld, über Weg und über Steg, und immer mußte sie tanzen." (67)

Der Tanzfluch soll also zur Abschreckung dienen. Die Sünde heißt Hochmut — der Mut, höher hinaus zu wollen, sich nicht mit den Gegebenheiten abzufinden, sich zu bescheiden, zufrieden zu sein. Der Hochmut läßt keinen

Frieden finden, eine gewisse Nervosität und Unrast begleitet ihn, und so ist es für ein Denken der Entsprechungen nur logisch, daß er mit rastlosem Treiben, mit Tanz bestraft werden soll. Weiter ist zu vermerken, daß Karen weiblich, und mutterlos, und zudem in einer patriarchalen Gesellschaft aufgewachsen ist, die Entfremdung und Entwurzelung sich also potenziert. Es ließe sich für dieses Gefühl der Heimatlosigkeit auch das Phänomen der Landflucht im Rahmen des frühen Kapitalismus anführen, mir scheint aber, daß es hier darüber hinaus um ein spezifisch weibliches Problem geht, das so alt wie die Geschichtsschreibung selbst ist, denn aus allen Zeiten kommen Klagen über die weibliche Hysterie. Der Name selbst weist die Hysterie als weibliches Leiden aus, indem er eine Blähung der Gebärmutter bezeichnet. So spricht der griechische Arzt Aretaeus von Kappedocien um 50 v.Chr. vom „männergierigen und kinderfreudigen Gebärmuttertier im Leibe der Frau, das die Unzufriedenheit der Hysterie" verursache (68). Und in einem Sammelband von 1908 mit dem Titel „Die Simulation" werden dem hysterischen Körper die Symptome der Simulation angelastet, insofern er sich konvulsivisch inszeniert, in diskontinuierlicher Theatralik die Konventionen eindeutiger Gesten sprengt, und gegen seine Funktion, eine sinnvolle Verfassung zu repräsentieren, rebelliert.

Im bewußtseinsgeschichtlichen Zusammenhang, in dem die Märchen gesehen werden sollen, ist für mich vor allem der Aspekt der Entwurzelung (Naturreligion-Christentum, Erde—Himmel, Land—Stadt, Kollektiv—Waise, und Matriarchat—Patriarchat) wichtig, denn es stellt sich die Frage: Wohin nur mit soviel Energie? Eine Grundfrage auch der Pädagogik, die früher, im Zuge des Puritanismus, mit dem Konzept der Bändigung, Züchtigung, und eventuell sogar der Vernichtung beantwortet wurde. Ein ausgezeichnetes Beispiel gibt uns Gottfried Keller in seinem „Grünen Heinrich" mit der Geschichte vom Meretlein — übrigens ebenfalls ein kleines, wildes Mädchen. (So hatten wir auch im vorigen Kapitel drei Beispiele weiblicher Rastlosigkeit.) Schlagen, Einsperren, Aushungern — aber es gibt noch andere Mittel der Bändigung:

„ ... Tanzen tat sie und tanzen mußte sie, tanzen in der finstern Nacht. Die Schuhe trugen sie dort über Stock und Dorn, und sie riß sich blutig, und sie tanzte dahin über die Haide zu einem kleinen, einsamen Haus. Hier, wußte sie, wohnte der Scharfrichter, und sie klopfte mit den Fingern an die Scheiben und sagte:
'Komm heraus! Komm heraus! Ich kann nicht hinein kommen, denn ich tanze!'
Und der Scharfrichter sagte: 'Du weißt wohl nicht, wer ich bin. Ich schlage den bösen Menschen den Kopf ab, und ich merke, daß mein Beil klingt!'
'Schlage mir nicht den Kopf ab!' sagte Karen, 'denn sonst kann ich meine Sünde nicht bereuen! Aber schlage meine Füße ab mit den roten Schuhen!'
Und darauf bekannte sie ihre ganze Sünde, und der Scharfrichter hieb ihr die Füße mit den roten Schuhen ab; aber die Schuhe

tanzten mit den kleinen Füßen über das Feld hin in den tiefen Wald hinein.

Und er schnitzte ihr Holzfüße und Krücken, lehrte sie einen Psalm, den die Sünder immer singen, und sie küßte die Hand, die das Beil geführt hatte, und ging über die Heide hin." (69)

Die selbstauferlegte und vollstreckte Strafe überzeugt natürlich am meisten, denn sie zeugt von der Verinnerlichung des Schuldgefühls. Sie scheint trotzdem nicht auszureichen, denn der Trieb mitsamt den Füßen läuft selbständig weiter, tief in den Wald hinein. Der Wald ist jener Ort, in dem schon Dante sich verirrte und von dem aus er sich in der „Göttlichen Kommödie" auf die Suche nach Ordnung und Klarheit macht. Hier ist der Wald aber nicht Ausgangspunkt, sondern bedrohlicher Hintergrund, und Stock und Dorn fordern ihren Tribut, indem sie die Haut zerreißen und das Blut hervorquellen lassen: es ist der Tribut an eine verdrängte, dämonisierte Natur. Dagegen nimmt sich der Scharfrichter geradezu vertraut und menschlich aus, er hat sogar ein Haus, ein Zuhause in einer Welt, die sich nicht als Heimat anbietet. Dort sucht Karen Zuflucht, aber nicht der kopflose Zustand der Initiation, das Hinabtauchen auf die Ebene der Lebensenergie erwartet sie dort, sondern die Amputation der von Sünde befallenen Körperteile, der Füße. Also nicht Bewußtseinserweiterung, sondern Verengung, Beschneidung — nicht das Opfer des ganzen Menschen wird gefordert, sondern nur ein Teil, eben jener, der sich der Anpassung an das Kollektiv widersetzt: die Eigenständigkeit der Erfahrung, die allein sich einer herrschenden Ideologie nicht nur widersetzen, sondern diese auch verändern könnte. Und so braucht Karen noch den Kopf, um zu bereuen, das heißt, die Ideologie restlos zu absorbieren. Statt der eigenen Füße erhält sie Prothesen und Krücken, außerdem die Anweisungen für rituelles Verhalten, das sie auch ausführt. Aber nicht genug damit — es tritt eine Art Verdoppelung bzw. Spaltung der Persönlichkeit ein. Denn während ein Teil demütig in einem Pfarrhaus abdient und bereut, ist der andere noch immer nicht zur Ruhe gekommen und stört das Idyll:

> „ ... Die ganze Woche hindurch war sie betrübt und weinte viele bittere Tränen; aber als es Sonntag wurde, sagte sie: 'Ach, nun habe ich genug gelitten und gestritten! Ich sollte glauben, daß ich ebenso gut bin als manche von denen, die da in der Kirche sitzen und sich brüsten!' Und dann ging sie ganz mutig hin; aber sie kam nicht weiter als bis zur Türe, da sah sie die roten Schuhe vor sich her tanzen, und sie entsetzte sich und kehrte um und bereute recht von Herzen ihre Sünde." (70)

Die tanzenden Füße in den roten Schuhen werden zum Mal, zum Stigma, das sie vor allen anderen Gemeindemitgliedern öffentlich brandmarkt, und ihr den Eintritt in die Kirche unmöglich macht. Im Calvinismus und Puritanismus hat die öffentliche Meinung der Gemeinde die Funktion, über das Seelenleben der Gemeindemitglieder zu wachen. Dieses spiegelt sich in den äußeren Verhältnissen der Betroffenen wider. So wird Betroffenheit selbst, insofern sie aus dem Rahmen kollektiver Erwartung herausfällt, schon zum Stigma, umso mehr natürlich eine „abartige" Entwicklung. Es fällt ins Auge, daß gerade Länder, in denen der Puritanismus Fuß faßt — also Nordeuropa und Nordamerika — eine merkwürdige Vorliebe für das Monströse, Kuriose, für das Abartige entwickeln — man denke an die viktorainischen Schaubuden und die amerikanischen Freak-Shows, an den seltsamen Kinderbuchgeschmack, der sich als Abschreckmanöver legitimiert. Der Schrecken entspringt zierlichen Scherenschnitten, die mit messerscharfer Präzision die Schwarz-Weiß-Trennung der Welt nachzeichnen. Jede Nuancierung und Differenzierung, wie sie durch eigene Erfahrung entstehen könnte, wird ausgestrichen, überdeckt, eingeebnet: es bleibt der Schatten, festgebannt, das Leben ist entwichen. Auf mich haben Scherenschnitte immer lebensbedrohlich gewirkt, und ich könnte mir vorstellen, daß es den Kindern, für die jene Illustrationen bestimmt waren, ähnlich ging: etwas geht da an den Lebensnerv und prägt sich als Möglichkeit tief ein: zu leben, ohne lebendig zu sein, und, als Umkehrbild: lebendig zu sein, ohne zu leben. Diese Spaltung zwischen Leben und Lebendigkeit widerfährt Karen. Im Bild der tanzenden abgespaltenen Füße wird ein Exempel statuiert: ähnlich wie beim Suppenkaspar aus dem Struwelpeter wird die eigene Erfahrung (dort das Nichtessenwollen) bis zum Exzeß, über die natürlichen Grenzen hinaus und damit ad absurdum geführt. Der Exzeß ist das Exempel. Der Exzeß als psychische Wucherung erlaubt die Operation, die im Hinblick auf Heilung stattfindet. Der Daumenlutscher, ein weiterer Repräsentant regressiven Verhaltens, der seine Sehnsucht nach der Mutter durch unbefriedigende Motorik ersetzt, verliert seinen Daumen. Denn nicht die Mutter kann die entstandene Trennung und Spaltung wieder heilen — nur das kompensierende, sublimierende Über-Ich, oder Gott als oberste Instanz:

> „ ... und hier setzte sie sich mit ihrem Gesangbuch hin; und als sie mit frommem Sinn darin las, trug der Wind die Orgeltöne von der Kirche zu ihr herüber, und sie erhob unter Tränen ihr Antlitz und sagte: 'O Gott, hilf mir!'
>
> Da schien die Sonne so klar, und gerade vor ihr stand Gottes Engel in den weißen Kleidern, der, den sie in jener Nacht an der Kirchentüre gesehen hatte, aber er hielt nicht mehr das scharfe Schwert, sondern einen herrlichen, grünen Zweig, der voll Rosen war, er berührte damit die Decke, und sie erhob sich sehr hoch, und wo er sie berührt hatte, glänzte ein goldner Stern, und er berührte die Wände, und sie erweiterten sich, und sie sah die Orgel, welche tönte, sie sah die alten Bilder mit Predigern und Predigerfrauen, die Gemeindemitglieder saßen in den geputzten Stühlen und sangen aus ihren Gesangbüchern, denn die Kirche war selbst zu dem armen Mädchen in die enge Kammer hineingekommen, oder auch sie war dahingekommen; sie saß im Stuhl bei den andern Pfarrersleuten, und als sie den Psalm beendet hatten und aufsahen, nickten sie und sagten: 'Das war recht, daß du kamst, Karen!'
>
> 'Das war Gnade!' sagte sie.

Und die Orgel klang, und die Kinderstimmen im Chor tönten so weich und herrlich. Der klare Sonnenschein strömte so warm durch die Fenster in den Kirchenstuhl hinein, wo Karen saß; ihr Herz wurde so voll von Sonnenschein, von Friede und Freude, daß es brach; ihre Seele flog auf Sonnenstrahlen zu Gott, und da war niemand, der nach den roten Schuhen fragte." (71)

Das Motiv der Himmelfahrt gibt zu denken, ob die Trennung nicht erst im Paradies aufgehoben werden kann — ob nicht Rückkehr in die Einheit, Vereinigung Tod bedeutet (72). Das Herz, Sitz der rhythmisch pulsierenden Lebendigkeit, bricht. Friede kehrt ein — zu welchem Preis? Der Körper ist dem Übermaß der göttlichen Gnade nicht gewachsen — er wurde nicht vorbereitet, nicht eingeweiht, nicht begleitet, und als Medium individueller Erfahrung in keinster Weise kultiviert. Er war nur Hülle, hatte kein Recht auf eigene Bewegung — und Bewegtheit. Die Seele kehrt heim, der Körper hat ausgedient. Es bedarf der Gnade, die das gebrochene Urvertrauen ersetzen muß.

III

Bewegungs-Archetypen

Die Märchen haben uns gezeigt, wie verschieden die Bedeutung ist, die dem Tanz zugemessen wird. In diesem Kapitel soll nun auf die Grundlagen solcher Anschauungen eingegangen werden, wobei nicht die Bewegungsform, sondern die Bewegungsqualität im Vordergrund stehen soll. In ihrem Buch „Tanz als Phänomen" ordnet Gabriele Günther verschiedenen Volkstänzen verschiedene Charakterzüge zu, die sich so in eine Typologie der Bewegung einspannen lassen. Da gibt es federnde, stoßende Hüpfbewegungen, die sich z. B. von mehr wiegendem Bewegungscharakter absetzen, und es lassen sich auch Erklärungen für diese Phänomene, etwa an der unterschiedlichen Lebensweise der Völker, festmachen. So gibt es Reitervölker und Schiffervölker, und ihre Tänze spiegeln die Bewegungserfahrung des Alltags wider. Dazu gehörten die pantomimische Darstellung von Arbeitsbewegungen, die ebenfalls eine Typisierung erlauben — z. B. zwischen Kriegstanz und Willkommenstanz zu unterscheiden. Es ist jedoch eine Allerweltsweisheit, daß weder Wort und Wahrheit, noch Gebärde und Intention kongruent sein müssen, auch wenn sie es, im Sinne eindeutiger Kommunikation, sein sollten. Es ist also, in Anbetracht möglicher Ambivalenz, durchaus möglich, auch noch kriegerische Bewegungen in wiegender Art auszuführen, oder die offensichtliche Einladung eines Fruchtbarkeitstanzes durch verkörperte Abwehr zu unterwandern. Diese verschiedenen Typen des *Wie*, die durch die Typen des *Was* hindurch wirken, nenne ich Archetypen, wobei unter Archetypen ganz allgemein Strukturen verstanden werden, die im Unbewußten angelegt sind und die Äußerungen des Bewußtseins sozusagen als inneres Programm mitbestimmen. Die Skala der Bewegungsarchetypen reicht von der primitiven, das heißt noch nicht kultivierten Bewegung, die das freie Fließen der Lebensenergie anzeigt, die genau wie eben diese Energie von Pol zu Pol wandert und ortlos ist — bis zur manierierten Pose und eintrainierten Gebärde, wie sie manche Umgangsformen fordern, und die durch völlige Körperkontrolle, Statik (im Gegensatz zur Dynamik des Flusses) gekennzeichnet sind.

DEF. ARCHE- TYP

Archetyp = unbewußte Energien, die uns mitbestimmen

SCHLANGENKRAFT UND LEBENSENERGIE

Auf der Titelseite der Wochenzeitschrift „Stern" war der Filmstar Natassja Kinski, umschlungen von einer Riesenpython, zu sehen. Ein Interview sollte die sensationelle Aufnahme begleiten und lockte sicher viele zum Kauf, denn hier war ein uraltes Bild inszeniert: Die Frau — die schöne Frau — und die Schlange, wie sie übrigens Stuck, ganz im schwülstigen Fin du Siècle-Geschmack, festgehalten und ihr überdies den Titel „Die Sünde" zugeordnet hat.

Auf den ersten Blick ist nicht einzusehen, warum gerade die Frau in Verbindung mit der Schlange gebracht wird, denn sind ihre Bewegungen vielleicht auch weicher und anschmiegsamer — wobei auch dies sich in Frage stellen ließe — so kann man doch beim besten Willen nicht behaupten, sie bewege sich wie eine Schlange fort oder habe nur annähernd deren Gestalt. Es muß also mit dem weiblichen Geschlecht direkt zu tun haben, dessen verborgene Höhlung für den Mann Mysterium genug war, um die Frau an sich mit allem Unberechenbaren, Rätselhaften, Verborgenen und dem Werden schlechthin zu identifizieren. In den frühen Steinzeithöhlenzeichnungen finden wir die Frau immer unbekleidet, während der Mann, der Jäger und Zauberer, sich durch vielerlei Maskierungen auswies. Dem nackten Körper der Frau allein wurde schon magische Wirkungskraft zugesprochen, und so wurde ihr Körper Gegenstand der Verehrung. Was aber macht das Geheimnis der Schlange aus?

Zunächst ist ihre Art der Fortbewegung verwirrend, denn sie ist ein schlängelndes Hin und Her, das sich nicht entscheiden kann, und dadurch unberechenbar wird, denn im Gegensatz zur geradelinigen Bewegung gibt sie keine Richtung an. Sie ähnelt darin den Flüssen, die den Weg des geringsten Widerstandes wählen und sich um härtere Gesteinsbrocken herumwinden, wobei sie in ihrer Kraft nicht zu brechen sind: Wasser setzt sich immer durch. Die Schlange kann zudem noch verschwinden, in kleinen Löchern im Erdreich sich dem Blick des Beobachters entziehen, der unter der Erde ein eigenes Reich vermuten wird.

Es ist ein Reich des Verborgenen, ebenso wie das der Frau. Und tatsächlich leitet sich der Name Eva selbst von Al Hayyah- (Arabisch) und Hawwah- (Hebräisch) ab, was soviel wie Schlange heißt. Phönizische Inschriften erwähnen eine Göttin Eva, die eine Göttin der Unterwelt gewesen zu sein schien. Sie ist wohl identisch mit Ishtar, der großen Muttergottheit und Schlange. Aber die Schlange selbst ist nicht unbedingt weiblich. Wie wir sehen werden, wird sie der Frau als Phallus zugeordnet, wobei die Ursymbolik von weiblichen und männlichen Geschlechtsmerkmalen, von Yoni und Lingam, Vulva und Phallus, Vagina und Penis in Erinnerung gerufen und die Schlange mit geschlechtlicher Vereinigung assoziiert wird.

Berichtet man einem strengen Freudianer von Schlangenphobien, so wird man vermutlich mit einem wissend-verständnisvollen Lächeln auf die Lustangst und Angstlust alles Sexuellen hingewiesen. Ein Psychologiestudent drohte bei einer Fallklausur, die Schlangenphobie zum Thema hatte, durchzufallen, weil er diese gängige Meinung nicht teilte und statt Penis-Vagina den Mund und Anus ins Spiel brachte. Seine „analen" Phantasien beruhten vor allem auf Ängsten etwa der Art, daß der Kot, schlangenförmig gewunden, sich tatsächlich als Schlange entpuppen und verselbständigen könnte, oder: eine Schlange könne durch den Anus in den Körper kriechen und sich in den Windungen des Gedärms häuslich einrichten oder zum Munde wieder herauskriechen. — Eine Vorstellung übrigens, die ich in Folianten des 17. Jahrhunderts wiederfand*. Aus eigenen Kindertagen kann ich die Unheimlichkeit erster Begegnungen mit der lebendigen Expressivität der Exkremente nur bestätigen, denn bei jenen ersten Erfahrungen der Produktivität des Körpers mischten sich mit Besitzerstolz und Ausdruckskraft auch Gefühle umgekehrten Vorzeichens, nämlich eine vage Angst vor Besessenheit und eine bedrückte Stimmung, die ich mir selbst als Erbsünde erklärte: etwas fühlte sich als Fremdkörper an, das unauflöslich mit meinem eigenen Körper verwachsen schien. Die Schlange als Verführerin, wie sie später im Religionsunterricht dargestellt wurde, leuchtete mir sofort ein. Denn die Schlange, so schien mir, hatte ein Wissen vom Innersten des Menschen, das dem Menschen wohl verborgen war und für immer verborgen bleiben würde. Die Schlange kannte den Menschen aus seinen verborgensten Windungen heraus, und diese in ihrer Art der Fortbewegung nachzeichnend, konnte sie sich nicht nur in den Körper, sondern auch in die Gedanken des Menschen einschleichen. Denn nicht nur in den Windungen des Gedärms, sondern auch in denen des Gehirns läßt sich eine Verwandtschaft zur Schlange sehen, die durch Berührung mit ihr wiederbelebt werden könnte. Dann bestünde die Verführung vor allem darin, selbst zur Schlange zu werden. Das hieße, nicht nur ein Tier zu werden, sondern ein Tier ohne Beine, ein Tier, dessen Fortbewegung von einem großen, durchgängigen Muskelstrang beherrscht wird, das keine einzelnen Schritte macht, sondern einen einzigen Bewegungsfluß nahtloser Übergänge verkörpert, und das in mythischer Darstellung für seine Neigung, sich selbst in den Schwanz zu beißen, bekannt ist. So heißt es vom Uroboros, einem ägyptischen Symbol, dessen älteste Darstellung sich auf einer Schale aus Nippur befindet (1), er sei ein Drachen, der sich selbst töte, selbst heirate, und selbst befruchte. Es ist nur zu verständlich, wenn angesichts des Ineinanders, Nebeneinanders und Durcheinanders eines endlos sich fortsetzenden Kreislaufes jede differenzierende Orientierung, das Bewußtsein selbst verloren gehen muß. Die Verführung der Schlange läge also darin, sich gehen zu lassen, zum Urgrund der Ungeschiedenheit zurückzukehren, im Zustand der Trance die Identität der

---

* Diese nahmen offensichtlich eine Bandwurm-Seuche als Anlaß zu einer Betrachtung über die Sündenanfälligkeit des Menschen im allgemeinen.

Person aufzulösen. Eine übermäßige Angst vor dem Schlangenhaften könnte sowohl die oben zitierte Angstlust und Lustangst, Scheu, Faszination wie auch Abscheu und Grauen vor der grenzüberschreitenden Begegnung mit dem Ganz Anderen und Nicht-Ich, vor der Ekstase sein. Der Abscheu, die Abstoßung, der Ekel — alles dies sind Reaktionen und Funktionen, denen es um die Wahrung der Grenzen geht. (2) Und vielleicht ist es gerade die Überwindung des Ekels als Überschreitung der Ich-Genzen, die in der Befolgung „ekelhafter" Rezepte, etwa Krötenblut zu trinken, rohe Leber zu essen ..., Heilung verspricht.

Verständlich wird vor allem die Vorstellung, die Schlange sei glitschig, schlüpfrig, schleimig, klebrig, denn genau das sind die Eigenschaften, die an die Ursuppe des Unbewußten erinnern. Weiterhin ist interessant, daß die großen Mythenkomplexe, die sich um eine kulturschaffende Schlangengottheit ranken, aus den Gebieten vegetativ wuchernder Tropen kommen, gerade als ob die in sich verschlungene Dschungelvegetation in den Menschen ein Urwissen um die eigenen vegetativen Systeme wachgehalten hätte.

> Ein Mädchen heiratet den Mann, der ihren Schlangengatten getötet hat. Er gibt ihr ein bißchen von dem Fleisch, um es zu kochen, aber das Blut der Schlange geht sofort durch ihre Haut und wird zu einer kleinen Schlange in ihrem Schoß. Diese bittet das Mädchen, täglich in den Wald zu gehen, denn dort schlüpft sie heraus und schüttelt einen Baum, dessen herabfallende Früchte sie verzehrt. Dann schlüpft sie wieder in das Mädchen hinein. Aber dem Mädchen wird es zuviel, sie beklagt sich bei den Brüdern, die die Schlange töten, den Leib verbrennen, und die Asche in alle Winde verstreuen. Aus ihr entstehen viele eßbare und nützliche Pflanzen. (3)

Das Blut der getöteten Schlange gebiert die eigene Form wieder, das Blut, der alles durchdringende Lebenssaft, ist Träger von In-formation: eine durchaus moderne Ansicht! Der Schoß wird zur zweiten Heimat — ein paradiesischer Zustand, der die Irreversibilität der Geburt als einmaliges Ereignis aufhebt, und so Unsterblichkeit andeutet. Es ist ein Zustand, in dem die Grenzen zwischen Innen und Außen offen stehen, in dem ein Hin und Her, Raus und Rein möglich ist. Der Unwillen des Mädchens beendet diesen Zwischenzustand. Ich muß dabei an einen Witz denken, in dem ein Mädchen zu dem Mann, mit dem sie zum ersten Mal schläft, sagt: „Rein oder raus: aber das macht mich nervös!" — Die Schlange wird abermals getötet, diesmal ihre Form desintegriert, wodurch erst die Befruchtung des Bodens, die wahre Transformation erfolgt. Bataille schreibt zum Thema „Opfer als innere Erfahrungs-Kontinuität des Lebendigen": „ ... Auf das individuelle, diskontinuierliche Sein des Tieres folgte im Tod des Tieres die organische Kontinuität des Lebens ...". (4) „Lernen als Erfahrung der Diskontinuität des Lebendigen" könnte der Titel eines anderen Mythos sein:

> Ein Mädchen geht in den Wald und trifft dort auf eine Schlange, die sie heiratet und der sie zwei Kinder, ein Mädchen und einen

Jungen, gebiert. Danach befiehlt ihr die Schlange zu gehen und übernimmt die Erziehung der Kinder. Eines Tages sagt die Schlange zu dem Knaben: Kriech in meinen Bauch! Und der Knabe holt das Feuer aus dem Bauch der Schlange. Von nun an kochen die Menschen ihre Nahrung, die sie vorher roh gegessen haben. (5)

Die Schlange als Phallus, der das Mädchen befruchtet. Die Schlange als Lehrmeister. Die Schlange als Feuerschlund, in der der männliche Lichtbringer seine Fackel entzündet und sie zum Wohl der Menschheit von seiner Reise aus dem Abgrund zurückbringt — uralte Bilder. Auffallend, und so weit ich sehen kann, einmalig, ist die Kooperation, mit der Schlange und Mensch zusammenarbeiten, um das Werk der kulturschaffenden Tat zu vollbringen. Es ist, als ob die Schlange in ihrer ganzheitlichen, lebendigen Gestalt für den Menschen zu bedrohlich, zu übermächtig sei und sie erst in ihrer zerstückelten, unbewegten Form Frucht tragen könne. Der Aspekt der Schlangenstücke oder -Asche, die sich in die Erde senken muß, um als Keim Frucht tragen zu können, gehört besonders in den mythischen Bereich der Pflanzenkulturen Ozeaniens (6). Für uns ist das Bild der „Erdung" der Schlangenkraft wichtig, wobei sich natürlich die Frage stellt, ob man bei einer toten, zerstückelten oder verbrannten Schlange noch von deren Kraft sprechen kann. Dabei ist zwischen einer vermittelten Kraft — einer Kraft, die durch die Vermittlung erst wirken kann — und einer unmittelbaren Kraft zu unterscheiden.

Eine solche unmittelbare Schlangenkraft ist in Kundalini zu sehen, die als mythische Darstellung für die Lebensenergie schlechthin gilt. Kundalini-Yoga beschäftigt sich mit der schwierigen Aufgabe, Kundalini, die im tiefsten Energiezentrum des Menschen eingerollt schläft, nicht nur zu wecken, sondern sie auch zu beherrschen, denn leicht kann es dem Uneingeweihten geschehen, daß ihn die Schlangenkraft überwältigt. (Es hat sich sogar so etwas wie ein Kundalini-Symptom (7) herausgebildet, das aus falscher oder leichtsinniger Kundalini-Meditation resultiert, welches allerdings auch — soweit meine Erfahrung — spontan bei Menschen auftreten kann, die sich noch nie mit Kundalini beschäftigt haben.) Ich möchte jedoch nicht auf den philosophischen Aspekt der Kundalini als Kraft eingehen, sondern vielmehr ihren mythologischen Hintergrund beschreiben. Kundalini-Yoga gehört in den Breich des Tantra und ist somit als eine Mischung von Hindu-Mythologie und buddhistischer Erleuchtungslehre zu sehen. Die ältesten Darstellungen von menschlichen Gestalten in Yoga-Positionen datieren bis ins 2. Jahrtausend v. Chr. zurück. In der Abbildung auf der nächsten Seite sehen wir zwei Schlangen an jeder Seite der Figur, die sich hoch aufrecken bis zur Höhe der angedeuteten Krone der Figur. Ebenso sind zwei weitere menschliche Gestalten an der Seite des Yogi zu sehen, die ihm mit erhobenen Händen offensichtlich ihr Gebet, ihre Ehrerbietung darbringen. Die Schlangen sind hier in der vollen Wirksamkeit ihrer Kraft dargestellt, das heißt in ihrer Fähigkeit, sich nicht nur ein wenig vom Boden zu erheben, sondern der Länge nach sich vertikal aufzurichten — zweifellos eine phallische Fähigkeit. Darüber hinaus jedoch zeigen sie eine Ausrichtung auf das, was über der Erde ist, an und orientieren sich an dem Energiezentrum, das außerhalb des menschlichen Körpers liegt, in Höhe

der Krone (8). Der eingerollte Schwanz der linken Schlange weist daraufhin,
daß mit zunehmender Nähe zur Erde — später Materialisation genannt — eine
zunehmende Einrollung der Schlange stattfindet. Die Haltung des Yogi, oder
des Gottes, ist aufrecht und souverän, wenn auch seine Beine extrem gebeugt
sind. Wie jeder Yoga-Schüler erfahren hat, bewirkt diese Position eine besondere Öffnung der Leisten, so daß die Verbindung von Erde und Zentrum des
Menschen offen ist. Dies ist eine Übung, die erdende Wirkung hat. Es ist interessant zu beobachten, daß die rechte Gestalt der Anbetenden jedoch im Lotussitz gezeigt ist. Der Lotussitz hat die Funktion, die Arterien, die in die Beine führen, abzubinden, und so die Energie, die für Erdung aufgewandt wird,
umzuleiten und aufsteigen zu lassen. Es wird deutlich, daß die Menschen zumindest im Indus-Tal schon sehr früh ein Wissen davon hatten, wie sich etwa
Körperpositionen und energetische Zustände zueinander verhalten. Die folgenden Mythen zeigen, daß das philosophische Problem, wie Bewegung — als
auch Bewegtheit — und Gleichgewicht zusammenzubringen sind, in der Praxis des Yoga meisterlich, geradezu wissenschaftlich gelöst wurde.

Auch hier finden wir die mächtige Schlange, die das Wissen des Menschen um sein Innerstes, seine Bewegtheit — Leidenschaften, die in den Eingeweiden wohnen, Gedankenspiele der Illusion — verkörpert. So sind die Nagas große Schlangenkönige der Unterwelt: sie sind die Herren des Unbewußt-
ten, sie wissen viel, sie wissen alles, aber sie sind nicht erleuchtet, sie können
deshalb nicht selbständig die Welt regieren, sondern sind nur als Mitspieler im
kosmischen Geschehen fruchtbar. Eine solche kosmische Schlange ist Ananta-
Sesha. Auf ihr liegt Vishnu, wenn er ruht, wenn, in der Phase seines Einatems, die Welt wie ein Traum vor ihm liegt, um im Ausatem erst sich zu manifestieren. Sesha ist es auch, die sich um die Achse der Welt, um den Berg
Mandara in dreifacher Schlinge legt und Vishnu so hilft, die kosmische Ordnung herzustellen: um des dynamischen Gleichgewichts der Welt willen werden sowohl die guten Geister wie auch die Dämonen angestellt und müssen
wechselweise an Kopf und Schwanz der Schlange ziehen. Die Achse der Welt
wird wie ein Reibeholz gequirlt, und wie aus Milch Butter wird, so sondert
sich vom kosmischen Ozean voller Milch „Amrita" das Ambrosia der Unster-
lichkeit ab. Vishnu, der der Erhalter der Welt genannt wird, muß sich zwar
später, in der Verkörperung als Krishna, wieder mit der Bedrohung durch das
Schlangenungetüm auseinandersetzen, aber er tut dies auf nonchalante, ge-
lassene Weise: zunächst merkt er gar nicht, daß er in den Rachen der Riesenschlange in Begleitung von Kuhherden und Kuhhirten hineinspaziert, so sehr
ähnelt der Abgrund einer natürlichen Höhle. Erst als der Rachen sich schließt,
wird Krishna bewußt, wohin er geraten ist — was ihn aber keineswegs zur
Panik veranlaßt. Er macht sich einfach so groß, daß er die Schlange aufbricht,
und mitsamt seinen Begleitern heil heraussteigen kann. Dieses Sich-Groß-
machen ist als ein energetischer Prozeß der Aufladung zu sehen und gehört
zu den Fähigkeiten, „siddhis" (9), die das Yoga lehrt.

Eine andere Darstellung — eine kleine Kupferstatue aus Südindien aus der
Chola Periode (11.-12. Jahrhundert) — zeigt Krishna, wie er das Prroblem mit
der Schlange spielerisch löst: er tanzt ihr, hier Kaliya genannt, buchstäblich
auf der Nase bzw. auf dem Kopf herum, bis die drei Frauen Kaliyas kommen

und ihn bitten, doch aufzuhören — die Schlange und ihre undifferenzierte Übermacht wird durch den Tanz gebannt, domestiziert. Vielleicht ist Krishnas Tanz auf Kaliya die Urform aller Schlangenbeschwörung?

Daß die Schlange eine gewaltige, uralte Gottheit in der Hindu-Mythologie ist, zeigt schon ihr Name, Varuna, der sich von der Sanskrit Wurzel vr ableitet. Vr heißt soviel wie bergen, umfangen, umfassen. Von Varuna wird gesagt, daß der Rhythmus seiner Ordnung die Ordnung der Welt sei, und in den Veden heißt es, diese Ordnung, ṛta, sei eine Ordnung, die die Wasser fließen lasse wie sie fließen — also eine natürliche Ordnung, im Sinne von Fressen und Gefressenwerden. Sie bestimmt einen weiteren Namen der Urschlange, nämlich Vritra. Gegen Vritra zieht Indra, König der Götter und Vertreter einer neuen Ordnung, die sich mit der Einwanderung der aryanischen Nomaden aus dem Norden verbindet, ins Feld, und siegt mit seinem Donnerkeil. „Er erschlug den erstgeborenen Drachen" (aus der Rig Veda 1, ca. 1500 v. Chr.). Ungefähr zur gleichen Zeit wie in Europa bricht ein Zeitalter der Heroen an. Genau wie Indra besiegt auch Zeus das hundertköpfige Ungeheuer Typhon mit seinen Donnerkeilen und schleudert ihn in die tiefsten Tiefen des Tartarus („tar", ägypitischer Gott der Unterwelt), worauf jedoch sein Feueratem immer noch aus dem Ätna aufsteigt. (Wir erinnern uns an Gregor den Großen, der im Ätna den Eingang der Hölle beheimatete!) Aber die Verteufelung der Schlange, die durch das heroische Bewußtsein als Abgrenzung gegen den bedrohenden Aspekt der Großen Mutter bedingt ist, setzt sich nicht immer durch. So erschlägt wohl Apollo die weibliche Riesenschlange Python, die in Delphi hauste, wo nun Apollo einzieht und sein Orakel einrichtet, das ursprünglich in den Händen Gaias, der Erde war. Aber um sich mit der Erde auszusöhnen, begräbt er Python — vergleiche das Eingraben der Schlangenstücke, die Frucht tragen! — und gründet ihr zu Ehren die Pythischen Spiele. Außerdem bestimmte er, daß in Erinnerung an die ursprüngliche Besitzerin des Orakels (Python und Gaia, Schlange und Erde) die Prophetin immer eine Frau sein und Pythia heißen sollte.

Schlangenkraft im Dienste des Geistes? Der Sieg ist teuer erkauft: in der Mahabharata, die mindestens tausend Jahre nach den Veden geschrieben wurde, erfahren wir von einer zweiten Version des Kampfes Indras gegen Vrita. Es ist eine große Schlacht, der alle Götter, Yogis, himmlische Musiker und Liebesmädchen beiwohnen. Vishnu nimmt Partei für Indra und stattet ihn mit Kräften aus, die denen des unendlich weisen und, die natürliche Ordnung im Sinne von ṛta befolgenden, gerechten Vertreter von dharma (ṛta wird zu dharma, Gesetz) gewachsen sind. Der Donnerkeil wird aufgeladen mit den geistigen Kräften des Yoga, und siegt über die kreativen Illusionskünste der Urschlange, die über den Schleier der Maya verfügt und diesen als Waffe einsetzt. Ohne Yoga wäre Indra betäubt, verwirrt, bewußtlos aus dem Kampf hervorgegangen — so stark ist Vrita. Als Vrita stirbt, bebt die Erde, explodieren Sterne, aus seinem Rachen bricht eine riesige Stichflamme hervor, und in diesen offenstehenden Schlund feuert Indra einen zweiten Donnerkeil, der Vrita zerbersten läßt. Vrita ist tot, die Götter feiern. Aber Vrita, der getötet wurde, besaß brahma und war deshalb heilig. (Brahma leitet sich von der Wurzel brh, wachsen, zunehmen, brüllen ab und bedeutet „heilige Kraft".) Etwas Unerhörtes war geschehen: Mord an brahma, an der heiligen Kraft des Lebens und des ganzen Universums war im Zeichen von Yoga geschehen! Und eine monströse Gestalt entsteigt dem Leib der ermordeten Schlange, die in ihrer Beschreibung — blutüberströmt, in Fetzen gekleidet, eine Kette voller Totenschädel zum Schmuck — der furchtbaren Kali gleicht. Sie verfolgt Indra, schlägt ihn mit einem Fluch, der nur durch Sühne zu tilgen ist. Ähnlich ergeht es Orest, dem Muttermörder, der von den Erinnyen verfolgt wird. Die Schlange rächt sich und wird zum Monster. Der freie Fluß der Lebensenergie wird durch die Angst vor Monstrosität gehindert. Verzerrung ist das Ergebnis, die Schlange ist unendlich tief gesunken, sie wird Opfer ihrer eigenen Illusionen, die in fortwährender Kreativität die Welt — ein grandioses Schauspiel — erschaffen und dabei Energie sich materialisieren lassen. Schritt für Schritt, Stufe für Stufe durchläuft sie die Ebenen der verschiedenen Energiezentren (Chakren), die, Wirbeln gleich, sich um sich selbst drehen und durch die Frequenz ihrer Drehung die energetischen Verhältnisse in der entsprechenden Ebene bestimmen. Und die Schlange ruht nicht, bis sie nicht den tiefsten

Punkt erreicht, wo die Erdanziehung am stärksten und die Materie am dichtesten ist. Dort schläft sie ein, zusammengerollt, und heißt nun Kundalini, „die Eingerollte". Der tiefste Punkt ist der Umkehrpunkt — wer Kundalini weckt, wird mit der ganzen überwältigenden Macht ihrer Kreativität konfrontiert, und der Fluch der Monstrosität wird neu belebt. So kann nur der Eingeweihte bestehen, denn er weiß, daß Kundalini heimkehrt aus der Verbannung in das Reich der reinen Energie, die im Spiel sich entfaltet und zurücknimmt, wie Shiva durch seinen Tanz die Welt erschafft und zerstört. Dem tiefsten Stand Maya-verstrickter Verblendung entspricht nun der höchste Zustand der Erleuchtung: umsonst, so wird erzählt, hätten die Dämonen des Todesgottes Mara den Buddha in vielgestaltiger Monstrosität zu beeindrucken versucht, hätten einen wilden Tanz ihrer Unförmigkeit vollführt. Buddha, der mit seinem Bewußtsein den bewegenden Grund der Schöpfung erkannte, war von da an erleuchtet, und die Dämonen, so heißt es weiter, huldigten ihm, die Erde erbebte, „wie eine Frau vor Erregung". (10) Die Monstrosität ist durch Erkenntnis aufgehoben: während chaotisch sich ringelnde, windende, züngelnde Nattern das Haupt der Medusa (11) zieren, ist das Haar Buddhas in spiralenförmig angelegten Locken geordnet. (12)

Betrachten wir nun Schlangenbewegung und Spiralenform vom Gesichtspunkt archetypischer Gestaltung, so ergibt sich, daß die Spirale die zur Ruhe gekommene, in sich geordnete Schlangenbewegung ist und im Gegensatz zu dem „Urhaufen" etwa göttlicher Exkremente (13) wie auch im Gegensatz zu dem Knäuel oder Knoten steht. Der Knoten — denken wir vor allem an den Gordischen Knoten — gibt in der scheinbar unlösbaren Verwickelung seiner erstarrten, das heißt nicht mehr lebendigen Schlangenbewegungen, ein Rätsel auf, dessen Lösung im wahrsten Sinne des Wortes Verlebendigung, Belebung sein könnte. Denn Alexander der Große, der das Rätsel des Knotens durch einen entschiedenen Schwertstreich aus der Welt schaffte, wurde zwar Herrscher über halb Asien, hatte aber kein langes Leben. Offensichtlich konnte er nicht mit seiner eigenen Lebensenergie umgehen, er, der den männlichen HERRscher-trieb verkörperte und in jugendlich-heroischem Anstrum

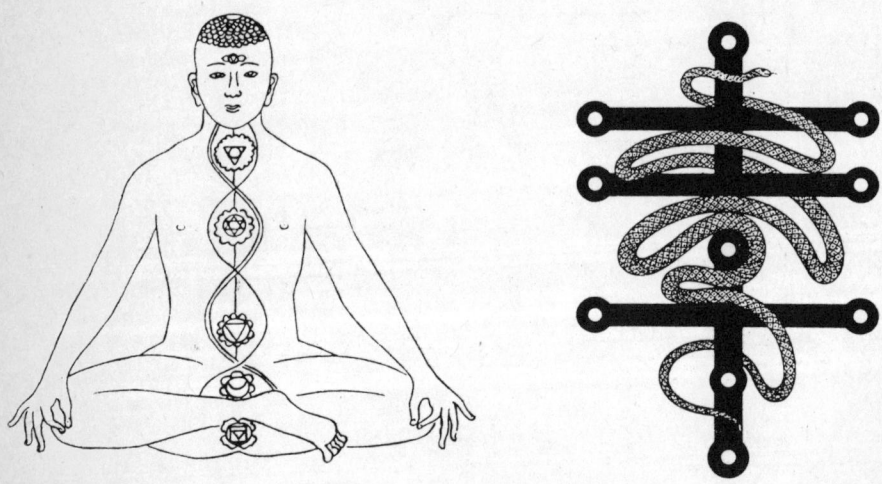

sich ganz der Eroberung, der Expansion verschrieb, war zu ungeduldig, den Schlingen und Schlieren des Lebens zu folgen, auf die weibliche Weisheit zu hören. Für ihn galt nur die menschengemachte Ordnung, der Kosmos bedeutete ihm keine Heimat. Die Belebung der verknoteten Schlangenlinien heißt, sie in ihre ursprüngliche Form der Schlangenbewegung zu überführen, heißt Verflüssigung — wie sie im ersten Teil als Hingabe an das Zwischendrin und Mittendrin beschrieben wurde. Die gepolte Bewegung des Hin und Her, des Auf und Ab entspricht dabei genau der Schlangenbewegung, ebenfalls eine Bewegung, die durch Zusammenwirken zweier gegensätzlicher Kräfte — dem agonistischen und antagonistischen Muskel — entsteht. Interessant ist hier zu bemerken, daß auch in der Chakrenlehre des Yoga zwei gegensätzliche Energielinien in Schlangenform vertikal den Körper durchziehen, Ida und Pingala, die zwei Nadi, die als zwei Kanäle die Wirbel oder Energiezentren, die Chakras verbinden und sich im Chakra der Erkenntnis vereinen. — Das Motiv der beiden gleichmäßig und entspannt sich umeinander schlingenden und schwingenden Schlangenlinien finden wir auch bei dem Stab des Götterboten Hermes. — Dieses Motiv scheint sich übrigens auch im Kundalini Yoga erst später entwickelt zu haben, denn eine sehr frühe Darstellung aus dem 2. Jahrhundert n. Chr. zeigt eine als Kundalini bezeichnete Schlangenform im menschlichen Körper, die noch ganz mit den Schlingen des Darms identisch ist und bezeichnenderweise beim Magen aufhört, also im Bereich des Unterleibes bleibt und sich noch nicht mit dem Bewußtsein verbindet (14).

ERDSTRÖMUNG UND DRACHENENERGIE

Die Gestalt der Schlange und ihre sich windende Art der Bewegung — die im englischen Wort „meander" die natürlichen Wanderungen z. B. eines Flußlaufes bezeichnet — veranschaulicht nicht nur die eigene Lebendigkeit, die zügellos und ziellos sich Bahn bricht, sondern auch das Leben der Erde selbst, die trotz ihrer dichten Masse und ihrer scheinbaren Unbeweglichkeit ebenfalls über unsichtbare, nur durch ihre Wirkung sich manifestierenden Strömungen zu verfügen scheint. Heute ist uns der Spürsinn für Wasseradern, Erddämpfe, Strahlungen aller Art und metallische Zusammensetzung des Gesteins verloren gegangen, aber gerade in der frühesten Zeit der Menschheitsgeschichte scheinen gewisse Naturphänomene, Quellen, Berge, Höhlen, die erste Unterscheidung zwischen Gewohnheit und Ausnahmezustand bedingt zu haben. Sie wurden zu Stätten des Außergewöhnlichen, Heiligen erhoben. Die unsichtbare Bewegtheit der Erde, die von außen dem Menschen sich durch seine Sinne erschloß, mag erst ein Gefühl für sein eigenes Innenleben vermittelt haben.

Die Schlange, Symbol der Verflüssigung, wird zur Verführerin, die auf krumme (gewundene) Wege lockt. Die Schlange wird, wie wir gesehen haben, mit Erde, Wasser, Unterwelt, Mutter und Bauch in Verbindung gebracht, und eines haben alle diese Bereiche gemeinsam: daß sie dem Menschen, der sich von den natürlichen Gegebenheiten und der Bedingtheit seines Daseins durch Bewußtsein unabhängig zu machen versucht, als Bedrohung erscheinen, von deren Bann er sich lösen will. Die gewundene Linie, die Schlangenbewegung, die sich vom Widerstand leiten und formen läßt und in sich keine eindeutige Ausrichtung hat, wird damit zum Symbol des Unklaren, Unentschiedenen, Unbewußten — steht für Chaos. So entsteht der Uroboros. Er ist eine Schlange, die sich in den Schwanz beißt und in solcherart verbissenem Zustand verweilt. Sie bildet eine in sich geschlossene Form, die die offene, schlängelnde Form der Vorwärts- und Weiterbewegung verhindert, und gehört, meines Wissens, nicht zu den Erscheinungen, die in der Natur zu beobachten sind, sondern in die Fauna der Mythologie. Er ist also Gestalt der menschlichen Phantasie, und damit Ausdruck eines bestimmten menschlichen Erlebnisinhaltes. Der uroborische Zustand wird oft als Urzustand symbiotischer Verschmelzung beschrieben, aber wenn ich die Uroboros-Schlange mit der Schlange aus dem primitiven Märchen vergleiche, dann kommt es mir ganz so vor, als fehle dem Uroboros etwas, was die primitive Schlange ihm voraus hat: Kontakt zu den Menschen. Aus Kontaktlosigkeit und Einsamkeit dreht sich der Uroboros um sich selbst, frißt sich selbst — verzehrt sich in unersättlicher Gier, was ihm auch einen neuen Namen geben wird: Draco, der Drache, leitet sich von dem griechischen „derkestai" ab, was soviel heißt wie gierig, feurig um sich blicken. In vielen Traditionen wird die Urschlange als eine feurige Bewegung in der Strömung der Urgewässer beschrieben. So kommt es, daß die Schlange durch ihr eigenes Feuer sich im Wasser spiegelnd sieht: noch lange vor dem unglücklichen Narziß der sich in sein eigenes Spiegelbild verliebte, haben wir es hier mit einer Art Ur-Narzißmus zu tun, durch die die symbiotische Verschmelzung gekennzeichnet ist (15) und die wir wohl alle im sogenannten „Clinch" der mitmenschlichen Beziehungen erlebt haben. „Clinch" ist ein Fachausdruck aus dem Boxen und meint eine Umklammerung, in der jede Bewegung aufgehoben ist und die also zu einem Zustand der bewegungslosen Starre führt. Gerade die Wechselbeziehung der gegensätzlichen Pole, die die Dinge wieder ins Fließen bringt, die Auseinandersetzung fehlt, und somit ist der uroborische Zustand durch Bewegungslosigkeit gekennzeichnet, die oft als seelische Verknäulung und Verknotung von den Betroffenen selbst beschrieben wird. Diese Art von Verschmelzung mit sich selbst, mit der Welt, war nie paradiesisch denn im Paradies herrschte noch kein Bewußtsein, keine Erkenntnis, und damit waren keine Gegensätze gegeben, im Unterschied zum Uroboros, dessen Gegensätze, nämlich Anfang und Ende, zusammengeschlossen werden und zu einer Art „Kurzschluß" führen. Daß diese in Gier erstarrte Umklammerung nur durch Gewalt gelöst werden kann, ergibt sich geradezu folgerichtig, und so erzählt Hesiods Theogonie von einer gewaltsamen Trennung der Ureltern: Vater Himmel (Uranus) liegt auf Erde Mutter (Gaia), und die aus dieser unauflöslichen Vereinigung hervorgegangenen Kinder haben keine Luft zum atmen, bis eines der Kinder, Chronos — die chronologische Zeit — den Urvater kastriert. Aber ähnlich wie der Fluch des Brahma-Mörders auf Indra lastet, so begleitet die Gewalttätigkeit dieser ersten anorganischen Tat das Bild der Urschlange, die nun zum bösen, verschlingenden Drachen, zum ekelhaften Gewürm wird. Wiederholt wird von dem unerträglichen Gestank, der dem Maul des Untiers entweicht, berichtet, oft soll er sogar tödlich sein, sodaß dem Drachen Opfer dargebracht werden müssen, um ihn zufrieden zu stellen und die Sicherheit des Landes vor seiner bestialischen Ausdrünstung von ihm zu erkaufen. Sein Atem ist Schwefelfeuer, bringt Pestilenz, erinnert an Tod und Verwesung und läßt auf die Fäulnis-Prozesse des Drachengedärms schließen. Armer, kranker Drache! Hat ihn nie jemand von seinen Leiden erlösen, sich seiner monströsen Verdauungsschwierigkeiten annehmen, ihn von seiner Krankheit heilen wollen? Kein Mythos erzählt davon. Die Menschen des erwachenden Ich-Bewußtseins sind so mit heldenhaften Abenteuern der Emanzipation beschäftigt, daß sie nie auf die Idee kämen, daß der Urgrund und Abgrund der kranken Schlange, des Monsters, etwas mit ihnen selbst zu tun haben könnte. Zwar wird das babylonische Monster Humbaba, an dem auch Gilgamesch nicht vorbei kommt, „als Burg der Gedärme" beschrieben, und ihm wird die Macht, Krämpfe in den Eingeweiden zu verursachen, zugeschrieben, aber es erfolgt nicht die gedankliche Verbindung von Bauch — der sich anfällig für Krämpfe erweist — und Unbewußtem — in dem sich die Lebensenergie monströs unförmig gestaltet. Die einzigartige Erkenntnis des Yoga besteht nämlich darin, der Lebensenergie einen Kanal, der durch den Körper hindurchführt, zu schaffen, so daß das sich emanzipierende Ich-Bewußtsein nie ganz abgeschnitten ist vom Urgrund des Unbewußten und zumindest der Mythos der Durchgängigkeit besteht, der eine entspannte und doch wache Lebenshaltung ermöglicht. Aber der Drache scheint ein solches fortgeschrittenes Stadium unintegrierbarer Monstrosität und dämonischer Aufladung erreicht zu haben, daß nur sein Tod ihn als Form auflösen kann. Erst im Tod gibt er den Schatz, den er hütet, frei. Auch hier, in bezug auf den Schatz des Drachens, zeigt sich ein entscheidender Unterschied zwischen der europäischen und der Hindu-Mythologie. Denn auf die Frage, wie der Drache zu dem Schatz käme, antworten die europäischen Mythen, der Schatz sei schon da gewesen — etwa im Sinne von Naturschätzen — und der Drache habe sich zu dessen eifersüchtigem Hüter gemacht. In dem Samyuktavadana Sutra hingegen finden wir einen Hinweis auf die Entstehung des Perlmuttschatzes der Nagas. Etwas erweist sich äußerst störend in dem sonst paradiesisch ungestörten Leben der Naga-Herren: auf ihrem Rücken wachsen ihnen die Schuppen in umgekehrter Richtung, so daß Sand und kleine Kiesel eindringen können. Dies verursacht einen Schmerz, der das Herz durchsticht. Wie wir wissen, entsteht durch einen Selbstheilungsversuch der Muschel, den eindringenden Fremdkörper zu integrieren, die Störung zu verarbeiten, die Perle. Auch die chinesische Mythologie ordnet ihren Drachen solche wertvollen Perlen zu und behauptet von ihnen, sie würden alle Wünsche erfüllen. So besitzt der Drache, Symbol menschlicher Unerfülltheit, in seinem Schatz den Schlüssel zur Erfüllung und deshalb tötet Buddha die Nagas nicht, sondern sucht ihre Mithilfe und macht sie zu Hütern der Erkenntnis, — soll doch Buddha in seiner vorigen Inkarnation selbst ein Naga gewesen sein. In einer ZEN-Geschichte erscheint dem Mönch Shinyu eine unbekannte Göttin, die ihn einlädt, mit auf einen hohen Berg zu kommen, auf dem er sie in ihrer wahren Gestalt anbeten möchte. Er betet und betet, und tatsächlich erscheint in einem Bergsee ein neunköpfiges Monster. Shinyu jedoch betet weiter, bis aus dem Monster eine elfköpfige Boddhisattva-Erscheinung geworden ist, die sich durch die Attribute von Lotusstengel und zahmem Karpfen als die Göttin Kuanyin erweist: Göttin des Mitleids und Hüterin der Kindsgeburt. So kann man also auch mit Drachen umgehen.

Doch kommen wir noch einmal auf den archetypischen Gehalt des Monströsen zurück. Das Monster führt eine seltsame Existenz zwischen Verwesung und Wucherung. Von innen her bläht und treibt die Fäulnis, die sich nach außen als Wucherung monströser Vielförmigkeit und Vielköpfigkeit fortsetzt. Blindes Wachstum vermehrt das Gewebe, Schuppenhaut schlägt Falten auf, Nischen und Taschen verwischen die Grenzen, amöbenhafte Ausstülpung erinnert an die Herkunft aus dem Ungeschiedenen. Die unverwüstliche Zeugungskraft des Drachenblutes deutet auf eine übermächtige Lebendigkeit hin, die sich Asklepus, der Gott der Heilkunst, zunutze machte, indem er das Blut der von Perseus erschlagenen Medusa auffing und es bei seinen Patienten therapeutisch anwandte. Aus einer Vene, so Apollodorus aus Athen, kam Blut, das Tote lebendig machen konnte, aus einer anderen Vene hingegen Blut, dessen Wirkung tödlich war. Auch Siegfried versäumte es nicht, im Blut des getöteten Drachens zu baden, um sich unverletztlich und damit unsterblich zu machen. Zu denken gibt auch die Alterslosigkeit der Drachen, die nie eines natürlichen Todes gestorben zu sein scheinen. So waren sie Fabelwesen, nicht nur zwischen Leben und Tod, sondern auch zwischen Tier und Gott, Natur und Geist. Eben dieser Zustand der Zweideutigkeit schien für den Menschen, der sich um Eindeutigkeit bemühte, eine Aufforderung zur heldenhaften Überwindung, wobei diese in Bekämpfung und Vernichtung des einzelnen Ungetüms gesehen wurde, und nicht in der Überwindung des Mythos vom Ungestalteten selbst — wie dies etwa in der ZEN-Geschichte geschieht. Der Moloch, dem geopfert wird, wird selbst zum Opfer. Sein Blut muß fließen — aber ist seine Form damit aufgehoben? Sie setzt sich als Idee ebenso fort wie die Blutstropfen neue deforme Geschöpfe erstehen lassen. Wie aber nur die aufgebrachte Flut ungeformter, unkanalisierter Lebensenergie, die in Zersplitterung aufschäumt, sich überschlägt, im Sog der Strudel sich verzehrt, besänftigen, wie die Eruptionen der Übererregung, die Spasmen, die Konvulsionen, die verselbständigten Formen energetischer Entladung beenden, zurückfinden zur menschlichen Gestalt, zur beschaulichen Ruhe des „Erkenne dich selbst"? Triton, griechischer Meeresgott — eher ein Naturgeist — bläst in seine Spiralmuschel, um das stürmische Meer zu glätten: das heißt, die Spirale vermittelt zwischen krausen, krummen Formen (die auch in der Umgangssprache einen Zustand der Überdrehtheit andeuten) und dem ruhigen Strömenlassen, dem Fluß.

Drachen leben in tiefen Gewässern, unter der Erde. Wenn sie ihre Heimat verlieren, krümmen sie sich, werden kraus, verkrampft, verbissen. Der chinesische Kaiser K'ung Kiah wußte noch nicht, was Drachen zum Fressen brauchen, und so gingen die zwei Drachen, die er vom Himmel als Geschenk erhielt, elendiglich zu Grunde. Doch später lernte Kaiser Yao die Kunst — leider wird nicht berichtet wie — und worin sie bestand — und wurde zum Ahne der Kaiserlichen Drachenaufzucht. Aber wir wissen über die chinesische Geomantie, Feng-Shui, daß Drachen in Verbindung mit Erdformen gebracht werden, und daß die Gestaltung z. B. eines durchfurchten Berghanges auf unterirdischen Wasseradern wie überirdische Wasserläufe zurückgeführt wird und sich darin Drachenadern zeigen. Die hügelige Landschaft wird mit dem Rükken eines schlafenden Drachen verglichen, — ein Bild, das Doderer in seiner bezaubernden Rittergeschichte wieder aufnimmt (16). Die Erde, die lebt, die sich bewegt — sie verkörpert uralte Erdweisheit die vor aller Bewußtseinsregung des Menschen steht. Ihr Symbol ist der Drache, und Drachen bewachen Erdschätze, Erdwissen, Orakel.

Erinnern wir uns an die Platzangst, Atemnot, Panik der ersten Götter (z. B. Kronos), so verstehen wir, warum die Ureltern getrennt, die Urschlange als Drachen besiegt und verbannt werden mußte. Vergleichen wir aber den westlichen Drachen als Projektionsträger verdrängter Bewußtseinsinhalte mit dem östlichen Drachen — Symbol einer vergeistigten Naturkraft — Geschenk des Himmels, dem Menschen anvertraut — so könnten wir dazu aufgefordert sein, dem Beispiel des Zenmeisters zu folgen: das Opfer des Drachens zu beenden und an Stelle des Sacrificiums einen Freiraum für Verwandlung, ein Sanktuarium offenstehender Möglichkeiten zu errichten.

Drachen brauchen vor allem viel Kontakt. Die Rückverbindung an die eigene Drachennatur bewirkt eine Erdung der Lenensenergie, das heißt die Annahme natürlicher Windungen und Bedingungen. Erst dies führt zu einer Lösung sowohl des Drachenkampfes wie auch des Krampfes.

GETANZTE LABYRINTHE

Wer würde auf die Idee kommen, daß Tanz und Labyrinth zusammenhängen? Ich nehme an, daß sich meist an das Wort Labyrinth Vorstellungen von weitangelegten Irrgärten (17) und vielleicht auch an den historischen Palast von Knossos in Kreta anknüpfen. In beiden Fällen handelt es sich um ein Gewirr von Wegen, die durch zahlreiche Abzweigungen die Qual der Wahl vervielfachen: Verirrung angesichts regelmäßiger, gleichförmiger Ordnung, die sich als undurchdringlich erweist, Scheitern angesichts dieser Ordnung, die sichtbar, aber unzugänglich ist. Dann, später, im Zuge der manieristischen Gärten mit ihren künstlichen Quellen und Höhlen, mögen die strengen Mauern des Labyrinths durch hohe Taxushecken abgelöst werden, aber auch sie verhindern den Blick auf das Ganze, verweigern den Sinn, laden ein zur Muße eines schlendernden Ganges ohne Ziel, es sei denn jenes, sich zu verlieren, und darin zu finden ... Ordnung, die Verwirrung schafft — man könnte sagen, die Verwirrung erst bewußt macht und sie deswegen zuzulassen vermag: Ordnung, die sich selbst als zu eng erkennt, und die Konfusion als Erweiterung des gegebenen Bewußtseinsraumes einlädt.

Diese Freude am Irren ist natürlich nur bei einem Bewußtsein, das sich selbst aufs Spiel und in Frage stellt, möglich, und so war auch das historische Labyrinth zu Kreta keine Stätte der Muße und Freude, sondern eine Opferstätte. Die Mythen, die sich um den Minotaurus — unten Mensch, oben Stier — ranken, erzählen auch von der Entstehung des Labyrinths, das als ausgeklügeltes Machwerk eines einzelnen, nämlich des genialen Technikers und Erfinders Dädalus beschrieben wird. Dädalus ist bei aller Genialität eine moralisch zwielichtige Figur. Er scheut sich nicht, für seine Herrin Pasiphäe, die Gemahlin des Königs Minos, eine künstliche Kuh zu bauen, die innen hohl ist und so die in einen Stier verliebte Pasiphäe aufnehmen kann, die sich anschließend von dem Stier besteigen läßt. Ergebnis dieses Werkes contra naturam ist eben jener Minotaurus, der nun vor der Öffentlichkeit versteckt werden muß, da er ja Zeugnis von der schändlichen Vereinigung Mensch-Tier ist. Warum Dädalus für ihn gerade ein Labyrinth baut, und nicht einfach einen Käfig, wird nicht aus dem Mythos ersichtlich. Hingegen übernimmt das Labyrinth nun die Funktion einer Opferstätte, deren Zugang aber nicht direkt ist. Auf langen gewundenen Opfergängen werden die Opfer langsam an ihre Bestimmung herangeführt, und sollte es einem von ihnen gelingen zu entkommen, so ist ihm doch der Rückweg verbaut. Die Erschöpfung ereilt ihn, und wenn es nicht der Minotaurus ist, der den geopferten Menschen verschlingt, so ist es die endlose, ausweglose Zeit, die ihn aushungert, verdursten läßt, tötet. In einer Geschichte von Borges (18) wird das Labyrinth in diesen zwei Aspekten beschrieben: einmal eine Einladung zur Verirrung, die sich noch der Form eines höfischen Spiels bedient, und einmal als tödliche Falle — der König, der das Labyrinth seines königlichen Nachbarn besuchen wollte, wird kurzerhand in der Wüste ausgesetzt, mit der Bemerkung, auch dies sei ein Labyrinth. Hier allerdings werden die Grenzen der Irreführung nicht eingehalten. Es fehlt der gewundene Weg und die Bewegung, die durch nichts anderes motiviert ist als durch irreführende Hoffnung, einen Ausweg zu finden. Es fehlt die Verheißung, die sich nicht durch eine Entscheidung, sondern durch immer neu ansetzenden Versuch vermittelt.

Das konstruierte Labyrinth bedient sich der Ordnung als Fata Morgana, denn in der Ordnung wird der Ausweg gesucht — Ordnung soll orientieren, bewirkt aber genau das Gegenteil: das natürliche körperliche Orientierungsgefühl wird durch die Vielzahl gleich aussehender Abzweigungen, durch die Monotonie der Kontraste zerstört. Damit ist der Bewegungssinn, der Orientierung schaffen könnte — und dies im Normalfall ja auch tut — außer Kraft gesetzt. Der Trick beruht wieder einmal auf Sinnestäuschung und macht den Schritt von sinnhafter Orientierung zu bewußter Durchdringung des Problems notwendig. So verläßt sich Theseus, der Held, auch lieber nicht auf seine Sinne, sondern versichert sich der Mithilfe der klugen Ariadne, die ihm den Faden gibt, und holt sich auch den Rat des Erbauers, Dädalus', ein. Hier ist ein kulturgeschichtlicher Schritt getan: die energetische Erfahrung ganzheitlicher Gestaltung und die damit verbundene Orientierungsmöglichekeit, die sich an den natürlichen Gegebenheiten ausrichtet, wird aufgegeben und weicht der Logik, der Macht der Konstruktion, die nach Meisterung durch Analyse verlangt. Nicht nur wird durch die Tat des Theseus das minoische Reich durch Athen besiegt, — die Konstruktion und damit der konstruktive wie auch der analytische Geist siegt über Erdwissen und Erdausrichtung. — Viele wollen darin den Übergang von Matriarchat zu Patriarchat sehen. Hier ist es vor allem wichtig, auf die Beziehung von Tanz und Labyrinth, wie sie schon angedeutet wurde, einzugehen. Denn was die Konstruktion des Labyrinths mit einer ebenso benannten Form des Tanzes zu tun hat, soll der Mythos erzählen. Theseus nämlich macht auf seiner Heimkehr von Kreta auf Delos halt, und opfert in Dankbarkeit Apollo, dem Sonnengott. Er führt im Andenken an seine Rettung einen Tanz ein, der sich nun als Kranich-Tanz einbürgert und nichts weiter als ein Reigentanz zu sein scheint. Auch in der Ilias beschreibt Homer einen solchen Reigentanz, der mit dem Labyrinth des Dädalus zusammengebracht wird, und Lukian erwähnt ihn ebenfalls. „Was hat der Reigen mit dem labyrinth zu tun?" könnte man sich fragen. Auch heute gibt es in Griechenland noch einen Volkstanz, Pogonisius genannt, der sich vom Labyrinth-Tanz ableiten soll. Wieder ist es ein Reigen, und nichts deutet auf die abzweigungsreichen Wege des Labyrinths hin. Hingegen wird der Schritt mit drei Handgebärden, bzw. Körperhaltungen begleitet, die drei Ebenen darstellen sollen: die Erde, den Himmel und die Unterwelt (19). Dies gibt uns den Schlüssel zu einem neuen Verständnis des Labyrinths. Der Labyrinth-Tanz ist nicht, wie der Mythos will, die Folge des Labyrinth-Konstrukts, sondern geht ihm voraus: er ist reiner Ausdruck eines erdorientierten Matriarchats. Eben jene Sinne, die im Konstrukt außer Kraft gesetzt werden, haben zur Entstehung des Tanzes beigetragen. Es sind die Sinne, die sich an der Erde, und an der Gruppe ausrichten — nicht Bewußtseinsschritte erfordern, und auch nicht von Taten heroischer einzelner abhängen.

Dem „Vorgänger" des Labyrinths auf die Spur zu kommen, ist ebenso verwirrend wie das Labyrinth selbst. Zunächst sei von Zeichen berichtet, die, wie auf nebenstehender Abbildung zu sehen ist, sich in ihrer Form verblüffend ähneln. Sowohl das Hopi-Zeichen für Mutter Erde, wie auch Labyrinth-Muster auf kretischen Münzen (noch ohne Abzweigungen) und — wohl als erstaunlichstes Phänomen — die geschlungenen Wege, die auf großer Fläche sich zu einem abzweigungslosen Labyrinth zusammenfügen und vor allem in Skandinavien, aber auch in Großbritannien vorkommen, weisen dasselbe Muster auf: Gleich einer Spirale umläuft der Weg eine kreisförmige Bahn, macht aber kehrt, bevor sich der Kreis schließen kann und beginnt eine neue kreisförmige Linie zu ziehen, um wieder umzukehren. Das Ganze ergibt eine Kreisgestalt, die sich manchmal zum Oval ausweitet. Das Rätsel ist noch nicht gelöst: sind es Kalender, Prozessionswege, heilige Stätten von geomantischer Bedeutung — alles zugleich? Matriarchale Praxis wird von patriarchaler Mythologie aufgegriffen, integriert.

Erdströmungen und Schlangenkräfte werden der Erd-Mutter und den Unterweltgottheiten weiblichen Charakters und älterer Geschichte, die bis in die Vorgeschichte reicht, zugeschrieben. Die Python, eine Riesenschlange, besaß das Orakel zu Delphi bevor Apollo sie tötete und das Orakel an sich riß. (Zur Sühne jedoch mußte er eine Priesterin, nicht einen Priester einsetzen, und diese nannte sich Pythia, im Andenken an die getötete Schlange.) Theseus opfert zwar Apollo, führt aber den Kranich-Tanz ein. Es läßt sich darin eine Hommage an den Kranich, Symbol alter Muttergottheiten und Verkörperung von Pasiphäe, vielleicht ebenfalls eine solche Muttergottheit in kretischer Überlieferung sehen. (20) Und auffallend ist die Parallele zu indianischer Mythologie: in einem Märchen begeht ein Mädchen Inzest mit ihrem Bruder, der sich daraufhin von ihr zurückzieht und sie so in den Wahnsinn treibt. Ihr Wahnsinn nimmt Ausmaße und Gestalt von Kali, der Hindu-Göttin an: sie trägt eine Kette menschlicher Schädel und vollführt einen irren Tanz, der sie zwingt, immer wieder ins Wasser hinabzutauchen. Der Tanz ist vor allem durch diese Taucherbewegungen bestimmt. Ihr Bruder tötet sie, und sie verwandelt sich in einen Tauchervogel. (21)

Tanz, wie wir am Beispiel der Märchen schon sahen, kann durchaus in einen Zustand der Besessenheit überführen, wobei sich die Lebensenergie sozusagen verselbständigt und, buchstäblich, „außer Rand und Band", also aus der Gestalt des Labyrinth selbst, gerät. Vielleicht waren die abzweigungslosen Labyrinthe erste Versuche, Ordnung zu schaffen? Eine weitere Vermutung ist, daß der Labyrinth-Tanz, oft auch Tanz des Adriadne-Fadens genannt, sich aus einem Bänder-Tanz um den Maibaum oder Weltenbaum entwickelt hat. Und selbst die Ritualwanderungen heidnischen Ursprungs wie etwa auf den Heiligen Berg Croagh Patrick in Irland, lassen sich in das Konzept des Labyrinthes einreihen, denn viel später wurden die Pilgerfahrten nach Jerusalem mit den

Wanderungen verglichen und das Labyrinth, als Gebäude, dem heiligen Jerusalem zugeordnet. Ein überraschender Vergleich, wenn wir bedenken, daß im Labyrinth der Minotaurus haust, der im Labyrinth von Chartre wiederum mit dem Teufel verglichen wird!

Die Kirche bewahrt die Verbindung zur Schlange als Vertreterin von Lebensenergie und Erdströmung, indem sie sie im Labyrinth verbirgt: in der romanischen Kirche San Adriano in Rom jedoch ist der Schlangenkopf in der Mitte noch zu sehen. Auch im himmelstürmenden Zeitalter der Gotik bricht der Kontakt zur Erde nicht ab, werden die gewundenen Wege der Erde und der Schlange nicht vergessen, sondern als Labyrinth-Mosaike in die Böden der Kathedralen gebannt. (So in den Kathedralen zu Amiens, Chartres, Reims,

Bayeux.) Hier löst jedoch geometrische Abstraktion eine allzu fleischliche Erinnerung ab. In Glastonbury, England, befindet sich neben den Ruinen der mittelalterlichen Kathedrale der Hügel „Tor", um den sich spiralenförmige Wege winden und zu seinem Gipfel führen. Aus der Luft gesehen ergibt sich das Bild einer ovalen Muschel, die von den sich schlängelnden Linien der terrassenartigen Wege durchfurcht wird. Die Kirche ist bezeichnenderweise dem heiligen Michael geweiht, der die vermutlich sehr alte heidnische Kultstätte des Tor und die ihm zugeschriebenen Erdströmungen „bewacht" hat — der heilige Drachentöter bindet die freifließenden und wirbelnden Erdenergien, indem er sie fixiert, den Drachen festnagelt, seine Kräfte einspannt und für die Kirche — als konkretes Gebäude und als Gedankensystem — nutzbar macht. Das Labyrinth ist also nicht nur der gefährliche Wohnort des Drachens oder Monsters, sondern es gewährleistet in seiner spezifischen Form die Möglichkeit, Drachenkräfte, monströse Energien umzuwandeln, die in ihrer rudimentären Form zu intensiv für den Menschen sind und deshalb transformiert werden müssen. — Das Labyrinth als Transformationshäuschen, wie wir es von unseren Elektrizitätswerken her kennen?

Das Labyrinth scheint eine schützende, hütende Funktion gehabt zu haben, und diese Funktion entspricht den steinzeitlichen Labyrinth-Funden: die älteste Darstellung des Labyrinth-Musters überhaupt stammt aus einem sibirischen Höhlengrab und befindet sich auf einem kleinen Objekt, das als Amulett identifiziert wurde. Hier ist die Verwandtschaft zur Spiralenbewegung deutlich zu sehen, so daß die Spirale als Vorgänger des komplexeren Labyrinth-Musters gesehen werden kann. Beiden ist gemeinsam, daß sie — im Gegensatz zum Uroboros — eine offene, und keine geschlossenen Form darstellen. Ein Erdhügelgrab in Irland, New Grange (4000-3000 v. Chr.) besitzt ebenfalls einen Eingang, der durch einen quergelegten Steinbrocken, über und über mit Spiralen bedeckt, gekennzeichnet ist — ein Labyrinth, das den Eingang schmückt, mehr noch: das Labyrinth als Durchgang, Vorbereitung, die den Eintritt in das Mysterium erst erlaubt. Dies läßt sich auch in dem Motiv der zwei spiegelgleichen gegenläufigen Spiralen vermuten, das auf der Stufe des Eingangstors zum Tempel in Al Tarxien auf Malta (2400-2300 v. Chr.) und, fast nur noch angedeutet, in Kapitellen dorischer Säulen, zu finden ist. Und Humbaba, schon erwähntes Urmonster aus Babylonien, besitzt ein Gesicht, das ein einziges Labyrinth aus Falten und Furchen darstellt. Humbaba ist Hüter der Schwelle, er bewacht den Eingang zur Unterwelt. Um „zu den Müttern zu gehen", muß das Labyrinth als Aufgabe gemeistert werden. Die offene Form macht das Labyrinth zum Symbol der Transformation — eine Transformation, die den Weg des Fleisches geht, leibliche Erfahrung, Initiation vermittelt. Die Erdkräfte der Naturgebundenheit zeigen sich hier nicht in ihrer „uroborischen", verschlingenden und ausweglosen Gestalt, sondern bieten sich als Schutz an. Die chinesische Geomantie z. B. glaubt, daß die Geister — denen der Mensch nicht gewachsen ist, und die für ihn deshalb das Böse darstellen — fliegen, weshalb japanische und chinesische Tempelbezirke von gewundenen Wegen und Wasserläufen umgeben sind. Diese sollen die Geister abhalten. Die Wege der Erde, des Wassers, gleichen den Wegen der Menschen. Das Unmenschliche ist das Übermaß untransformierter, „geisterhafter" — das heißt, noch nicht im Fleisch, in der Erfahrung eingebundener, sozusagen verdauter Energie.

Die Irrgärten des europäischen höfischen Zeitalters hingegen laden zum Lustwandeln ein: ein aristokratisches Vergnügen, das Souveränität als Verfügung über äußeren Raum (und Gärtner) ebenso wie inneren Spielraum (und Muße) ausdrückt. Und etwas von diesem Freiraum scheint sich der Bürger in den Spiegelkabinetten und Irrgärten des Jahrmarkts hinübergerettet zu haben, denn zumindest muß er sich Zeit für ein nach bürgerlichen Maßstäben sinn- und zweckloses Unternehmen einräumen: so eröffnet sich in der zweckfreien und vor allem ziellosen Beschäftigung ein künstliches Paradies des Mysteriösen, und der Konfusion als Aufgabe zielorientierter Ausrichtung kommt geradezu therapeutische Bedeutung zu. Das Hin- und Hergehen — das kein Gehen im Kreis ist! — hat sich als typische Bewegung eines „Denkers" herausgebildet. Unmotivierte Motorik scheint die Geburt der Ideen zu begleiten, denn die zugelassene und körperlich ausgelebte Konfusion wirkt klärend auf den Geist. Und führen wir uns die Serpentinen einer Bergstraße vor Augen, so wird uns klar, daß der Widerstand, der durch die Kehren und Schlaufen entsteht, eine wichtige Funktion der Hemmung hat. Diese Hemmung mag für den Ungeduldigen nach Art Alexanders des Großen lästig sein, aber es scheint ein altes initiatisches Wissen zu sein, daß der lange Weg oft direkter ist als der kurze — wie auch ein volkstümliches Sprichwort es sagt. Vergleichbar ist auch das Verhalten der australischen Eingeborenen, wenn sie sich einem heiligen Ort nähern — sehr zum Unverständnis eiliger Touristen, die sie führen (22). Auch in Tarkowskys Film „Stalker" (Der Pirschgänger) wird eine solche behutsame Annäherung, wie sie „die Zone der Kontamination" verlangt, gezeigt. In einer solchen Zone der überschrittenen Grenzen wird alles bedeutungsträchtig, Mysterium, und soll es nicht zur Stätte des Sacrificiums werden, in der die Opfer blindlings in ihr Verderben rennen, so bedarf es einer geistigen Voraussicht, die in der Hingabe an das Ritual der Vorbereitung, der Einweihung, sich die notwendige Zeit, den notwendigen Raum nimmt: das Labyrinth als geweihter Ort, als Sanktuarium-Stätte der Initiation. Hier sind keine Abkürzungen möglich. Es gibt weder Sieger noch Verlierer. Die Mitte ist nicht das Ziel. Es geht nicht darum, in der Mitte zu verweilen. Die Mitte ist der Umkehrpunkt, aus dem die Rückkehr geboren wird.

Wenn eines aus dem anderen folgt, und nichts übersprungen wird, dann sprechen wir von einem roten Faden, Sinnbild der konsequenten Folgerung. Dieser Faden des Schritt-für-Schritt zeigt den Weg aus dem Labyrinth heraus, aber darüber hinaus gewährleistet er auch auf dem Hinweg eine Reibung am Widerstand, die das Maß der normalen Geduldsübung überschreitet. Auch der Hinweg ist frustrierend, durch Verzweigung der Möglichkeiten und nur durch die Reibung der Frustration entzündet sich etwas, geht ein Licht auf: dort ist die Mitte, dort ist alles möglich, dort begegnest du dem, was du für unmöglich gehalten hast, deiner eigenen monströsen Natur, deinem Ursprung aus dem Chaos. Überwältigend droht dich der Fluß des Lebens hinwegzureißen: Trance, Zustand des TRANS.

Im Gegensatz zu der einfachen Drehung um die eigene Achse — wie sie in Kinderspielen, z. B. „Blinde Kuh", sich erhalten hat — steht die Form der

Kehre, die ein ständiges Hin und Her bedingt und tatsächlich eine kinästhetisch induzierte Trance hervorruft. Diesen Kehrschritt, der sich in Halbkreis-
form aufwiegelt, schaukelt — und dies oft stundenlang — kenne ich aus den
Trance-Tänzen des Macumba, wobei die Kehre sich zu einem Wechselschritt
eingeschliffen hat, und kaum mehr erkenntlich, wohl aber noch kinästhetisch
erfahrbar ist.

Das Labyrinth als Bewegungserfahrung lehrt uns: der Weg hinein ist auch
der Weg, der hinaus führt. Serpentinen, Kehren, Windungen, Schlangenformen
bereiten auf die Begegnung mit dem ungestalten Urgrund vor. Auch lassen sie
im Körper selbst, in der Erfahrung, ein neues Maß erfühlen: das Maß der Umkehr, die Erfahrung der Kehrtwendung. Dieses erst macht Vereinigung und
Abgrenzung zugleich möglich: Du lernst, dich einzulassen, ohne dich zu verlieren, mehr noch — dich jetzt erst ganz zu finden.

DAS WISSEN IST IM FLEISCH

Das Labyrinth formt und die Labyrinth-Tänze sind deshalb keine orgiastischen Einzeltänze, die in die Trance oder in die ekstatische Auflösung führen, sondern meist Reigen. Sie werden in Gruppen getanzt, wobei die Gruppe erst die Form darstellen kann und die Einordnung in die Gruppe als gestaltbildendes Element im Vordergrund steht. Die Reigentänze, wie sie schon in der Antike bekannt waren, und die im christlichen Mittelalter zum Teil in liturgische Abläufe integriert wurden, gehen einerseits auf Labyrinth-Vorstellungen zurück, orientieren sich aber andererseits am kosmischen Reigen der Gestirne — verweisen also auf eine erdhafte Gebundenheit, wie auf himmlische Harmonie. In beiden Fällen geht es um Ordnung, die außen erkannt wird, und durch den Tanz verkörpert werden soll. Die Vorbilder leiten sich von der Außenwelt ab und sollen durch Verkörperung eine Einordnung des Menschen in erdhafte wie himmlische Gesetzmäßigkeit bewirken, und in dieser Einordnung findet der Mensch seinen Platz im Universum.

Im Gegensatz dazu stehen die ekstatischen Tänze, die von den unwillkürlichen Bewegungen — dem Zittern, Schütteln, Zucken — ausgehen und deren Ziel die Auflösung einer alten, erstarrten Ordnung zugunsten eines chaotischen Trance-Zustandes ist. Aus diesem erfolgt dann, im Rahmen der Mysterien, die Neugeburt als Neuordnung. Es gibt natürlich sehr wenig historische Beschreibungen über diese Tänze, aber da gerade in bezug auf das dionysische Rasen, mehrfach vom Schaum, der vor den Mund tritt, die Rede ist, kann man annehmen, daß die damaligen Trance-Tänze und Trance-Zustände sich nicht allzu sehr von den heutigen unterscheiden. Das Unwillkürliche scheint keine eigene geschichtliche Entwicklung zu haben, wohl aber das Verhältnis dazu. Gerade in den Mythen, die sich um ekstatische Götternaturen ranken, läßt sich eine Entwicklung erkennen, in der sich der Mensch zunehmend als Individuum, Person, Subjekt sieht, nach eigener Erfahrung verlangt, Subjektivität aufbaut.

− KYBELE −

„Ihr Wissen war in ihrem Fleisch, das unerträglich schmerzte, − ... und solches Leiden hat sein Gesetz in sich." So beschreibt Christa Wolf in ihrem Roman „Kassandra" (23) den rasenden Tanz der Amazonen beim Begräbnis ihrer gefallenen Königin Penthesilea. Der Roman handelt vom Fall Trojas, der den Aufstieg Griechenlands zur Weltmacht und seinen Eintritt in die Geschichte markiert — dies ist letztlich dem Trickster-Held Odysseus zu verdanken, der durch die List des Trojanischen Pferdes, durch die Kunst der Sinnestäuschung das alte Reich der Sinne, des naiven Urvertrauens, der Naturverbundenheit — ähnlich wie es in dem Märchen von Nannabush geschieht —, zerstört: der Eintritt in die Geschichte ist mit der Vertreibung aus dem Paradies bezahlt. Wenn wir uns in dem nun folgenden Kapitel dem antiken Griechenland, als Schauplatz verschiedenster Kultureinflüsse und einer vielgestaltigen und dramatischen Mythologie zuwenden, so geschieht dies im Bewußtsein, daß dort und damals der europäische Geist — und damit die europäische Angst — geboren wurde.

Viel später, sozusagen am Ende der Antike, wird Paulus in einem Römerbrief schreiben: ,,Der Gedanke des Fleisches ist Tod, der Gedanke des Geistes aber Leben und Friede.'' Kassandra aber beobachtet an den Tanzenden etwas anderes: ,,Der Glieder nicht mehr mächtig, waren sie an einem Punkt, da höchster Schmerz und höchste Lust sich treffen.'' Kassandra empfindet eine tiefe Sehnsucht, dabeizusein, an diesem ekstatischen Wissen teilzuhaben: ,,Ich spürte, wie in mir der Tanz anfing, eine heftige Versuchung, ... alles, auch mich selber aufzugeben, und aus der Zeit zu gehen. Meine Füße gingen aus der Zeit, so hieß der Rhythmus ...'' Und Kassandras Wunsch, dabeizusein, durchzieht die europäische Bewußtseinsgeschichte als immer wiederkehrender Wunsch, in der Natur aufzugehen, von dem Wissen des Fleisches getragen zu werden, leben, erleben zu können, sich nicht mehr selbst fremd zu sein. — Denn zwei Merkmale zeichnen dieses Wissen aus: daß es möglich ist, die Zeit aufzuheben, und daß gegensätzliche Regungen wie Schmerz und Lust sich nicht widersprechen, sondern sich steigern zu höchster Intensität, das heißt, daß in der Ekstase das differenzierende Bewußtsein aufgehoben wird, und Ekstase ein körperlicher Zustand ist. Der Tanz ist das Medium, das Fleisch der Ort, in dem die Widersprüche der Intensität weichen müssen. Das Wissen im Fleisch ist also ekstatisches Wissen, das im Tanz sich unauflöslich mit dem Fleisch verbindet, Fleisch wird, es ist ein Wissen jenseits der Worte, der Bilder. Der Tanz der Amazonen gilt Kybele, alte Mutter- und Erdgottheit aus Phrygien, die mit Thea, Mutter des Zeus, identifiziert wurde, um sie in den Olymp zu integrieren. Kybele, so erzählt ein Mythos, war ein Königskind, das ausgesetzt wurde, also elternlos und wild aufwuchs, von Löwen und Leoparden gesäugt. Sie erfand Tänze und Spiele und beschenkte die Korybanten, ihre Gefolgsleute, mit Trommeln und Zimbeln, die ihre Riten begleiten sollten. Die Korybanten waren ekstatische Tänzer, Wahrsager, Heiler und sogar Sokrates erwähnt sie in einem Gespräch mit Plato als Leute, die mit der Selbsterkenntnis wohl nichts zu tun hätten, nichtsdestotrotz aber etwas vom Heilen verstünden. Ein wildes Kind, eine wilde Frau, ein wildes Wissen, das sich von den Leidenschaften leiten läßt: alles ist übermäßig und rasend an ihr. Ihre Liebe wie ihre Rache kennt keine Grenzen. Als sich Attis, in den sie sich verliebt, ihr verweigert, schlägt sie ihn mit Wahnsinn, so daß er sich selbst entmannt und an seiner Wunde stirbt. Kybele beweint ihn, wie Adonis, Tammuz, und Osiris beweint wurden: Jünglingsgeliebte, Frühlingsgötter, des vorderasiatischen Kulturkreises. Für Attis richtet Kybele einen Kult ein, in dem nur Eunuchen Priester sein dürfen. In einer anderen Version zieht sie verzweifelt klagend durch das Land, die Trommel schlagend: Tanz vereint sich mit Passion.

— DIONYSOS —

Als die Soldaten Alexanders des Großen von Indien heimkehrten, erzählten sie, auch dort würde Dionysos verehrt. Und tatsächlich teilt Dionysos nicht nur mit Kybele, sondern auch mit dem Hindu-Gott Shiva eine Vorliebe für wilde Tiere, insbesondere Leoparden und andere Raubtierkatzen, ebenso wie für Pauken, Trommeln und ekstatischen Tanz. Vom Tanz wissen wir nur, daß es sehr wild zugegangen sein muß, und daß sich das dionysische Rasen aller Wahrscheinlichkeit nach mit Drogengenuß verband. Hierbei führten die kleinen Pilzgestalten (des Fliegenpilzes) dazu, von ihnen als Kindern zu sprechen (vergleiche die niños santos, von denen die mexikanische Schamanin Maria Sabina spricht), und das hat dazu beigetragen, daß dem Dionysos-Kult, der sicher orgiastisch war, aber doch nicht in Kannibalismus ausartete, das Verzehren kleiner Kinder angelastet wurde. Auch Dionysos war ein fremder Gott, aus Thrakien, oder ebenfalls aus Phrygien stammend. Und auch seine Geburt verlief problematisch, denn wie die orphische Mysterienreligion überliefert, näherte sich Zeus der Persephone in Gestalt einer Schlange, aber die Eifersucht machte Hera überwach, und so ließ sie das Kind, das vorsorglicherweise schon in ein Lamm verwandelt und den Nymphen zur Aufzucht übergeben worden war, von den Titanen zerreißen, obwohl es in Lammsgestalt war. Nur das Herz war noch übrig, als Athene zu Hilfe kam, alles andere hatten die Titanen schon verschlungen. Da gab Zeus der Semele das Herz zu essen, und Dionysos wurde ein zweitesmal geboren. Diesmal trifft die Strafe Semele, die sich von Zeus wünscht, er möge ihr in seiner wahren Gestalt erscheinen: sie wird vom Blitz erschlagen. Doch Dionysos holte, sobald er das Mannesalter erreicht hatte, seine Mutter aus der Unterwelt und führte sie, eine Sterbliche, in den Olymp, wo sie unter den unsterblichen Göttern aufgenommen wurde. Dionysos, der bei Homer noch als mindere Gottheit aufgeführt wird, entwickelt sich nun zur obersten Gottheit der späten hellenistischen Kultur — nur Christus konnte sich mit ihm messen, und ihn letztlich überwinden. Dionysos ist der Gott des Übermaßes. Bei den Römern erst wird er zum Gott des Weinrausches bagatellisiert und seine Ekstase verspricht Unsterblichkeit. Er ist ein bewegter und ein bewegender Gott. Wer sich ihm widersetzt, den schlägt er mit Wahnsinn. So geschieht es Pentheus, der sich nicht von der Göttlichkeit des Dionysos überzeugen lassen will, und, im wahrsten Sinne des Wortes, daran glauben muß, wie es bei Euripides in den Bacchen nachzulesen ist. Für die junge Philosophie Griechenlands, die sich von den olympischen Göttern eben abgenabelt hatte und nach Erkenntnis, bzw. Selbsterkenntnis strebte und darin auf das Maß bedacht war, das Erkenntnis ermöglichte, muß ein solcher Gott, dessen wirbelndes Übermaß sich aller Erkenntnis entzieht und die Grenzen des Bewußtseins sprengt, höchst bedrohlich gewesen sein. So findet sich bei Aristoteles auch ein Satz, der einem Hilferuf gleicht: „Wenn sich alles bewegt, ist nichts mehr wahr." (Aus der Physik, V.) Hier jedoch wohl nicht auf Dionysos, dessen Mysterien dem Gebiet der Religion zuzurechnen sind, sondern auf Heraklit, einen vorsokratischen Philosphen, gemünzt. Nietzsche, der Philosph, der die Gemessenheit der Philosophie zu beenden versuchte, orientierte sich an Dionysos, wobei er ihm Apollo als Gott des Maßes (besser, der Proportion, der Architektonik) entgegensetzt. Ob jedoch Apoll immer so das rechte Mittelmaß traf (Nietzsche spricht dabei verächtlich vom Mittelmaß des „nicht-zuviel") bleibt dahingestellt, denn schließlich hatte er mehrere Vergewaltigungen auf dem Gewissen — was zwar ganz der olympischen Manier entsprach, aber von Dionysos nicht berichtet werden kann. Auch war Dionysos sanft, von mädchenhaft lieblichem Aussehen, welches vor allem die Frauen betörte. Er hatte schöne Locken und trug keinen Bart. Durch sein Aussehen, das dem Krishnas ähnelt, widerlegte er die wohl schon damals herrschende Vorstellung, Frauen schätzten ein rauhes Benehmen als Zeichen von Männlichkeit. Apoll war schließlich Sohn der Titanin Leto, während Dionysos, gleich zweimal geboren, und, bei aller Grazie, von seltsam resistenter Natur, von Persephone, Göttin der Unterwelt abstammte. Wohl war sein Vater Zeus, aber dieser kam in Gestalt des Schlangenphallus. Dionysos' gute Beziehung sowohl zur Unterwelt als auch zur Schlangenkraft zeigt sich in der Verwandtschaft zu anderen tanzenden Göttern des Ostens, zu Shiva und Vishnu, und so steht er ganz im Zeichen östlich-gelassener Eleganz. Selbst seine furchtbare Seite, die etwa Pentheus — ein braver, engstirniger Mann — kennernlernen muß, ist immer noch edel, nie ist seine Zerstörung barbarisch zu nennen. In ihr erkennen wir den Doppelaspekt Shivas wieder, der Schöpfer und Zerstörer zugleich ist. Dionysos zerstört das Maß auch nur insofern, als dieses mit Norm, mit festgefahrenen Gewohnheiten und engen, ängstlichen Maßstäben gleichzusetzen ist. Dionysos hat sein eigenes Maß: das Maß der Fleischwerdung, der ekstatischen Erfahrung, die für jeden ganz individuell gilt, die Initiation und Individuation zugleich bedeutet und weit davon entfernt ist, in die Maßlosigkeit zu führen: sein Maß ist das Maß des Mysteriums, des Unfaßbaren, Geheimnisvollen, des Tremendum und deshalb ist Dionysos Gründer von Mysterien.

Apollo jedoch ist von Erdspalten, aus denen berauschende Dämpfe dringen, wie etwa in Delphi, abhängig. Überdies mußte er die heilige Stätte des Orakels erst einmal durch den Mord an Python, der eigentlichen Besitzerin, entweihen, ist also von vorneherein schuldig. Und die Gabe der Prophetie, die er Kassandra überträgt, um sie als Geliebte für sich zu gewinnen, verwandelt er in einen Fluch, als sie ihm nicht willfährig ist: ihre Prophezeiungen, obwohl wahren Gehaltes, verklingen ungehört. Das Wissen der Wahrheit nützt nichts, nur wer die Wahrheit als Erfahrung vermitteln kann, überzeugt. Ein solches Wahrheitszeugnis bietet eben Dionysos in seinen Mysterien an. Er ist unabhängig, er trägt die Schlangenkraft in sich, er kann sich berauschen wann er will — die rauschhafte Gotterfülltheit (En-thusiasmus) und Begeisterung scheint auch die Nebenwirkung innerer Erhitzung gehabt zu haben, so daß Dionysos mit seinem Gefolge ohne weiteres das Orakel von Delphi im Winter übernehmen konnte, während Apollo, der kalten Jahreszeit wegen, diese hochgelegene Stätte im verschneiten Parnass verließ. Die Erhitzung ist eine alte schamanistische Fähigkeit, die wir auch von den tibetanischen Mönchen und den Yogis kennen. Und auch andere Umstände deuten darauf hin, daß Dionysos die Züge eines Schamanen trägt, ist er doch zerstückelt und wieder zusammengesetzt, als neue Gestalt geboren worden und reist in die Unterwelt. Auch Orpheus, ein Anhänger von Dionysos, versucht dies, versagt jedoch in seinem Unterfangen, die verstorbene Euridice zurückzuholen, weil er sich nach ihr umschaut, noch bevor er die Unterwelt verlassen hat. Orpheus ist um Erkenntnis besorgt und verliert — man sagt, er habe sich vom Licht, das durch den Eingang in die Unterwelt einfällt, verleiten lassen, sehen zu wollen. Dionysos braucht nicht hinzusehen. Sein Wissen ist im Fleisch. In Japan würde man wahrscheinlich sagen, ,,er hat Bauch'' (Hara) und tatsächlich gibt es so etwas wie einen dionysischen Bauchansatz, der zwischen einem Kinder- und einem Buddha-Bauch liegt, aber nicht mit einem Bierbauch zu verwechseln ist!

— HERAKLES —

Ich möchte Herakles als Gegenpart zu Dionysos vorstellen. Herakles, der letztgeborene Sohn des Zeus, hat eine Sterbliche zur Mutter: Alkmene. Diesmal hat sich Zeus nicht von lüsternen Begierden in seiner Auswahl leiten lassen, sondern mit Bedacht die Zeugung eines Helden geplant, wobei es eigenartigerweise wichtig war, sich dem Menschlichen zu verbinden, denn nur ein solcher Gottmensch konnte den Göttern gegen die drohende Gefahr der Giganten helfen. Dazu ist zu sagen, daß die Giganten ebenfalls ein letztgeborenes Geschlecht sind, die aus Gaia, der Erde entsprangen, als diese der anmaßenden und hochfahrenden Art des Zeus ebenso überdrüssig wurde wie vorher der des Uranos und des Kronos. Die Erde rebelliert und gebiert Monster, die bezeichnenderweise halb Mensch, halb Schlange sind. Aber zurück zu Herakles — er erweist sich dem Schlangengeziefer gewachsen, denn schon im achten Monat erdrosselt er mit je einer Hand zwei Schlangen, die ihn im Schlaf erwürgen wollen. Dazu braucht es zweifellos Muskelkraft, für die Herakles ein Sinnbild ist. Ein neues Zeitalter bricht an: die Kraft wird nicht mehr als Schlangenkraft — das heißt, eine Kraft, die von außen an den Menschen herantritt und ihn befruchtet, überwältigt, erleuchtet — erlebt, sondern als Muskelkraft, die auf Körperbeherrschung beruht. Man könnte von Dionysos nicht sagen, daß er sich gehen läßt. Er hat einfach keine Muskeln nötig. Er — und die besten Vertreter der östlichen Kriegskünste — können es sich noch leisten, einen geschmeidigen, durchlässigen, eher weiblich-passiven Körper zu haben. Herakles hingegen stählt sich, trainiert — nur das Musische liegt ihm nicht, weshalb er seinen Lehrer kurzerhand mit der Leier erschlägt. Er ist Held und Arbeiter zugleich, denn das Heldentum wird ihm nicht geschenkt, und den Weg zum Himmel muß er sich erarbeiten. Zwölf Aufgaben muß er erfüllen, und die Aufgaben übersteigen — ähnlich wie in den Märchen — die natürlichen Kräfte. Er muß erst lernen, mit dem Übernatürlichen umzugehen, und so schlägt er sich mit allerlei Monstern herum. Ein Motiv für die schier nicht endenwollende Fronarbeit gibt ein Mythos an, nach dessen Version Herakles in einem Wahnsinnsanfall, — der einem Freudentaumel folgte! — seine Frau und seine Kinder umgebracht hätte und diese Bluttat zu sühnen suchte. Psychologisch wäre damit der Übergang vom spielerischen Gauklertum, — mit dem Dionysos seine Göttlichkeit beweist, etwa indem er seine Feinde durch die wunderbaren Verwandlungen (Schiffsmast in Weinstock ...) einfach übertölpelt, verzaubert — zur harten Arbeit des Herakles, der den Beweis seines Heldentums erringen muß, erklärt und würde auch mit der biblischen Vorstellung vom Sündenfall als Grund für die Entstehung der Arbeit zusammenfallen. Am Anfang war also ein Vergehen — in der Bibel der Biß vom Apfel, bei Herakles ein Freudentaumel, das heißt, die Erfahrung, daß das Gefühl den Menschen aus sich heraustragen, in den Wahnsinn reißen kann. Der Gefühlsüberschwang birgt eine Gefahr in sich und macht die apollinische Anweisung des nicht-zuviel plausibel. So wird von Kleisthenes, dem griechischen Staatsmann (6. Jahrhundert), erzählt, er habe seine Tochter als Preis für den besten Tänzer im Land ausgesetzt, dann aber, als der Gewinner vor Freude über seinen Sieg zu tanzen begann, ihm gesagt, nun habe er sich den Preis verscherzt. Schon damals scheint es ästhetisch und ethisch unzulässig gewesen zu sein, den Tanz in die unwillkürlich sich entladende Bewegung überschlagen, im Taumel sich verselbständigen zu lassen. Noch bei Homer, vor allem in der Ilias, sind die Menschen so sehr von ihren Gefühlen, die in sie wie Geister, bzw. göttliche Kräfte einfahren, beherrscht, daß der Kampf um Troja sich als ein Kampf zwischen Göttern, bzw. Gefühlen darstellt und den Menschen nichts übrig bleibt, als das göttliche Spiel, dessen Figuren sie sind, auszuagieren und mit Pathos ihr Schicksal zu beklagen. Doch schon in der Odyssee rät Odysseus seiner Frau, ihre laut jubelnde Freude im Herzen zu behalten, zu verbergen. Das Gefühl wird verinnerlicht, es wird intim. Es wird ein In-Fühlung-Sein mit inneren Inhalten, und konstituiert ein Ich, das sich verantwortlich weiß. Die Bewegung durch Gefühle, das Bewegt-, Ergriffensein wird zunehmend als Störung erlebt, und diese Störung wird mit dem Leib, in dem diese Bewegung sich manifestiert, assoziiert. In „Kratylos" (Plato) preist Sokrates den Hades, den Gott der Toten als Philosophen, weil er erkannt habe, daß wegen der Leidenschaft und dem Wahnsinn des Körpers die Lebenden auch nicht durch die stärksten Bande zu halten seien, und er deshalb nur körperlose Seelen um sich schare. Der Leib, als Träger des Taumels, Rausches, Übermaßes, ist verdächtig geworden, seine Eigenbewegung des Unwillkürlichen wird als Willkür der Götter identifiziert, und in zunehmendem Maße der Ich-Entwicklung verdrängt, wird zur Untergrundbewegung, unheimlich, dämonisch: so ist das jämmerliche Ende des Helden Herakles durch einen brennenden Juckreiz, das Nesselfieber, bestimmt. Wie es dazu kommt, ist eine lange Geschichte, die aber wegen ihrer archetypischen Bedeutsamkeit zu erzählen wert ist. Herakles tötet das Monster Hydra und badet seine Pfeilspitzen in ihrem Blut, das für den Menschen ein tödliches Gift ist. Mit einem dieser giftigen Pfeile erlegt er Nessos, den Kentauren, der seine Frau belästigt. Sterbend rät der Kentaur der Frau des Herakles, sein Blut als Liebeszauber aufzubewahren, und die Kleidungsstücke des geliebten Mannes damit zu beträufeln, wenn sie seiner Liebe nicht mehr sicher sei. Dieser Augenblick kommt, und Herakles zieht nichtsahnend ein Hemd an, das auf seiner Haut zu brennen beginnt, und sich nicht mehr von der Haut lösen will. Herakles verbrennt bei lebendigem Leibe: um seine Qual abzukürzen, läßt er einen Scheiterhaufen errichten und bringt sich als Brandopfer den Göttern dar. Ein Blitz schlägt ein — der Leichnam des Helden ist verschwunden. Man sagt, er sei unsterblich geworden, und auch sein Sternbild ist am Himmel zu sehen, aber es ist dies eine andere Art von Unsterblichkeit als die des Dionysos, und sie wirkt nicht gerade einladend, so daß kein Mysterienkult sich entwickelte und man es bei dem Einzelschicksal dieses Widerstandskämpfers beließ. Beachten wir die Umkehrung des Verhältnisses von Haut/ Körpergrenze und Identität/ Wachstum: die Schlange wurde vor allem auch deshalb als heiliges Tier verehrt, weil es sich häutete — seine alte Haut-Identität loslassen und dadurch sich selbst erneuernd gebären konnte. Nun aber, da das Schlangenblut, sozusagen Informationsträger der Schlangenkraft, sich in Gift gewandelt hat, ebenso wie die Schlange zum Monstrum abgesunken ist, tritt die umgekehrte Wirkung ein: die Haut als Körpergrenze entzündet sich zwar, kann aber nicht abgestoßen werden und fordert so die Vernichtung des ganzen Menschen. Das heißt: Erneuerung wird unmöglich, weil die Identität des Menschen mit seiner Körpergrenze verwachsen ist und das Ich weder auf organischer Stufe noch auf der Bewußtseinsebene loslassen kann. Dieses Nicht-Loslassen-Können entspricht einem frühen Ich, das noch in der Trotzphase steckt, das lieber mit dem Widerstand des Unmöglichen ringt, sich daran abarbeitet, aufreibt und gerade in der Absurdität sich bewähren will. In „Prometheus Unbound" von Shelley und „Der Mythos von Sisiphos" von Albert Camus wird diese Thematik aufgenommen und stellt sich als spezifisch europäische Absage an die, zur Hingabe ratende, Erdmutterweisheit = Schlange dar.

Warum aber hat sich Zeus nicht Dionysos als Kämpfer gegen die Giganten ausgesucht? Warum hat er sie nicht verzaubern, betören, einlullen lassen vom göttlichen Tanz und Spiel? (Man denke an Krishnas Tanz auf dem Kopf der Schlange Kaliya!). Hier veranschaulicht sich der große Unterschied, der Ost und West trennt, und weist andererseits darauf hin, was die griechische und die jüdische Tradition vereint und als christliches Gedankengut unser westliches Bewußtsein bestimmt. Dem westlichen Gott scheint es an körperlicher Auseinandersetzung zu liegen, denn auch Namensgebung und Begründung des Volkes Israel als Volk Gottes verbindet sich mit der Geschichte eines Ringkampfes. Jakob wird nachts von einem unbekannten Gott, der aus dem nahen Fluß aufsteigt, zu überwältigen versucht, aber Jakob ringt mit ihm bis zum Morgengrauen und spricht jene bedeutenden Worte aus: „Ich lasse dich nicht, es sei denn, du segnetest mich." (Buch Exodus). So wird Jakob zu Israel umbenannt und sein Volk auserwählt. Jakob aber trägt als Zeichen des Von-Gott-Berührtseins eine lahme Hüfte davon, die ihn leicht hinken läßt. Den Bewegungsarchetypus des Hinkens finden wir bei mehreren Göttern, vor allem der Unterwelt, und besonders beim Teufel, der durch seinen Pferdefuß stark behindert ist. Man kann im Hinken den Durchbruch einer körper-eigenen, unwillkürlichen Bewegungsgestalt sehen. Es ist auch darauf hinzuweisen, daß es das einzige Mal im ganzen Alten Testament ist, daß sich Gott — der als Jahwe eifersüchtig über sein Monopol herrscht — nicht zu erkennen gibt, seinen Namen nicht angibt. So sagt auch Jakob später, er habe mit einem Gott gerungen. Die Nähe von Wasser läßt hier archaische Urgötter vermuten, die aus dem nächtlichen Unbewußten empordringen und im Traum ihre Existenz dem Bewußtsein aufzeigen, so daß dieses sich damit auseinandersetzen und die archaischen Elemente verarbeiten kann. Bezeichnenderweise war ein beliebtes Thema barocker Plastik die Laokoon Gruppe. Auch hier kommen die Urschlangen aus dem Meer, von Poseidon selbst gegen seinen trojanischen Priester ausgeschickt, als dieser vor der List des Trojanischen Pferdes warnt. Die hervortretenden Muskeln der im Todeskampf ringenden und letztlich überwältigten Männer entsprachen ganz dem barocken Lebensgefühl, das in aufgeworfenen Formen sich gestaltet. Aber das konvulsive Aufbäumen, das letztlich vergebens bleiben muß, drückt nicht Schlangenkraft und auch nicht Bauchweisheit, Hara, aus, sondern zeigt an, wie weit sich der europäische Geist schon davon entfernt hat.

Aber bevor wir im nächsten Kapitel über Christus uns erneut die Frage stellen, warum sich die Götter die sterblichen Menschen zu ihrem eigenen Schutz — und im Christentum zur Erlösung der Menschheit — erwählt haben, sei noch kurz ein Blick auf die griechische Philosophie geworfen, die nach der Hochblüte ihrer klassischen Phase in die nachklassische, hellenistische Lehre der Stoa einmündet. Von der Stoa ist den meisten nur die sprichwörtliche „stoische Gelassenheit" bekannt, die, geradezu buddhistisch, das Pathos, das zur Tragödie gehört, verweigert und zur A-pathie, — im Sinne von Phathos = Leiden — also zum Nicht-Leiden rät. Der negative Beigeschmack, den für uns das Wort Apathie hat, deutet darauf hin, daß mit dem Pathos auch die Möglichkeit des Bewegtseins, der Berührung, der Ergriffenheit verloren geht, und so wendet sich der Kirchenvater Lactans gegen die Stoiker Roms und fordert einen deus vivus, einen lebendigen Gott. Er ist es auch, der über die Gefühle des biblischen Gottes schreibt, und in dem ira dei, in dem Zorn Gottes (der bei Jahwe ja sehr ausgeprägt war) einen Beweis seiner Lebendigkeit und damit Überzeugungskraft sieht. Hier steht die philosophische Aufarbeitung des Verhältnisses von Gefühlsregung und Lebendigkeit im Vordergrund und ist für uns insofern interessant, als Herakles — wie Hermann Schmitz in seiner Philosophie des Leibes aufweist — als Held vor allem von den Stoikern beschlagnahmt wurde. Ohne hier weiter auf die sogenannte Tonus-Lehre eingehen zu können, sei vermerkt, daß der Tonus als in sich abgestimmte Harmonie sowohl im Muskelspiel (Herakles) als auch im Kosmos — der nicht als abgeschlossene Schöpfung sondern als bewegt, nämlich zwischen Expansion und Kontraktion oszillierend vorgestellt wurde — zum Wahrzeichen einer neuen, dem Menschen gemäßen Ausrichtung auf Balance wird. Es ist dies aber ein Gleichgewicht, das nicht durch mystische Einweihung oder glaubensbedingte Vermittlung von Dogmen sich erschließt, sondern einzig und allein durch Beherrschung: Körperbeherrschung ist da gemeint ebenso wie Selbstbeherrschung. Und beides wird erreicht durch Erkenntnis, die zu Können führt. Und doch zu Apathie?

„NUR WER TANZT, ERKENNT"

So soll Christus gesagt haben. Aber wer in der Bibel nachsieht, wird dieses Zitat nicht finden, da es dem Geheimen Johannesevangelium (24) entnommen ist. Doch gerade dieses Wort scheint mir hinsichtlich des Problems der Apathie und der Suche nach einem lebendigen Gott, die uns auch in diesem Kapitel beschäftigen sollen, wichtig. Ausgangspunkt für ein Verständnis des tanzenden Christus — von dem eben in jener apokryphen Schrift die Rede ist — sollen Passagen aus dem gnostischen Text des Geheimen Johannesevangeliums sein. Die Kirche hat sich immer wieder gegen diese Vorstellung und die mit ihr verbundene Legende, Christus hätte am Gründonnerstag mit seinen Aposteln einen Reigen aufgeführt (dessen Wechselgesang den Teil der Schrift ausmacht, der am häufigsten zitiert wird), verwehrt und in einem Konzeil 787 das ganze Evangelium als falsches Machwerk denunziert. Die Vorstellung vom tanzenden Christus jedoch hielt sich hartnäckig — die gnostische Schrift wurde wahrscheinlich mit anderen apokryphen Evangelien schon im 3. Jahrhundert als unorthodox verurteilt und zerstört. Die Schriften sind in neuester Zeit in Oberägypten — in koptischer Schrift verfaßt — aufgetaucht. Man nimmt an, daß die Zerstörung einem Kloster dort in Auftrag gegeben wurde und einer der Mönche die Geheimschriften in dem Krug und der Erdhöhle verbarg, in der sie 1945 durch Zufall wieder gefunden wurden. Das Geheime Johannesevangelium jedoch gelangte schon um die Jahrhundertwende einem deutschen Ägyptologen in die Hände. Die hier abgedruckte Version ist einer Ausgabe von 1904 entnommen. Lesen wir zunächst den Wechselgesang.

> Oft aber wollte ich, wenn ich mit ihm ging, zusehen, ob seine Fußspur auf der Erde sich zeigte — denn ich sah ihn von der Erde sich erheben — und erblickte sie nie. Und das alles erzähle ich euch, liebe Brüder, um euch zum Glauben an ihn gleichsam noch anzutreiben. Denn seine großartigen und wunderbaren Taten sollen für jetzt verschwiegen bleiben, da sie unaussprechlich sind und vielleicht überhaupt weder erzählt noch gehört werden können.
>
> Bevor er aber von den gesetzwidrigen Juden, die (ihr) Gesetz von einer gesetzwidrigen Schlange empfingen, ergriffen wurde, versammelte er uns alle uns sprach: Ehe ich jenen überantwortet werde, wollen wir dem Vater einen Lobgesang singen und dann zur Erfüllung dessen, was bevorsteht, hinausgehen. Also befahl er uns ei-

nen Kreis zu bilden und sagte, während wir einander an den Händen faßten, selbst in der Mitte stehend: Mit Amen antwortet mir! Sodann begann er einen Lobgesang zu singen mit den Worten:

Ehre dir Vater!
Und wir drehten uns im Kreise und respondirten ihm mit Amen.

Ehre dir, Wort! Ehre dir, Gnade! Amen.
Ehre dir, Geist! Ehre dir, Heiliger! Ehre deiner Ehre! Amen.
Wir loben dich, Vater. Wir danken dir,
Licht, in dem keine Finsternis wohnet. Amen.
Wofür wir aber danken, sage ich.

Gerettet werden will ich, und retten will ich. Amen.
Gelöst werden will ich, und lösen will ich. Amen.
Verwundet werden will ich, und verwunden will ich. Amen.
Gezeugt werden will ich, und zeugen will ich. Amen.
Speisen will ich, und gespeist werden will ich. Amen.
Hören will ich, und gehört werden will ich. Amen.
Gedacht werden will ich, der ich ganz Gedanke bin. Amen.
Gewaschen werden will ich, und waschen will ich. Amen.

Die Gnade tanzt den Reigen.

Flöten will ich, tanzet alle! Amen.
Klagen will ich, jammert alle! Amen.
Eine Achtzahl lobsingt mit uns. Amen.
Die Zwölfzahl tanzt oben den Reigen. Amen.
Dem All wird zuteil oben zu tanzen. Amen.
Wer nicht tanzt, erkennt das Bevorstehende nicht. Amen.

Fliehen will ich, und bleiben will ich. Amen.
Schmücken will ich, und geschmückt werden will ich. Amen.
Geeint werden will ich, und einen will ich. Amen.
Ein Haus habe ich nicht, und Häuser habe ich. Amen.
Eine Stätte habe ich nicht, und Stätten habe ich. Amen.
Einen Tempel habe ich nicht, und Tempel habe ich. Amen.
Eine Leuchte bin ich dir, der du mich siehst. Amen.
Ein Spiegel bin ich dir, der du an mich denkst. Amen.
Eine Tür bin ich dir, der du an mich klopfst. Amen.
Ein Weg bin ich dir, dem Wandernden. Amen.

Wenn du aber meinem Reigen Folge leistest, sieh dich in mir, dem Redenden, und wenn du siehst, was ich treibe, so verschweige meine Mysterien! Wenn du tanzest, bedenke, was ich tue, daß es dein (Leid) ist, dies Menschenleid, welches ich leiden will! Denn du könntest überhaupt nicht einsehen, was du leidest, wenn ich dir nicht vom Vater als das Wort (Logos) gesandt wäre. (25)

Der Text mutet fast taoistisch an und besticht durch rhythmisch-hypnotische Qualität der einfachen, eindringlichen Sätze, deren Verständnis sich nicht unbedingt einem analytisch-logisch folgernden Geist erschließt, sondern sich in der Form eines sich immer wiederholenden Sing-Sangs eher an das Unbewußte wandte, um dort seine Spuren zu lassen. Lesen wir jedoch weiter im Text, so kündigt sich die unverwechselbare Sprache der Gnosis — mutmaßlich eine Geheimlehre oder christliche Sekte (26) — an.

Von dem Triebe beseelt, klug zu werden, hast du in mir eine Stütze. Verlaß dich auf mich! Wer ich bin, wirst du erkennen, wenn ich scheide. Wofür man mich jetzt ansieht, das bin ich nicht. Du wirst es sehen, wenn du kommst. Wenn du das Leiden kennen würdest, würdest du das Nichtleiden haben. Erkenne du das Leiden, so wirst du das Nichtleiden haben. Was du nicht weißt, werde ich dich lehren. Ich bin dein Gott, nicht der des Verräters. In Harmonie will ich mit den heiligen Seelen vereint werden. In mir erkenne das Wort der Weisheit! Wiederum sage mir:
Ehre sei dir, Vater, Ehre dir, Wort, Ehre dir, heiliger Geist!
Wenn du aber mein Wesen erkennen willst, was ich war (so wisse):
Durch das Wort habe ich alles getäuscht und bin durchaus nicht getäuscht worden.
Ich hüpfte, du aber bedenke das Ganze, und wenn du es bedacht hast, sprich: Ehre sei dir, Vater! Amen.
Nach diesem Reigen, Geliebte, ging der Herr mit uns hinaus. Und wir sind wie umherirrend oder auch schlaftrunken der eine hierhin, der andere dorthin geflohen. Als ich nun ihn leiden sah, harrte ich auch nicht bei ihm im Leiden aus, sondern floh auf den Ölberg und weinte über das, was sich zugetragen hatte. Und als er am Kreuze (?) aufgehängt ward, war zur sechsten Tagesstunde eine Finsternis über das ganze Land eingebrochen. Und mein Herr stand mitten in der Höhle und erleuchtete sie und sprach: Johannes, dem Volkshaufen unten in Jerusalem werde ich gekreuzigt und mit Lanzen und Rohren gestoßen und mit Essig und Galle getränkt. Zu dir aber rede ich, und was ich rede, höre! Ich gab dir ein, auf diesen Berg zu steigen, auf daß du hörest, was der Jünger vom Meister erfahren muß und der Mensch von Gott. Und als er dies gesagt hatte, zeigte er mir ein festgemachtes Lichtkreuz und um das Kreuz herum einen großen Haufen, welcher eine Gestalt nicht hatte, und in jenem (Lichtkreuz) war einerlei Gestalt und gleiches Aussehen. Den Herrn selbst aber nahm ich oben auf dem Kreuze wahr; aber er hatte keine Gestalt, sondern nur eine Stimme, doch nicht die uns gewohnte, sondern eine ganz süße, gütige und wahrhaft göttliche, die da sprach zu mir: Einer muß von mir dies hören; denn eines bedarf ich, der es hören soll. Dieses Lichtkreuz wird von mir um euretwegen bald Wort genannt, bald Vernunft, bald Jesus, bald Christus, bald Tür, bald Weg, bald Brot, bald Same, bald Auferste-

hung, bald Sohn, bald Vater, bald Geist, bald Leben, bald Wahrheit, bald Glaube, bald Gnade.

Und so heißt es für Menschen. In Wahrheit aber an sich selbst betrachtet und in unserer Ausdrucksweise ist es die Begrenzung aller Dinge und die starke Erhebung des aus Unstetem Gefestigten und die Harmonie der Weisheit — und zwar die Weisheit in der Harmonie. Es gibt aber rechte und linke (Stätten), Kräfte, Gewalten, Herrschaften und Dämonen, Wirksamkeiten, Drohungen, Zornausbrüche, Teufel, den Satanas und die untere Wurzel, von welcher die Natur des Entstehenden hervorging. Das Kreuz also ist es, welches das All durch das Wort sich zusammenfügte und das Reich der Entstehung und das Untere begrenzte, dann auch als die Einheit alles quellen ließ. Nicht das Kreuz ist es, welches du sehen wirst aus Holz gezimmert, wenn du von hier hinabkommst. Auch bin ich, den du jetzt nicht siehst, sondern dessen Stimme du nur hörst, nicht der auf dem Kreuze. Was ich nicht bin, dafür galt ich, der ich nicht bin, was ich für viele andere war; sondern was man von mir sagen wird, ist niedrig und meiner unwürdig. Da man also die Stätte der Ruhe weder sieht noch nennt, wird man viel weniger mich, ihren Herrn, sehen (oder nennen). Der (nicht) einförmige Volkshaufen aber um das Kreuz herum ist die untere Natur. Und wenn auch die, welche du im Kreuze siehst, (noch) nicht eine Gestalt haben, so bedeutet das, daß noch nicht jedes Glied des herabgekommenen (Herrn) zusammengefaßt worden ist. Wenn aber der Menschen Natur und ein sich mir näherndes Geschlecht, das meiner Stimme folgt, aufgenommen ist, wird der mich jetzt Hörende mit diesem vereint werden und nicht mehr sein, was er jetzt ist, sondern über ihnen stehen, wie auch ich jetzt. Denn solange du dich noch nicht mein eigen nennst, bin ich nicht das, das ich war. Wenn du aber mich verstehst, wirst du als Verstehender sein wie ich, ich aber werde sein, was ich war, wenn ich dich bei mir habe. Denn von mir bist du — (nämlich) das (was ich bin). Darum kümmere dich nicht um die große Menge und verachte die, welche außerhalb des Geheimnisses stehen! Erkenne nämlich, daß ich ganz beim Vater bin und der Vater bei mir!

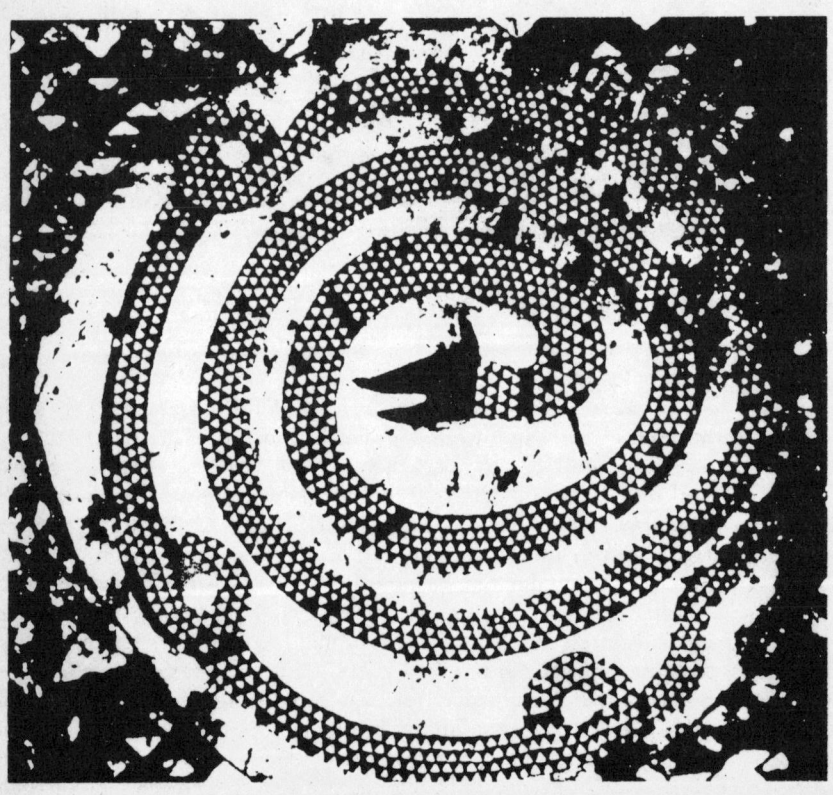

Nichts also von dem, was man von mir sagen wird, erlitt ich, sondern auch jenes Leid, welches ich dir und den übrigen im Reigentanz zeigte, will ich Mysterium genannt wissen. Denn was du bist, siehst du, das zeigte ich dir. Was ich aber bin, das weiß ich allein, sonst niemand. Das Meine also laß mich haben, das Deine aber sieh durch mich! Mich aber sieh wirklich, nicht (was) ich, wie ich sagte, bin, sondern was du als Verwandter erkennen kannst. Du hörst, daß ich litt, während ich nicht litt, daß ich nicht litt, während ich litt, daß ich gestochen ward, ohne geschlagen zu werden, aufgehängt, ohne aufgehängt zu werden, daß Blut aus mir floß und floß (doch) nicht, kurz daß ich, was jene von mir sagen, nicht gehabt habe, was sie aber nicht sagen, gelitten habe. Was das aber ist, deute ich dir an; denn ich weiß, daß du (es) begreifen wirst. Erkenne mich also als des Logos (Wortes) Ruhe, als des Logos Stechen, als des Logos Blut, als des Logos Verwundung, als des Logos Hängen, als des Logos Leid, als des Logos Feststecken, als des Logos Tod! Und so halte ich den Menschen in meiner Rede getrennt. Zuerst also erkenne den Logos, dann wirst du den Herrn erkennen, zu dritt den Menschen und, was er gelitten hat.

Als er dies zu mir gesprochen hatte und noch anderes, was ich nicht, wie er will, zu sagen weiß, wurde er, ohne daß jemand aus dem Volke ihn sah, aufgenommen. Und als ich hinabgestiegen war, lachte ich über jene alle, da er mir gesagt hatte, was sie über ihn geredet haben; nur das beherzigte ich bei mir, daß der Herr alles symbolisch und heilsordnend zu des Menschen Bekehrung und Rettung veranstaltete.

So haben wir denn, liebe Brüder, des Herrn Gnade und seine Liebe zu uns geschaut; darum laßt uns ihn anbeten, da wir von ihm Mitleid erfuhren, aber nicht mit Hand und Mund und Zunge und überhaupt mit keinem Organe des Körpers, sondern mit der Stimmung der Seele, ihn, der ein Mensch ward ohne diesen Leib! (27)

Ohne hier weiter auf theologische Streitfragen eingehen zu können, soll hier vor allem der Bezug zu Tanz und Transformation hergestellt werden, und dieser ergibt sich durch die Problematik des Leidens, die hier nicht umsonst in Verbindung mit einem rituellen Tanz thematisiert wird. Das Wort Leiden bedeutet im mittelhochdeutschen Sprachgebrauch als Verb zunächst noch nicht Leiden, wie wir es heute verstehen, sondern im Sinne von Erleiden, Empfangen, Erfahrung machen (etwas von dieser Bedeutung schwingt noch in der Wendung „jemanden gut leiden zu können" mit). Die Sinnverschiebung deutet eine Tendenz an, in der schmerzvollen Erfahrung etwas zu sehen, was unbedingt vermieden werden muß, wenn man sich glücklich nennen will. Glück besteht also in der Vermeidung von Schmerz. Die Suche nach Glück ist eine Optimierungsstrategie, die sich an der Erfüllung von Wunschzielen mißt und nicht nur Schmerz, sondern auch Leere, Nicht-Wissen, Nicht-Können ausklammert, also ganz von einer Heilserwartung bestimmt wird, die mehr einer Heilsberechnung gleichkommt, das heißt, Heil erfüllt sich, wenn die Rechnung aufgeht. Das Mysterium, das Christus seinen Jüngern zeigt, besteht in der Gegensätzlichkeit der intensiven Erfahrung, wo, wie wir wissen, Glück und Leid, Lust und Schmerz, Wunsch und Angst nahe beieinander liegen, und es kein entweder-oder gibt. Das ist die Ruhe des Logos aber auch seine Verwundung. Denn setze ich Logos im Gegensatz zu Eros, erkennendes Wissen im Gegensatz zu unbewußtem Streben nach Vereinigung, so heißt dies, daß der Erkennende in der Erkenntnis der Gegensätzlichkeit ruhig ist, aber gleichzeitig sich der Erfahrung nicht entziehen kann, wenn er erkennen will. Das ist seine Verletzlichkeit und zugleich seine Öffnung. Die rätselhaften Worte der Gnosis vermitteln mir oft den Eindruck stoischer Gelassenheit und zugleich von dem Wissen um Ekstase, die die Gegensätzlichkeit der emotionalen Pole aufhebt, indem sie beide Pole zuläßt: nicht nur Erfahrung macht, sondern durchmacht, Erfahrung als notwendigen Durchgang betrachtet. Soll Energie fließen, so kann keiner der Pole außer Acht gelassen werden. Darin ist das Mysterium der ekstatischen Erfahrung dem Tanz verwandt, der ja auch im Zwischendrin, im Wechsel der Formen seine eigentliche Gestalt findet. „Apathie" (wie sie den Gnostikern auch diesbezüglich vorgeworfen wurde, insofern sie den Märtyrertod, dem Tausende und Abertausende von Christen zum Opfer fielen, ablehnten) und ekstatisches Pathos mischen sich in wunderlicher, ergreifender Weise. Stoisches Wissen um die Dinge — und auch um die Gegensätze — ebenso dionysisches Übermaß, das die Gegensätze zusammenschmelzen läß, ist aber für eine junge Kirche, die als Volks- und Staatsreligion die Verantwortung für die ethische Erziehung der Massen übernommen hat, zu bedrohlich, denn gerade an den Gegensätzen veranschaulicht sich die Praxis, die zwischen gut und schlecht, richtig und falsch unterscheidet, am meisten. Der ehtische Wert, das soziale Bewußtsein auf der richtigen Seite zu stehen, gut zu sein, hat sicher viele Christen freudig in den Tod gehen lassen. Erstaunliches wird von ihnen berichtet — sie seien singend den Löwen, denen sie zum Fraße vorgeworfen wurden, entgegengeschritten. Die Bestien hätten sich abgewandt, so daß andere Vernichtungsmethoden dieses blutrünstige Schauspiel hätten ersetzen müssen. Die Langlebigkeit körperlich zarter Wesen — Frauen, Kinder, Alte — wird staunend in den Berichten hervorgehoben. Der glorienreiche Märtyrertod, der so vor großer Öffentlichkeit die Überwindung der Todesangst bezeugte, zog immer mehr Menschen in seinen Bann. Die Kirche, trotz aller Verfolgungen, wuchs täglich. — Oder war es gerade deshalb? Das labile Gleichgewicht zwischen Leben und Tod schien besonders anzuziehen, und es ist eine Tatsache, daß in dem Augenblick, als die Kirche erlaubt war und an die Öffentlichkeit trat, das labile Gleichgewicht sich also zugunsten eines stabilen errichtete, die Ekstase in den Untergrund wanderte und schon bald, anläßlich der verbotenen Tänze an den Gräbern der Märtyrer (siehe Kapitel über die Tanzwut) von sich reden machte.

„WER FINDET, WIRD ERSCHÜTTERT SEIN"

Eine weitere gnostische Schrift, das Thomasevangelium, enthält diese Worte, die von dem bekannten Zusammenhang „Wer sucht — der findet" ausgehen, aber zu einer überraschenden Wendung führen:

> Wer sucht, der soll nicht aufhören zu suchen
> bis er findet. Und wenn er findet, wird er
> erschüttert sein. Er wird sich wundern
> und herrschen über das All. (28)

Wer die Erklärung dieser Worte findet, schreibt Didymos Judas Thomas, der sich als Verfasser angibt, wird den Tod nicht kosten.

Hier soll vor allem auf den Begriff der Erschütterung eingegangen werden, wobei es eine Erschütterung ist, die zu einer Gleichwertigkeit (nicht Gleichgültigkeit!) überleitet: ein Wundern, wie wir es als trance-haften Zustand des Loslassens aller Wertungen kennengelernt haben, tritt ein und ist nicht Ausdruck von Hilflosigkeit, sondern von Herrschaft über das All. Das Tremendum wird erhöht zum Schlüsselerlebnis, es ist Bedingung für All- und Allesverbundenheit, für Todesüberwindung.

Nur wer durch die Erfahrung des Suchens hindurchgeht, wird finden — es geht nicht darum etwas zu finden, sondern das Finden als Gegenpol, als andere Seite des Suchens zu begreifen, und diese Erfahrung der Gegensätzlichkeit ist eine erschütternde Erfahrung. Nur von solch einem Menschen kann Paulus sagen: „So jemand ist in Christus, so ist er eine neue Schöpfung. Das Alte ist vergangen, etwas Neues ist geworden" (29), einem Menschen, der durch das Schlüsselerlebnis der Erschütterung gegangen ist, und nur ein solcher Mensch wird verstehen, daß das Wesen der Liebe Gottes unermeßlich, das Maß Gottes das Übermaß des Menschen ist.

Jesus, der Menschensohn, und zugleich Sohn Gottes, wird nun Fleisch, um das göttliche Maß dem Menschen zu vermitteln. Jesus sagt: „Ich bin der Weg, die Wahrheit, und das Leben. Es kommt keiner zum Vater, es sei denn durch mich". Ich bin das Leben — das heißt: Ich bin das Maß der Lebendigkeit. Eine solche christliche Lebendigkeit ist besonders als Durchkreuzung der Lebensgewohnheiten zu sehen: Christus als Drachentöter ist ein Symbol für lebendige Gegenwart, insofern der Uroboros nämlich nicht nur eine zyklische Zeit, die sich an der rhythmischen Wiederholung natürlicher Ereignisse orientiert versinnbildlicht, sondern auch den Regelkreis der Gewohnheiten, die durch festeingefahrene Bahnen ihre eigene Gesetzmäßigkeit beanspruchen. In der antiken Welt war Pan jener lebendige Gott, der durch heilsame Erschütterung, nämlich panischen Schrecken, die Gewohnheiten aufrüttelte. Daß die Erinnerung an die göttliche Heilsamkeit eines solchen Schreckens bald verblaßte, zeigt, daß die Gestalt Pans mit seinen Hörnern und Bocksfüßen (weshalb er übrigens sofort von seiner Mutter verlassen wurde) zu mittelalterlichen Teufelsdarstellungen herhalten mußte. Pan lebte in der Natur, und die Natur war es auch, die den menschlichen Gewohnheiten einen Strich durch die Rechnung machte, sie zur Ehrfurcht vor dem Ungewohnten, Ungewöhnlichen, dem, was sich der Beherrschung entzog, aufrief. Auch Eros (der später zur niedlichen Puttengestalt des Cupido herabsank) war ursprünglich eine solche Naturgewalt, in der das Göttliche erfahren wurde und von dem Sappho dichten konnte: „Schon wieder schüttelt mich der gliederlösende Eros, bittersüß, unbezähmbar, ein dunkles Tier." Pan wie Eros sind Naturgewalten, die gegensätzliche Gefühle auslösen: Begierde und Erschrecken, Lust und Angst — bittere Süße. Aber die Gegensätzlichkeit der Erfahrungen führt hier nicht zu einem höheren Bewußtsein, sondern bleibt im Bereich der tierhaften Überwältigung, bleibt Reflex. Bei Tacitus wird von einer seltsamen Legende berichtet: So soll ein griechischer Schiffer namens Palodes, der an den ionischen Küsten entlangfuhr, aus dem Nichts eine Stimme vernommen haben, die ihm befahl, den Tod eines großen Gottes Pan in der Welt zu verkünden. Dies geschag etwa 50 n. Chr. Pan ist also tot. Oder lebt er in der geheimen Lehre Christi weiter, an die antike Erlebniswelt anknüpfend, zu einem neuen Bewußtsein und einer neuen Erlebnisqualität, einem Gefühl „aus Christus zu leben" überführend?

Ganz im Gegensatz zur Gemessenheit des kultischen Reigentanzes, den wir ebenfalls schon in der Antike kennenlernten, und der als Vehikel ganz der gemessenen Lehre vom Leiden/ Nicht-Leiden entsprach, sei nun noch auf den Tanz in der Bibel eingegangen. Dieser ist, im Falle des tanzenden Davids (30) und auch der in Begleitung von Pauken tanzenden Miriam (31) ein Freudentanz und gehört dem Bereich des Unwillkürlichen an. Davids Tanz ist offensichtlich so unwillkürlich und so übermäßig, daß seine Frau sich für ihn schämt. Sie aber — nicht er — wird bestraft, und zwar mit Unfruchtbarkeit.

Der Freudentanz ist auch das Thema von zwei Chassidim-Geschichten, wie sie von Martin Buber gesammelt wurden (32). Im „Dreimaligen Lachen" folgt ein zwerchfellerschütterndes Lachen auf die geäußerten Ängste des kleinen Mannes, der zum Rabbi kommt und seinen Freudentanz, den er mit seiner Frau zusammen veranstaltet hat, bereuen will. Der Rabbi erklärt ihm — nachdem er sich ausgelacht hat — daß eine Freude vor Gott, und sei sie noch so übermäßig, nie Sünde sein könne, denn — das ist meine Interpretation — das Übermaß entspricht Gott. Im „Tanz des Großvaters" siegt der Tanz, der als „Einigung" bezeichnet wird, über die „Klärung". Dies ist ein Begriff aus dem Ostjudentum, der in etwa den Versuch, Probleme durch diskursive Logik, Frage und Antwort, zu lösen, kennzeichnet. Einigung, Vereinigung — das ist Religiosität im Zeichen des Eros, nicht des Logos. Das Übermaß des biblischen Gottes ist jedoch noch emotional gefärbt — mal ist es dröhnendes Lachen, mal flammender Zorn. Christus aber bewirkt durch seinen Opfertod, der stellvertretend für die ganze Menschheit, die sich zu Christus bekennt, gilt, eine Läuterung des göttlichen Übermaßes, das nun nicht mehr an Gefühle gebunden ist. Die Menschheit soll von nun an von dem alten Opferdenken und -handeln des Sacrificiums befreit sein. Es geschieht eine heiligende, läuternde Überhöhung des Unwillkürlichen, das dem Menschen in sich selbst ein Sanktuarium eröffnet: mit Christus kommt nicht nur die heute für uns verbindliche Zeitrechnung in die Welt, die zwischen einem Vorher und einem Nachher unterscheidet und unsere Geschichte auf das einmalige Ereignis der Fleischwerdung Christi hin ausrichtet, sondern ein neues Prinzip des Hier und Jetzt, dem Schnittpunkt zweier Ebenen, der der Lebensgewohnheiten, und der Erlebnistiefe des Augenblicks. Jederzeit ist es möglich, Abschied zu nehmen von der alten Form der Gewohnheiten, Altes loszulassen, Neues zuzulassen, sich auf das Leben einzulassen. Durch das Christusbewußtsein, das den Kontrollverlust in der Erschütterung, im staunenden Wahrnehmen und Sichwundern heiligt, entsteht eine innere Führung, die die Beherrschung des Alls verspricht, wobei jedoch kaum eine Unterwerfung des Alls, vielmehr eine Allverbundenheit durch ekstatische Hingabe gemeint ist. So ist wohl auch das Christus-Wort: „Wer sein Leben behalten will, wird es verlieren. Und wer sein Leben verliert um meinetwillen, wird es gewinnen" zu verstehen. Es ist dabei wichtig, hier die grundsätzliche Neuerung im Gegensatz zu sowohl dem antiken wie auch dem biblischen Prinzip der Überwältigung zu erkennen. Hier geht es um eine bewußte Entscheidung, die in jedem Augenblick gefordert ist, um eine ganz neue Wachheit, die nur dem Menschen und keinem der alteingesessenen, in sich selbst ruhenden und in ihrer Selbstverständlichkeit gefangenen Götter zukommt. Deshalb wendet sich Zeus an einen Sterblichen, Herakles, deshalb schickt Gott Vater seinen Sohn. In der Hindu-Mythologie wird erzählt, die Götter erschaffen die Menschen in der Hoffnung, diese könnten sie von ihrer Langeweile befreien, sie, die Geschöpfe, könnten ihre Schöpfer erkennen, denn auch Gott ist getrieben von der Begierde nach Selbsterkenntnis. Dieser östliche Gedanke hat sich mit der westlichen Vorstellung eines vollkommenen Gottes schwer vereinigen lassen, ist aber in die Mystik etwa eines Meister Eckehardts eingegangen, und hat, wie das nächste Kapitel zeigen wird, als Geheimwissen doch seinen Einfluß auf das europäische Gedankengut gehabt.

JÜNGSTES GERICHT, UND EINE WELT, DIE TANZT

Im Tarot, jenem Kartenspiel, in dem die Priester des legendären Landes Mu ihr Wissen, um es der Nachwelt zu übertragen, in Bildern festlegten und es dem Laster des Spiels anvertrauten, da sie dieses als Unkraut, das nicht vergeht, einschätzten, finden wir im Großen Arkana zweiundzwanzig Bilderkarten, von der jede eine besondere Bedeutung hat. Jede Karte entspricht einem Buchstaben des hebräischen Alphabets, und vereint in sich über das Wissen der Kabbalah hinaus ein Geheimwissen verschiedenster Art, besonders aber der babylonischen und ägyptischen Magie. Hier finden wir einen erstaunlichen Übergang von der Karte des Jüngsten Gerichts der die Karte der Welt, auch „Alles in Allem" genannt, folgt. Mit dem Jüngsten Gericht verbindet sich gewöhnlich die Vorstellung, daß nun, da die Erde bebt, sich geöffnet und die Toten entlassen hat, die aus ihren Gräbern steigen, um vor Gottes Antlitz zu treten, das Gericht folge, das deshalb als jüngstes bezeichnet wird, weil es den Abschluß der Schöpfung bildet. Die Schöpfung endet also mit einem Erbeben der Erde, und auch die Gestirne geraten außer Rand und Band. Damit ist die Gesetzmäßigkeit der Zeit, wie sie am dritten Tage zusammen mit dem Kreisen der Gestirne in die Schöpfung eintrat, aufgehoben. Chaos, wie es vor der Schöpfung herrschte, kündigt sich mit dem Ende der Zeiten an.

Das Gericht aber schafft wieder Ordnung, indem es die Menschheit in Gut und Böse aufteilt und höchstens die Grauzone des Fegefeuers erlaubt. Moderne Theologen versuchen die Strenge und Unerbittlichkeit dieser Ordnung lieber nicht zu erwähnen, aber die frühmittelalterliche Frömmigkeit ergötzte sich an zahlreichen romanischen Darstellungen, die der Höllenvorstellung etwa Gregors des Großen durchaus entgegen kamen, und der Frohen Botschaft als einmaliger Gelegenheit, dem Sündenpfuhl der Welt zu entfliehen, Nachdruck verliehen. Die Hölle gleicht einem riesigen Moloch, der gierig seinen Schlund aufsperrt, bereit, alle die, die sich Gottes Nähe nicht würdig erwiesen haben, in seinen Tiefen aufzunehmen. Der Fall in die Hölle, der den endgültigen Abfall von Gott symbolisiert, läßt die Verdammten ganz aus der Fassung geraten. Sei es der Schreck, der Widerstand, die Rebellion – im Gegensatz zu den ordentlich gruppierten Seligen und Engeln zeichnen sich die Verdammten durch Vereinzelung, wirres Durcheinander der Körper und ausladende Bewegungen, vor allem durch weit gespreizte Beine und nacktes Fleisch aus. Auch die Teufel, die schadenfroh herbeieilen, machen eitle Sprünge, blecken die Zähne, schwingen die Arme im Triumph. Das Foltergerät, mit

dem die Hölle reichlich ausgestattet ist, hat insbesondere die Aufgabe, die Körper zu zwicken, zu stopfen, auseinander zu nehmen. Die Höllenhitze, die die Poren öffnet, den Schweiß treibt, das feurig sich entzündende Rot, das auflodernd das erschreckende Geschehen aus dem Schwarz des Abgrunds hervortreten läßt — all dies mag bei dem Betrachter ein wollüstig weitendes, anschwellendes Körpergefühl auslösen. Auf den Verlust des Heiles, der einem Verlust der ganzheitlichen Verfassung und Fassung, im Sinne von Körperbeherrschung gleichkommt, folgt unbeherrschte Weitung, die zum Zerreißen, Zerplatzen, zur Zerstückelung führen muß. Das Unwillkürliche, das also durch den Kontrollverlust ausgelöst wird, führt zur heillosen Desintegration die zwar irreversibel ist, aber nie als Endergebnis gezeigt wird, da die Pein der Desintegration ja ewig andauern soll, also als endloser Prozeß dargestellt werden muß. Aber nicht nur Verdammte, auch Heilige scheinen Einblick in diese Desintegrationsprozesse zu haben. Tatsächlich mögen die Heimsuchungen, wie sie etwa dem heiligen Hieronymos widerfuhren, sich ähnlich wie LSD-Trips ausgenommen haben, und ihre beredte Darstellung in der bildenden Kunst läßt einen konkreten Vergleich mit den zornigen Gottheiten Tibets zu.

Alles deutet auf einen Zustand hoher energetischer Ladung hin: hier wird der Heilige an den Haaren gezogen, dort stehen die Haare in Flammen. Die Luft ist voll schwirrender, flimmernder Unruhe, gebiert Chimären, droht jeden Augenblick Feuer zu fangen, als hochexplosives Gemisch die Welt mit ihrer Sprengkraft in Nebel, Rauch, in Nichts aufzulösen.

Die Seligen sind entspannt. Die Erschütterung hat sie geläutert. Das Rad der Zeitenbewegung ist zum Stillstand gekommen, Gottes Mühlen mahlen nicht mehr. Von Buddha wird gesagt, er habe das Rad des Schicksals angehalten, in anderen Versionen eilen die Hindu-Götter herbei, um Buddha zu feiern, durch den nun zum zweiten Mal in Indien das Rad der Weisheit bewegt worden wäre. Buddha sagt zu seinem Schüler, so leise, daß es die Götter nicht hören können — denn es überstiege ihre Erkenntnisfähigkeit —: „Es gibt nichts zu bewegen. Es hat sich nichts bewegt. Es gibt also auch nichts, was angehalten werden könnte" (33). Buddha hat die Mitte erreicht, wo Zeit aufhört, Bewegung aufhört.

Frühromanische Abbildungen zeigen Christus als Kyrios, als Herren, dessen Herrschaft aber nicht willkürlich, sondern unwillkürlich ist. Denn zu seinen Füßen lagern sich die überwundenen Götter des Unbewußten, die Ureltern Oceanos und Gaia. Der Faltenwurf seines Gewandes, der sich in einem spiralenförmig geordneten Wirbel um seinen Bauch legt, zeigt die Bedeutung an, die diesem, als Sitz des Unwillkürlichen, zukommt: er ist der Nabel der Welt. Die Engel verkreuzen ihre Flügel, die Gläubigen verharren in Anbetung. In byzantinischen Darstellungen verraten die leicht angehobenen Füße der ansonsten bis in den Faltenwurf gleich gegliederten Engelsgestalten einen Reigentanz. Ohne Zweifel handelt es sich hier um den Reigen, der die Harmonie der Welten, die Große Ordnung Gottes symbolisiert und an dem die Seligen im Paradies, so in Dantes Göttlicher Kommödie, teilnehmen dürfen. „Ordnung", sagte Beatrice, die Dante in die himmlischen Bereiche führt, „hält die Dinge miteinander verknüpft, als DIE Form sich zu künden, als die Gottähnlichkeit die Welt zu durchdringen." (34) Und Beatrice selbst fügt sich wieder in diesen Reigen ein, „ ... wandte sich wieder in der Sterne Schwung und Drehen". (... per la rota, in che si mise.) Wenn es im christlichen Bereich um sakralen Tanz geht, ist diese Urform des Reigens gemeint, der auch für die neuplatonischen Philosophen wie etwa Plotin zum Symbol der Wohlgeordnetheit der Welt wird. In diese Vorstellung der Harmonie mischt sich die Vorstellung von Gott dem Baumeister, der gewissenhaft mit dem Zirkel die geschaffene Welt vermißt (34). Gott setzt das Maß der Bewegung — aber gibt es etwas, daß ihn bewegen kann? Und erlaubt der himmlische Reigen eine unwillkürliche Regung? Wohl kaum — erinnern wir uns: die Erschütterung der Gestirne (und auch des Menschen) kündigt das Ende an.

Zwar versichert Dante all denen, die das Lebendige in der Hölle vermuten und sich vor der Langeweile des Himmles fürchten, es erwarte sie unaussprechliche Wonne, die jede Vorstellungskraft übersteige, aber allein die Tatsache, daß eine solche Beteuerung notwendig wird, läßt vermuten, daß einige Zeitgenossen Dantes nicht seine — noch ganz mittelalterliche — Frömmigkeit teilen konnten. Etwas liegt in der Luft. Das sinnliche Ereignis der leicht bebenden, rauschenden Flügel der zwei Seraphim, die im Duett sich erzitternd, in steigerndem Erstaunen das unermeßliche Lob Gottes, das Sanktus, Sanktus zusingen, kündet in Monteverdis Marienmesse eine neue Form himmlischer Bewegung, eine Bewegtheit an: Erregung wird spürbar, energetische Aufladung bahnt sich an, das Gotteserleben löst sich aus der Gemessenheit der Einordnung und läßt die unwillkürlichen Bewegungen der Ergriffenheit, Zittern, Beben, Schwingen zu: die Schwingen der Engel bevölkern den Himmel (man denke an die spätgotisch bewegten farbig schillernden Engelsflügel Grünewalds) und symbolisieren einen Bewußtseinszustand, von dem die Mystiker in ihrer Gottes-Schau berichten: im mystischen Erleben Gottes ist die ganze Welt in Schwingung versetzt. Indem die Gegensätze von Himmel und Hölle, Leben und Tod, Spannung und Entspannung etc. in die Welt hineingenommen werden, entsteht ein energetischer Fluß: Tanz. — Die Welt tanzt. Auf die Erschütterung des Jüngsten Gerichts, auf den Augenblick der Wahrheit folgt der Tanz der Welt. Eine weibliche Figur tritt anmutig gelassen aus dem Zirkel des Uroboros heraus: mater-matrix-materia. Die babylonische Hure, die Urschlange Eva, die Große Mutter, Frau Welt, die lockt und reizt, die Erde, das Fleisch, der Stoff — der Urgrund tanzt, und wird zum Ursprung eines neuen Bewußtseins, das sich in den Worten Kazantzakis ausdrückt: „Nicht nur Gott ist es, der uns retten wird, sondern wir sind es, die Gott retten werden, wenn wir kämpfen und den Stoff in Geist umwandeln". (35) Eine ähnliche Bewegung der Erschütterung, des Tremendum, hier Schaudern genannt, ist bei Goethe zu finden.

> Doch im Erstarren such ich nicht mein Heil
> Das Schaudern ist der Menschheit bestes Teil
> Wie auch die Welt ihm das Gefühl verteure
> ergriffen, fühlt er tief das Ungeheure.
> (Faust II)

Auch hier ist es das Ewig-Weibliche das hinanzieht und ein neues Bewußtsein eröffnet. Und das Bild der aufstrebenden und hinanziehenden Kraft ist letztlich in der Joga-Vorstellung der Kundalini-Schlange wiederzufinden: eine weibliche Energie, die sich in Materie verdichtet, materialisiert hat und in ihrer zusammengerollten Form an der Wurzel des Menschen wartet, bis dieser sie erweckt — bis er erkennt, daß Materie nicht Materie, sondern Materialisation, ein Prozeß, ein Tanz ist. Dann rollt sie sich auf und steigt hoch, um sich mit dem Sitz des Bewußtseins zu vereinigen, sich zu entmaterialisieren: Energie zu werden, reiner Tanz, von dem in den Upanishaden gesagt wird:

> Wenn der Tanz beginnt, ist da nur der Tanz
> und keine Tänzer mehr.

Der Tanz ist die Form, die besonders in der östlichen Mythologie und Weisheit immer wieder gewählt wird, um den Umwandlungsprozeß von Stoff in Geist, der den letzten Schritt in der Bewußtseinsentwicklung des Menschen und auch die letzte Karte des Tarots bestimmt, zu veranschaulichen. Shiva vereint sich mit Shakti, unbewegter Geist vereint sich mit alles bewegender

Energie. Wenn wir uns von den herkömmlichen christlichen Vorstellungen, die Jüngstes Gericht und Endzeit betreffen, leiten lassen, so mögen wir zunächst in der Auflösung der Materie eine Aufforderung zu Entmaterialisation, das heißt einer Entkörperung, — Exkarnation — sehen. Das mystische und das östliche Bewußtsein jedoch meint mit dem Bild der tanzenden Materie eine Auflösung von Tatsache — als statisch verdichteter Unabänderlichkeit — zugunsten von Geschehen, Tanz, wobei die Tatsache nicht für sich und vereinzelt gesehen, sondern in Bezug gebracht, in Verbindung gesehen, dynamisch aufgelöst wird: Gott wird erlöst durch die Verflüssigung der Welt.

TANZ UND RELIGION

„Mit dem Liebesjünger an der Brust Jesu ruhend, durfte sie den beseligenden Pulsschlag des göttlichen Herzens empfinden. Da fragte sie Johannes, warum er von dem göttlichen Pulsschlag, den er so kennen gelernt habe, nie etwas berichtet und nie auch nur etwas 'zu unserem Fortschritte aufgeschrieben habe'. Es wurde ihr die Antwort zuteil: 'Meine Aufgabe war es, für die noch junge Kirche ein Wort von dem unerschaffenen Wort Gott Vaters zu schreiben. Die beredte Sprache jener Pulsschläge aber ist der Jetztzeit aufgespart, 'reservata est moderni tempori', damit die schon alternde und in der Liebe Gottes erkaltende Welt sie vernehme und wieder erwärmt werde'. "(36)

D ies ist die mystische Vision der heiligen Gertrud, und die modernen Zeiten, von denen die Rede ist, sind um das Jahr Tausend anzusiedeln. — Ein Zeichen, daß die „Jetztzeit" der Mystiker nicht als historische Zeit zu deuten ist. Die Nähe Gottes, seine beseligende Allgegenwart erleben zu lassen, ist nicht Sache der Philosphie, sondern der Religion (Religion von lat. religere = wieder anknüpfen, rückbinden). Der Tanz als Bild der Verflüssigung, Vergöttlichung der Welt ist in vielen Religonen thematisiert worden, obwohl er als Praxis heute, soviel ich weiß, ausschließlich mit dem Bereich der Trance in Zusammenhang gebracht wird. Bestes Beispiel für einen Tanz, der nicht als Trance-Induktion gedacht ist und trotzdem die Nähe Gottes beschwört, ist der Tanz Krishnas mit den Gopi-Mädchen. Krishna ist eine Inkarnation der Hindu-Gottheit Vishnu, des Erhalters. (Er nimmt die mittlere Stellung in der Trinität Brahman-Vishnu-Shiva ein.) Die Zeit seiner Inkarnation als Krishna, der als bezaubernder Jüngling voller erotischem Charme und Schmelz beschrieben wird, fällt in die Zeit der europäischen Minnelieder und Troubador-Gesänge. Ebenso wie die frühe europäische Mystik sich ganz an der

herzinnigen Unmittelbarkeit der Minne orientiert, so entstehen in Indien Krishna-Legenden, die die erotische Vereinigung zwischen Mensch und Gott sehr anschaulich schildern, und die Gottesverehrung in Form von „bhakti" ganz auf liebende Hingabe, Aufgehen in Gott richten. „Die Seele tanzt mit Gott" (37) ist die Umschreibung für die lustvolle und geradezu körperliche Vereinigung mit Gott, die meist von weiblichen Mystikerinnen angesprochen wurde. Wie aber gelingt es Gott, für alle, die ihn begehren, gleichzeitig da zu sein? haben sich wohl die Inder, die ein pragmatisches Verhältnis zur Sexualität haben, gefragt, und so ist die Geschichte von Krishna und den Gopi-Mädchen entstanden: Sie alle begehren ihn, umzingeln ihn, als er einmal unbedacht seines Weges durch den Wald geht und auf seiner Flöte spielt. Sie reißen ihm fast die Kleider vom Leib — da geschieht das Wunder: jede meint, sie habe ihn ganz für sich. Krishnas Tanz ist eine Vervielfältigung seiner göttlichen und doch persönlichen Erscheinung. Allerdings beläßt er es nicht bei dieser beseligenden Erfahrung, denn die Gopi-Mädchen werden sich plötzlich sehr wohl des Tricks bewußt, und bekommen sich gegenseitig in die Haare, weil jede von der anderen meint, sie habe ihn ihr weggenommen. Ein für die christliche Mystik undenkbarer Gedanke!

Auf den oben schon ausführlich behandelten Reigentanz — der wohl auch in die katholische Liturgie einging und sogar als Tanz selbst in den mittelalterlichen Kathedralen zu festlichen Anlässen aufgeführt wurde (38) — soll hier nur noch einmal kurz eingegangen werden, insofern er kein Trance-Tanz ist, sondern im Gegenteil, die Anpassung des Menschen an die Zeitstruktur, die von dem Tanz der Gestirne bestimmt ist, zelebriert. Hierbei ist es wichtig zu wissen, daß es vor der chronologischen Zeit (die z. B. in der Antike zur Gottheit an sich erhoben wurde) ein noch älteres, archaisches Zeitwesen gab, das ich als Rhythmus bezeichnen möchte. Chronos besiegt Uranus — wie wir wissen, durch Kastration. Uranus ist der Himmelsvater und verkörpert die himmlische Ordnung, den Rhythmus des Kosmos, eine zyklische Zeit, die von der linearen durchschnitten, zerstückelt wird. In den Orphischen Mysterien jedoch wird an Stelle von Kronos Aion gesetzt und wird von den Initiierten als Geist, der Himmel und Erde erfüllt, die Abgründe umgrenzt, als Herr des Lichts, Herr der Äonen, und gleichzeitig der persönlichen Lebensdauer angerufen. Marie-Luise Franz beschreibt mit modernen Begriffen aus der Tiefenpsychologie Aion als Prinzip psycho-physischer Energie (39). In hellenistischen Zeiten werden Aion und Kronos als eine einzige Gottheit verehrt, wobei der Doppelaspekt der Zeit in der persischen Zeitgottheit des Mithras-Kultes, Zurvan, wieder auftaucht, als Zurvan akarana — unendliche Zeit — und Zurvan Dareghochvadhata, — Zeit von langer Dauer —. Zurvan aber läßt sich auf die Schlangengottheit Sumers, auf die Schlange Zu zurückführen. Die Schlange, die sich rhythmisch fließend bewegt, spaltet sich in sinnerfüllte (verflüssigte) und sinnlose (in Meßeinheiten erstarrte) Zeit. Die verflüssigte Zeit, Schlangenzeit, wird aber nun, ebenso wie die Schlange selbst, zur Bedrohung für ein erwachendes Bewußtsein, das sich im Werden und Vergehen als ewig bewähren will. Sie wird zur Kala Rudra, zur alles verschlingenden Zeit, und ist ein Beiname Shivas, Gottheit der Schöpfung und Zerstörung zugleich. Schlangenphobie könnte also auch als eine Ur-Angst vor Rhythmus gesehen werden.

Eine Religion, die die Reise zum Ursprung als allzu gefährliche Auflösung in den Uranfängen der Schöpfung, und des Bewußtseins, vermeiden will, wird daher Rhythmus vermeiden — und dies ist genau im Christentum der Fall. Schon der Reigentanz, der sich an den großen, kosmischen Bewegungen der Gestirne orientiert und dem Menschen keineswegs ein Gefühl für seinen eigenen, pulsierendenRhythmus gibt, wird den Kirchenvätern bald verdächtig und muß durch Verbote ausgetrieben werden. Besonders bedrohlich ist die Begegnung mit anderen Kulturen, in denen Rhythmus und religiöse Praxis eng verbunden sind. So ist es bezeichnend, daß die protestantischen Siedler ihren schwarzen Sklaven die Trommeln, die ihre wichtigsten Kultgegenstände waren, wegnahmen und den Rhythmus verboten. Katholische Missionare, etwa in Brasilien, Kuba und Haïti, meinten schlauer zu sein. Sie ließen den Rhythmus, und forderten nur, daß er katholischen Heiligen zugeordnet würde. Dies hat bewirkt, daß sich afrikanische Religionen in ihrer Reinform in Süd- und Mittelamerika gehalten haben, während sie in Afrika selbst oft vergessen wurden, oder dem Islam weichen mußten.

Indische, persische, arabische, afrikanische Musik hat eine hochentwickelte, differenzierte und komplexe Rhythmik anzubieten. In der europäischen Musik, die zunächst noch stark von der maurischen beeinflußt war, ist zunehmend eine Vereinfachung der rhythmischen Strukturen eingetreten und das monotone Hämmern der elektronischen Rhythmus-Maschinen der heutigen Unterhaltungsmusik entspricht genau dem unterschiedlosen Abzählen eines Chronometers. Es hört sich aufpeitschend, hitzig, „fetzig" an, und es mag wohl den Körper bis zur Erschöpfung antreiben — was in unserer Kultur für viele eine Befreiung bedeutet — aber es verbindet sich nicht mit Bewußtsein. Die Erschöpfung des Körpers führt nicht zu einer Bewußtseinserweiterung. Warum?

Bewußtseinserweiterung, wie sie in den schamanistischen Praktiken durch Rhythmus erreicht wird, vollzieht sich durch einen Sprung von Quantität in Qualität: etwas staut sich an, bis es überschlägt. Weitung, im ekstatischen Sinn, ist also kein Auslaufen, Entladen, sondern ein Durchbruch, der einen völlig neuen Bewußtseinszustand einleitet. Dazu braucht es die konkurierende Spannung zweier Kräfte. — Erinnern wir uns an das Verquirlen des Weltenmeeres, aus dem Amrita, die Flüssigkeit der Unsterblichkeit, entsteht! Und jeder Rhythmus — im Gegensatz zum Takt — birgt in sich ein solches Kräftespiel. Der Herzmuskel macht auf UND zu, das Blut fließt auf UND ab, wir atmen ein UND aus. Zwischen jedem Schlag auf der Trommel ist ein Nicht-Schlag, zu jeder Form gehört eine Nicht-Form. Nur durch Zusammenspiel mindestens zweier Muskelgruppen kann Bewegung entstehen. Soll Intensität, ein Zustand hoher, höchster energetischer Aufladung, erreicht, Ekstase, Trance induziert werden, so muß die konkurierende Spannung verstärkt, das Gegensätzliche gerade *nicht* aufgehoben, sondern unterstützt werden, denn nur die Straffreiheit des Segels zusammen mit dem aufkommenden Wind setzt sich um in Geschwindigkeit. Der Schamane benützt seine Trommel als Transportmittel — er muß nicht tanzen, um bewegt zu werden. Er bedarf der körperlichen Bewegung, um zu reisen. In manchen Kulturen, etwa bei den balinesischen, javanischen oder anderen indonesischen Trancetänzern, ebenso wie bei schamanistisch ausgerichteten Stämmen im Himalaya (diese Beispiele entnehme ich dem Reisebericht eines Bekannten) genügen auch wenige Schläge der Trommel, und die Innenreise, die Trance setzt schon ein. Hierbei tut zweifellos die Gruppenenergie das Ihrige: sei es in Form von anspornender, treibender Mitwirkung (Klatschen, Stampfen), von körperlicher Nähe (Einreiben und Warmhalten des Körpers, der „unterwegs" ist), von gläubiger Heilserwartung und sozialer Legitimation der Trance als Zustand des „Wegtretens" und ritueller Einweihung in das, was dem Reisenden im „Jenseits" begegnen mag. So entsteht aus dem „Gehen-Lassen" kein Auslaufen, sondern ein Bewußtseinssprung.

Bis in die Physiologie läßt sich die Struktur eines konkurrierenden Kräfteverhältnisses verfolgen: Felicitas Goodman, Expertin auf dem Gebiet der Ekstase, spricht von einer Oszillation zwischen ergotropen (leistungssteigernden) und trophotropen (nachlassenden) Reaktionen.

> Die ergotrope Reaktion besteht aus einem Ansteigen der Muskelspannung und einer ungerichteten Reizung der Großhirnrinde, während die trophotrope Reaktion mit der Entspannung von Skelettmuskeln und einem Herabsetzen der Gehirnreize in Zusammenhang steht. Im Normalfall arbeiten die beiden Systeme, die auch als sympathisches und parasympathisches System bekannt sind, zusammen und halten so eine Balance zwischen Spannung und Entspannung, zwischen Erregung und Hemmung. (40)

Bei der Trance gerät dieses sich in Gleichgewicht haltende Kräftespiel aus der Balance, und jedes System bemüht sich auf seine Weise um Wiederherstellung des Gleichgewichts, indem es die eigene Tendenz verstärkt. Indem aber beide Systeme gleichzeitig arbeiten, verstärken sie sich nicht nur gegenseitig, sondern auch den Zustand des Nicht-Gleichgewichts, der zu weiterer Steigerung antreibt, bis der Zusammenbruch, bzw. Durchbruch erfolgt. Auf die ringende Verengung — die durchaus Angst machen kann — folgt erlösende Weitung. Das Rebirthing, eine Atemtechnik, die im Rahmen mancher Körpertherapien angewendet wird, kann eine solche Erfahrung vermitteln.

Auf spezifisch Trance-induzierende Rhythmus-Techniken soll in einem eigenen Kapitel eingegangen werden.

„Tanzen im Geist" nennen die Pfingstler, eine ekstatische Sekte, die sich im Rahmen der protestantischen Kirchen den Erweckungsbewegungen anschließt, die unwillkürlichen Bewegungen, das nicht vom Bewußtsein gelenkte Herumwirbeln, Aufführen von Freudensprüngen, Zucken und Zittern. Wie gesagt — historische Aufzeichnungen über diese sicher uralten Praktiken sind selten, aber eine entdeckte ich doch, die mir zu denken gab: Seit langem wurden in Europa bei den für die Götter gedachten Blutopfern Tiere statt Menschen verwendet. Eine Bedingung jedoch knüpfte sich daran: das Tier mußte einverstanden sein und dies mit einem Nicken des Kopfes kund tun. Aus archeologischen Untersuchungen hat sich ergeben, daß jedoch in Delphi nicht nur das „Nicken" der Ziege ausreichte, sondern eine Welle feinster Erschütterung den ganzen Körper, von Kopf bis Schwanz durchlaufen mußte. Diese Welle entspricht ungefähr dem Phänomen des Orgasmusreflexes, wie ihn Wilhelm Reich beschrieben hat (41). Interessant ist, daß die energetische Entladung in Form einer wellenförmig sich fortsetzenden Erschütterung beim Kopf beginnt. Einem Bericht zufolge begann auch der Schütteltanz der Shaker (eine Sekte, die ihren Namen eben durch jenen Tanz erhielt, von shake, engl. — zittern, aber auch schütteln) mit einem Hin- und Herwerfen des Kopfes. Aus eigener Erfahrung kann ich bestätigen, daß die Aufgabe der Kontrolle, die im Nacken sitzt und darüber wacht, den „Kopf nicht hängen zu lassen", „den Kopf nicht zu verlieren", „den Kopf hoch zu halten" — gleich, was geschieht, unendlich entspannend auf den Körper wirkt und vor allem den Beckenbereich löst. Die Shaker jedoch achteten sehr darauf, ihre Tänze nicht zu erotischen Orgien ausarten zu lassen. Diese wurden in zwei Gruppen, entsprechend den zwei Geschlechtern, aufgeführt, und obwohl sie sich untereinander danach liebevoll umarmten, wurde das sexuelle Moment vermieden. Soweit ich weiß, waren die Shaker sogar zölibatär. Auf alle Fälle sind sie durch ihren nüchternen aber sehr geschmackvollen Bau- und Möbelstil in die Kunstgeschichte eingegangen.

Die Kundalini-Energie hingegen, die bekanntlich im Wurzel-Chakra, also im Beckenraum sitzt, ist eine Energie, die der Vergeistigung entgegen strebt, also von unten nach oben zieht und als Prickeln, als Belebung der Kopfhaut (vielleicht kommt daher unser „Haar-Sträuben") empfunden wird. Kundalini-Yoga wird oft mit den sexuellen Praktiken des Tantras assoziiert, wobei die Sexualität allein im Dienste der Vergeistigung steht. In beiden Fällen bewirkt die energetische Entladung das körperliche Phänomen der unwillkürlichen Bewegung. Diese kann übrigens auch noch nach Tagen sich immer wieder einstellen, als hätte sich durch die einmalige, energetische Entladung eine Spur, die immer neu, und immer leichter aktiviert werden kann, eine energetische Bahn eingegraben. Barry Stevens, der dies offensichtlich erfahren hat, wendet sich deshalb beunruhigt an Aldous Huxley und erhält in einem Brief die Antwort, auch er, Huxley, habe solche Erfahrungen gemacht und verbinde mit ihnen das Gefühl einer Befreiung, und zeige eine Aufgeschlossenheit für Heilung an.

> Es scheint mir einer der Wege zu sein, durch den die Entelechie oder physiologische Intelligenz oder das tiefere Selbst sich der Hindernisse entledigt, die das bewußte, oberflächliche Ego ihm in den Weg stellt. Manchmal taucht durch dieses Abreagieren verborgenes Material auf. Keineswegs jedoch immer. Auch wenn kein solches Material auftaucht, scheinen trotzdem viele nützliche Ergebnisse erzielt zu werden, wenn das tiefere Selbst diese Unruhe im Organismus entwickelt — ein Erregungszustand, der erwiesenermaßen viele der viszeralen und muskulären Knoten lockert, welche die Ergebnisse und Gegenstücke der psychologischen Knoten sind. Von diesem Erregungszustand erhielt die religiöse Gruppe der Quäker ihren Namen. Zittern (to quake = beben, schwanken, zittern, d. Ü.) ist erwiesenermaßen eine Art somatisches Equivalent zum Glauben, und die Absolution dient zum Hervorholen von verborgenen Erinnerungen (Sünden, d. Ü.) und deren Abreagieren, was das Auflösen ihrer Macht, weiterhin Unheil anzurichten, bedeutet. Wir sollten für

die kleinsten und seltsamsten Gnaden dankbar sein — und dieses Zittern ist sicherlich eine von ihnen, und keineswegs die geringste."

Es gibt im Bereich des Unwillkürlichen ebenso das Ideal der Beherrschung und Meisterung wie in geistigen Prozessen oder körperlichen Leistungen, und unsere vorschnelle Beurteilung, Unwillkürliches sei gleich Unbeherrschtheit, ist nur durch unsere kulturbedingte Entfremdung von diesen Bereichen jenseit des Ego-Willens und Eigenwillens zu verstehen.

Bei den westlichen Dinka gibt es einen Kult des „göttlichen Fleischs", das sich in Gestalt eines roten Lichts manifestiert, „einer Flamme gleich lodert", wie es in einer Beschwörungshymne heißt, zugleich aber zum wahren Urteil führt und den Gläubigen ein kühles Herz, einen friedvollen Geist, Harmonie und Ordnung beschert. Godfrey Lienhardt hat ein Opferfest für diese Gottheit beschrieben: „ ... Im weiteren Verlauf der Beschwörungsgesänge begannen bei einigen der Meister des Fischspeers die Beine zu zittern und die Muskeln der Oberschenkel zu zucken, was, wir mir erklärt wurde, ein Zeichen für das Erwachen (*pac*) des göttlichen Fleischs in ihrem Körper war ... Dieses Zucken der Oberschenkel und der Beine, das sich manchmal weiter über den ganzen Körper ausbreitet, gilt als eine deutliche Manifestation des göttlichen Fleischs. Immer eindringlicher beschworen die Meister des Fischspeers die in ihnen wachsende Kraft des göttlichen Fleischs; aber sie verfielen nicht in 'hysterische Besessenheit', wie die von einem nicht-kultischen Geist Besessenen. Zwei weitere junge Männer, die zu den Speermeister-Klans gehörten, selber aber noch nicht Speermeister waren, begannen ddie Symptome für das 'Erwachen' des Fleischs in ihnen zu manifestieren. Sie waren viel weniger beherrscht als die Meister und zitterten nach kurzer Zeit heftig mit den Gliedern. Einer saß am Boden, der andere stand; beide blickten — mit offenen, leicht nach oben verdrehten Augen — leer vor sich hin. Man konnte zu ihnen hingehen und ihnen direkt ins Gesicht starren, ohne daß sie dies zu bemerken schienen ... Niemand kümmerte sich besonders um sie; und man sagte mir, daß ihnen nichts geschehen könne, solange sie hier im sicheren Lager vom Fleisch besessen seien. Wenn aber der Zustand zu lange andauerte, würden die Frauen ihn beendigen, indem sie dem göttlichen Fleisch in ihren Körpern huldigten, ihnen ihre Armreifen gaben und ihnen die Hände küßten. Wie ich später beobachten konnte, küßten einige Frauen die Hände der Besessenen, gaben ihnen aber keine Armreifen ... Als die Beschwörungen immer rascher und eindringlicher wurden, wurde einer der älteren Männer vom göttlichen Fleisch überwältigt, taumelte zwischen den singenden Meisters des Fischspeers umher, tätschelte das angebundene Bullenkalb, lehnte sich auf es, taumelte wieder durch die Menge und stieß die Leute an — wie jemand, der einen Schwindelanfall hat. Jetzt begannen die als Gäste anwesenden Meister des Fischspeers der Reihe nach Milch aus einer ringgeschmückten Kürbisflasche über den Pflock zu gießen, an dem das Kalb angebunden war. Vor und nach dem Anfassen der den Trankopfern für das göttliche Fleisch geweihten Kürbisflasche küßte sich jeder selbst die Hände. Als einer der Meister des Fischspeers vom Trankopfer zurückkam, sagte er zu mir, daß er jetzt spüre, wie das Fleisch in ihm erwache, verlor aber dennoch bis zum Ende der Zeremonie nichts von seiner Selbstkontrolle ... Das Anwachsen bzw. Erwachen des göttlichen Fleischs im eigenen Leib ist offenbar ein Gefühl, das alle männlichen Erwachsenen der Speermeister-Klans kennen. Bei Frauen kommt es nicht vor. Ein christlicher Dinka aus dem Pakwin-Klan erzählte mir, daß er nie wage, in die Nähe zu kommen, wenn seiner Klansgottheit ein Tier geopfert würde, weil ihn beim Erwachen des Fleischs ein Schwächegefühl überkomme und er fürchte, in Ohnmacht zu fallen ..." Die Verehrung des göttlichen Fleischs im Körper der von ihm Besessenen ist (sowei sich das ethnographisch ermitteln läßt) die feierlichste religiöse Handlung, die es bei diesem Volke gibt.

Wir haben es hier offenbar mit einem Besessenheitskult zu tun, bei dem der Geist nicht gefürchtet, nicht besänftigt, nicht ausgetrieben, nicht als Orakel befragt und nicht als heilende Macht gegen eine bestimmte Krankheit gerufen wird. Wenn er einen heimsucht, nimmt man ihn ehrfurchtsvoll auf, um seiner selbst willen — von ihm besessen sein heißt, unmittelbar mit der Gottheit zu kommunizieren. (43)

WELTLICHE MISSVERSTÄNDNISSE

Es ist anzunehmen, daß der Tanz ursprünglich eine Form religiöser Praxis war und sich die verweltlichten Formen des Volkstanzes, Gesellschaftstanzes wie auch die des Kunsttanzes daraus entwickelten. Infolge der Ablösung von seinem religiösen, sei es kultischen, sie es initiatischen Hintergrund, mögen sich manche neue Verständnisse und Mißverständnisse eingeschlichen haben, die unser eigenes „modernes" Verhältnis zum Tanz bestimmen können, bzw. sich im körperlichen Verhalten, in der Bewegung, im Tanz selbst zeigen. Sie aufzudecken und ihrer bewußt zu werden, sollte ein wichtiger Bestandteil der Bewegungs- und Tanztherapie sein.

— TOTENTANZ —

Unter Totentanz versteht man Abbildungen, die den Tod als Knochenmann zeigen, wie er den Menschen aus dem Leben geleitet und ihn zum Tanz mit dem Tod, zum Sterben auffordert. Totentanz nennt sich ebenfalls eine Art von Dichtung, die eine Zwiesprache zwischen Tod und Sterbenden zum Thema hat, und oft sind Dichtung und Bild verbunden, so zum Beispiel bei den Schweizer Totentänzen, die auch als die ersten Totentänze gelten. Das Motiv des tanzenden Skeletts ist eine einzigartige und völlig neue Schöpfung des Mittelalters. Sie wurde mit der Pest in Verbindung gebracht — der jähe Tod überfiel den Sünder, der nun oft nicht einmal mehr seine Sünden bereuen und die Letzten Sakramente empfangen konnte und schleppte ihn mit sich fort, vor Gottes unerbittliches Gericht. Ärzte wie Priester hatten sich aus Angst vor der Pest in vielen Fällen aus dem Staube gemacht, und der hilflos Sterbende war nun ganz auf sich allein gestellt und dem wirbelnden Spuk des Todes ausgesetzt. Bedenken wir, daß der christliche Glaube besonders auf kirchlich-hierarchische Vermittlung der Frohen Botschaft pochte, so können wir uns vorstellen, welches schlimme Erwachen nun folgte, da die sozialen Ordnungen zusammenbrachen. Denn der Gläubige war ja nicht nur der Härte des Schicksals, sondern darüber hinaus den Höllenvorstellungen und Strafandrohungen eines frühen, angstmachenden Christentums ausgeliefert, nun, da ihm die Möglichkeit der Umkehr und Besinnung genommen war. Der Tod hatte unvermittelt Zutritt zu den Lebenden und erwischte sie sozusagen in flagranti — und wer konnte schon von sich behaupten, er sei ohne Schuld? So ist die Totentanz-Dichtung oft ein Schuldbekenntnis des Sterbenden an den Tod, ohne daß von diesem Vergebung erlangt werden könnte. Es ist ein Bekenntnis, das in der Luft hängt — oft wurden in dieser Dichtung sozialkritische Töne vernommen. Jedenfalls spiegelt sie die Laster ihrer Zeit, nach Ständen geordnet und stereotyp abgehandelt, wider. Der Krämer steht für alle Krämer, und sündigt wie alle Krämer. Das Bild der Frau ist durch Hoffart und Putzsucht geprägt. Die Reue, die geäußert wird, verrät keinen Moment der Besinnung, nur Angst, die dem Tod ein leichtes Spiel macht. Der Tod überrascht die Lebenden in einer besinnungslosen Verhaftung mit den (meist lasterhaften) Lebensgewohnheiten. Der Einbruch des Ungewöhlichen in das Muster

LA ROUE DE FORTUNE

der Gewohnheiten bewirkt eine Freisetzung von Lebensenergie, die sich in der Tanzbewegung des Totentanzes äußert. Aber nicht die Sterbenden tanzen, vom Wirbel des Todes erfaßt, sondern der Tod selbst ist es, der durch seine frivole Beweglichkeit, seine geschmacklosen Scherze, sein Hohnlachen erschreckt. Der Tod als Animateur — seine sprunghaften Bewegungen sind mehr als ausgelassen, sie sind schrill, grell, sie brechen mit dem sanften Fluß des himmlischen Reigens. Die Opfer, die so aus dem Leben geholt werden, scheinen wie gelähmt, erstarrt vor Schreck, ausdruckslos halten sie an den Merkmalen ihrer weltlichen Identität fest: der Krämer an seinen Schuldbüchern, die hoffärtige Frau an ihrem Spiegel, der Papst an seiner Mitra. Der Tod entreißt sie ihnen, spielt damit, führt ihnen die Nichtigkeit aller Identität, allen Besitzes vor.

Darin ist dieser tanzende Tod so unheimlich: daß er keinerlei Achtung vor dem Leben zeigt. Das tanzende Skelett ist in keiner Weise Bild einer jenseitigen Abgeklärtheit und materielosen Transparenz. Im Gegenteil: der beißende Spott will immer weiter ernährt werden, er zehrt von der Kraft der Sehnsüchte und Lebenserwartungen derer, die sich nun darum betrogen sehen.

Der Tod ist Tänzer par excellenze: er muß seine Beweglichkeit nicht erst mühsam erarbeiten. Er bedarf keiner Elastizität, weil er keine Muskeln besitzt. Er ist frei von den Begrenzungen des Fleisches, er ist unbegrenzt beweglich. Und weil er schon immer tot war, ist er auch den Gedanken des Fleisches, die sich an das Leben klammern, der Sterblichkeit, enthoben. In manchen Märchen (44) wird von tanzenden Skeletten berichtet, die sich mir nichts dir nichts ein Bein ausreißen, um besser die Trommel schlagen zu können. Ebenso wie der Teufel ist auch der Tod der Aufgabe enthoben, sich in Gottes Schöpfung einordnen zu müssen, beide kennen keine Notwendigkeit an und besitzen dadurch einen Freibrief zur Störung und Versuchung, wo es nur möglich ist. Ist der tanzende Tod in seiner fleischlosen Lebendigkeit, die, abgelöst von der Gesetzmäßigkeit organischer Zusammenhänge kichernd ihren Schabernack treibt, Vorbild für die Puppenmaschinen späterer Erfindung, — bekanntestes Beispiel wäre die Puppe Coppelia aus E.T.A. Hoffmans Erzählungen — die durch ihre Perfektion reizen und durch die zugrundeliegende Unsterblichkeit (Unbelebtheit) erschrecken? Auch das Memento mori, das das Carpe diem der Stoiker Roms ablöst und von nun an die europäische Kulturgeschichte als Motiv durchzieht, benutzt den Reiz des unbelebten Todes. In der spätmittelalterlichen Sozialkritik ist es zunächst der Tod als Gleichmacher, der die Ungerechtigkeit der Welt beendet. Aber schon dort tritt der Tod als Repräsentant einer Gleichgültigkeit an, die auf ihre Art der Seele Frieden verspricht. Hinfällig sind alle Erwartungen, die sich an das ganz Besondere knüpften und sich ihm aufsparten: der Jungfrau ist der Tod erster Geliebter und vereint in sich alle möglichen Geliebten der Welt. Im Tod erfüllt sich das Leben, das aufgespart wurde. Der Tod ist die Ekstase des Jetzt, die dem Leben abhanden gekommen ist. Warum? In den Carmina Burana, — einer Dichtung aus dem frühesten Mittelalter —, die vermutlich von ausgebildeten und arbeitslosen Theologen, den schon früher erwähnten Golliarden, geschrieben wurde und sich sowohl durch das urtümlich derbe Versmaß der in Mittellatein gehaltenen Stabreime als auch durch äußerste Bildung und Kenntnis der antiken Welt auszeichnet — finden wir Anhaltspunkte für die Trennung von Leben und Tod und eine Erklärung, warum sich die Lebendigkeit des Erlebens schwer gegen die Starrheit der Lebensgewohnheiten durchsetzt.

> Diese Erde voll Beschwerde, schenkt uns falsche Freuden nur;
> Sie verglühen und verblühen wie die Lilien auf der Flur
> Eitles Leben, Ruhmbestreben rauben uns den Himmelspreis,
> Denn das Mehren und Begehren stürzt uns in den Höllenkreis.

Unser Leben, sterblich Weben, ohne Saft und Lebenskraft,
Geht und schwindet und erblindet wie ein Schatten schemenhaft.
Was wir walten und gestalten hier auf dieser Erdenwelt,
Das verwehet und vergehet, wie das Laub zu Boden fällt.
Laßt uns scheiden und vermeiden dieses Daseins eitlen Hohn,
Nicht gefährden hier auf Erden unsrer Zukunft bessren Lohn.
Laßt uns fliehen, uns entziehen unsres Leibes Lustbarkeit,
Daß der wahren Heilgenscharen in des Himmels Seligkeit
Schutz und Segen allerwegen uns erschließt die Ewigkeit!

Amen. (45)

Es könnte sein, daß der Text selbst schon eine Kritik an der frömmelnd
berechnenden Lebenshaltung des Verzichtes auf Lebendigkeit um des Himmels Seligkeit willen ist, denn in anderen Texten der Sammlung wird eingehend des Leibes Lustbarkeit beschrieben. Alte heidnische Schicksalsgöttin-
nen, Luna und Fortuna, werden beschworen, der Frühling verherrlicht, das
Alter beklagt, und im Handumdrehen ist daraus ein wehmütiges Zeugnis von

des Leibes Hinfälligkeit und Sterblichkeit geworden. Eine Lebendigkeit, die
sich mit dem Bewußtsein vereinen läßt und zur Reife führt, eine christliche
Lebendigkeit, die der Frohen Botschaft entspricht, zeigt sich nicht. Gewohn-
heitsrecht der Vergänglichkeit, das dem Carpe diem entspricht, oder Übertra-
gung der Lebensgewohnheiten des Diesseits auf das Jenseits, dem sich nur der
Tod als Engpaß entgegenstellt, weshalb im Memento mori vor seiner Unwill-
kürlichkeit gewarnt wird — beides sind berechnende Lebenshaltungen, deren
Rechnung nicht aufgeht: das Leben hält sein Versprechen nicht. Ein Bewußtsein, zu leben, gelebt zu haben, lebendig zu sein, ist durch Gedanken der Auf-
rechnung verhindert. Am Ende des Lebens braucht der Tanz des Todes die
Energie, die dem Unwillkürlichen, Ungewöhnlichen, der Ekstase zugestanden
hätte, auf. Und in diesem Tanz ist alle Bitterkeit und Enttäuschung über das

Leben enthalten, schäumt auf, artet aus ... Der Totentanz ist — über das Genre des Danse macabre hinaus — bewegungsarchetypisch Vorbild für eine (meist unbewußte) Auffassung vom Tanz, der sich in seiner Wildheit, Ungebundenheit und Besinnungslosigkeit für das Ausbleiben von Lebendigkeit im alltäglichen Leben rächt.

— BEHERRSCHTER GOTT UND TRÄGE MASSE —

Schon im Übergang von Homers Ilias zur Odyssee beginnt eine Entwicklung, die als Entdeckung des Geistes beschrieben werden kann, und die mit der Verdeckung des Leibes einhergeht. In der Ilias sind die Menschen noch völlig von den Göttern beherrscht, die sie in Form von Gefühlen überwältigen und sie zu Handlungen drängen, für die sie sich nicht entschieden haben, sondern die die Konsequenzen eines sich manifestierenden göttlichen Willens sind. Wer nicht die Wahl hat, hat auch nicht die Qual — es war zwar tragisch, was sich da abspielte, aber betrachen wir die Lage von seiten des Körpers, so müssen wir feststellen, daß durch die Unverantwortlichkeit eine gewisse Durchlässigkeit des Körpers möglich war. Die Gefühle kamen und gingen, nachdem sie in einer Handlung Gestalt gefunden hatten, hatte der Körper seine Aufgabe als Medium erfüllt und war wieder frei. Das heißt: der Körper war nur vorübergehend von Gefühlen besetzt. Im Zurückhalten, Verheimlichen der Gefühle — wie der listige Odysseus seiner Frau rät — entsteht eine Innerlichkeit, die den Körper als ihren Raum benützt. Der Körper wird also zum Gefäß zurückgehaltener Gefühle, die erst vom Verstand geprüft werden, bevor sie in die Äußerlichkeit des Handelns entlassen werden. In die Abgründe der menschlichen Seele läßt sich nicht hineinschauen, nur das körperliche Verhalten mag vereinzelte Anzeichen für die sich innerlich abspielenden Gemütsbewegungen zeigen, die zudem noch nicht unbedingt in Einklang mit dem vom Verstand vereinbarten Gedankenbewegungen übereinstimmen müssen.

Die Frohe Botschaft des christlichen Glaubens bestand darin, eine solche ursprüngliche Durchlässigkeit des Körpers zu ermöglichen, indem sie die Natur des Menschen als gefallene ansah, und von der Anfälligkeit des Fleisches ausging, jedoch im Heilsgeschehen ein Leben im Geiste anbot, das sich nicht in Innerlichkeit quälen mußte, sondern in Zwiesprache mit Gott sich entäußerte, befreien konnte. In der Vergebung der Sünden, wie sie das Sakrament der Beichte anbietet, wird der Körper von der Last verinnerlichter Schuld erleichtert. Auch der Vorgang läuternder Reue ist als vorrangig körperlicher Vorgang zu sehen, und hat in dem Phänomen der Geißler und Büßer des Mittelalters, die öffentlich und sehr auffällig ihre Reue bekannten, sich in eindeutig körperlichen Phänomenen gezeigt. Das Beispiel sollte die Zeitgenossen zum Mitmachen animieren, denn schon damals bestand wohl ein intuitives Wissen darüber, daß die Macht des Körpers im Gruppenkörper ihren stärksten Ausdruck findet, also eine Gruppenreue als körperlicher Läuterungsprozeß unvergleichlich viel wirksamer ist als die Reue, die jeder für sich allein und mit sich allein ausmacht. Was aber Luther zu einem Aufruf erneuter Verinnerlichung bewog, war jedoch nicht die Exzessivität massenpsychotischer Phänomene, sondern das Geschäft, das damit getrieben wurde. Die Simonie — benannt nach einem Simon Magus, der gegen ein Entgelt sich im Wunderwirken unterweisen lassen wollte — war das Hauptlaster, das sich kirchliche Vertreter der Frohen Botschaft zuschulden kommen ließen, und Luthers Zorn wendet sich vor allem gegen den gebräuchlichen Verkauf von Ablässen. Auch in anderen katholischen Gebräuchen, z. B. Kerzen zu entzünden zu Ehren der Heiligen, oder für einen Verstorbenen Messen lesen zu lassen (weshalb viele Familien Wert darauf legen, zumindest einige Angehörige im Kloster zu haben, damit diese sich für ihr Seelenheil verwenden könnten), zeigt sich ein altes magisches Weltverständnis, das durch bestimmte Handlungen auf Gott einwirken will. So ist Luthers Protest gegen solche Magie eine weitere Entdeckung des Geistes, und zugleich Verdeckung des Leibes, der in seiner magischen Bezogenheit auf Gott außer Kraft gesetzt wird. Die Gewissensqual ist nun ausschließlich Sache des Bewußtseins. Der Körper wird von der Bewußtwerdung ausgeschlossen und zum Gefäß unbewußter — und da verdrängter, meist negativ bewerteter — Inhalte. Auch in nicht-protestantischen Kreisen wird deshalb die Selbstbeobachtung, die körperliches Verhalten miteinschließt, zur gewissenhaften Pflicht dessen, der auf sich hält. Erste Anleitungen zu einem solchen gepflegten Benehmen finden wir bei Erasmus von Rotterdam, der im Zuge humanistischer Aufklärung sich auch um die unwillkürlichen Bewegungen und die Eigenproduktion des Körpers sorgt.

„Weit aufgerissene Augen sind ein Zeichen von Dummheit, zu starren ein Zeichen von Trägheit, allzu scharf blicken zum Zorn Geneigte, allzu lebhaft und beredt ist der Blick von Schamlosen ... Ein Bauer schneuzt sich in die Mütze und Rock, mit Arm und Ellenbogen ein Wurstmacher. Dezenter ist es, den Nasenschleim in ein Tuch aufzunehmen, möglichst mit abgewandtem Körper." (46) Den Körper im Griff zu haben, ist Grundlage der Zivilisation. Die Etikette höfischen Zeremoniells wird ihres Ritualcharakters beraubt und verbürgerlicht, sie findet Einlaß in den Alltag und reglementiert ihn durchgängig. Anstandsbücher werden geschrieben. Der Körper wird dressiert. Es geht nicht mehr um Natur — es geht um Stil. Eine Erklärung für diese tiefgreifende Veränderung des Körperbezuges läßt sich zusätzlich in der Umschichtung des gedanklichen Weltverständnisses, wie sie die aufkommenden Wissenschaften vermitteln, finden.

Schon die mittelalterliche Theologie hatte sich mit der Frage befassen müssen, ob das Christentum — das sich siegreich gegen die magischen Praktiken alter heidnischer Naturreligionen durchgesetzt hatte, aber trotzdem noch in ihrem Wirkungskreis gefangen war — mehr eine Sache der Vernunft oder des Glaubens war, und versuchte zu Lösungen zu kommen, die sowohl Ratio wie auch Fides vereinigten. Die Theologie beanspruchte zudem den Rang einer Wissenschaft der Metaphysik, der die Philosophie untergeordnet war. Mit Aufkommen der Erfahrungs-Wissenschaften war die Theologie gezwungen, ihrem Gott jeden Rest von Unberechenbarkeit zu nehmen, und ihn selbst zu einem rationalen Wesen zu machen. Dies wird in der Auseinandersetzung zwischen Newton und Leibniz deutlich, wobei Newton als zutiefst gläubiger Christ einen „feinen Geist" einführt, „der alle groben Körper durchdringt und in ihnen verborgen liegt" (47), um das Wirken Gottes in der Schöpfung zu vergegenwärtigen, und Leibniz als rationaler Metaphysiker sich dagegen verwahrt, daß die Anwesenheit Gottes notwendig sei, denn dies gäbe ja Gott ganz den Anschein eines Uhrmeisters, der sein Werk ständig aufziehen müßte. Gegen die These Newtons — die das Universum bewegende Kraft, der vis activa würde, sich selbst überlassen, abnehmen und schließlich, dem Gesetz der Trägheit der Masse entsprechend, verschwinden —, wendet Leibniz ein, eine solche „Unvollkommenheit der Maschine" sei Gott nicht zuzutrauen, und er führt deshalb den Begriff der „Prästabilierten Harmonie" ein. Vollkommen oder unvollkommen — die Schöpfung ist eine Maschine. Ebenso begreift sich der Mensch als solche. Die Anatomie zergliedert den Körper in seine Einzelteile, und da der Zusammenhang, der diese ganzen Einzelteile zusammenhält, sich dem wissenschaftlichen Zugriff entzieht, so muß er theologisch/ philosophisch konstruiert werden. Die Konstruktion besteht in der Vorstellung eines absolut zuverlässigen, vernunftgeleiteten und zudem handwerklich perfekten Gottes, der sich nie gehen läßt, denn nur Gottes Beherrschtheit garantiert für den Zusammenhalt der von den Wissenschaften zerlegten Welt. Das heißt: Kontrolle bewahrt vor drohender Auflösung und wird als kulturgeschichtlicher Schutzmechanismus verständlich. Der Schritt vom unvollkommenen Gott — wie er etwa im Demiurg manichäischer Vorstellungen und in der primitiven Mythologie durch die westafrikanische Abatolo, oder den babylonischen Enki verkörpert wird — zum vollkommenen Gott, der alles weiß, und der durch nichts bewegt werden kann, der unbewegte Beweger, der hinter allem Geschehen als Prototyp des Manipulators steht, ist bewegungsarchetypisch gesehen von höchster Bedeutung. Es ist zweifellos ein Schritt in der Bewußtwerdung und Verantwortungsbereitschaft des Menschen, schließt aber, wie jede Entwicklung, die Angst ein, in die frühere Stufe zurückzufallen. Selbstbeherrschung als Verinnerlichung eines manipulierenden Gottes verhindert nicht nur den Rückschritt in ein bewußtloses Chaos, sondern auch den Fortschritt, den Sprung auf eine neue Bewußtseinsebene. Es ist ganz bezeichnend, daß in unserer Umgangssprache Vorstellungsmodelle aus dem Zeitalter der Dampfmaschine vorherrschen, wenn wir Phänomene der Lebensenergie beschreiben wollen. „Keinen Antrieb haben" (Freuds Triebleben!), „in Schwung kommen", „ein Ventil suchen", „unter Druck stehen", „Dampf machen" etc. etc. — sind Bilder, die den Körper als Dampfmaschine einschätzen, wobei die Mechanik genau kontrolliert werden kann, die Vis activa jedoch sich der Kontrolle entzieht und mystifiziert werden muß. So ist es der Elan vital, die gute Laune, das sanguinische Temperament, oder auch die Gnade Gottes, die den Menschen vor seiner eigentlichen Trägheit bewahrt und immer wieder neu anschiebt. Die Abhängigkeit von solchen Zufallstreffern sticht ins Auge und erklärt ein verunsichertes Lebensgefühl, das sich in Melancholie, der Modekrankheit des 18. und 19. Jahrhunderts ausdrückt. Ein Patient sagte mir einmal: „Das bewundere ich, daß die Zeit vergeht". Die Frage stellt sich: wie finde ich wieder den belebenden Zusammenhang, der aus der Vereinzelung und Trägheit der Masse herausführt?

- GNADE UND GRAZIE —

Gnade ist ein Geschenk, und wie alle Geschenke kann sie nicht erzwungen werden. Sie geschieht einfach, sie ist ein Geschehen, auf das der menschliche Wille keinen Einfluß hat. Gnade geschieht aus dem Übermaß eines schenkenden Gottes. Wenn Gott nun zunehmend rationalisiert wird — wo bleibt dann die Gnade? Es fällt schwer, sie ganz im Bereich des Irrationalen anzusiedeln, weil Gott dadurch wieder zu emotional wird, und so ist es besser darüber zu schweigen. So gibt auch Luther auf die sich selbst gestellte Frage „Wie bekomme ich einen gnädigen Gott?" keine klare Antwort, sondern hofft vielleicht, durch die Frage allein schon etwas in Bewegung zu setzen, das dann zu einer Antwort führt, wobei diese nicht ausgesprochen, sondern nur erlebt werden kann. Insofern reiht er sich in die „Negative Theologie", wie sie etwa von dem Kirchenvater Chrysostomos (übrigens einer der wenigen, der sich offiziell für den Reigentanz, auch innerhalb der Liturgie ausgesprochen hat) und im ausgehenden Mittelalter von Nikolaus von Cues vertreten wurde. Gott bleibt für diesen Zweig der Theologie im Verborgenen, er bleibt unfaßbar, sein Wesen ist unaussprechlich. Das heilige Übermaß, wie wir es bei Dionysos kennenlernten, deutet hier auf eine Gotteserfahrung hin, die mystische Untertöne annimmt. So verwehrt sich Luther auch keineswegs gegen den Tanz, sondern meint, die Christen hätten allen Grund zum Tanzen und Springen — aus Freude. Der biblische Freudentanz erwacht hier zu neuem Leben, und damit bietet sich zumindest eine Möglichkeit, das göttliche Übermaß am eigenen Leib zu erleben.

Grazie, sagt man, sei ebenfalls ein Geschenk: eine Gabe, eine Begabung. Meist wird angenommen, man sei damit schon auf die Welt gekommen, es sei einem in die Wiege gelegt. Eine spätere Aneignung erscheint als unwahrscheinlich, denn dies würde der Vorstellung zuwider laufen, Grazie sei etwas, was man habe oder nicht. Daß Grazie auch ein Zustand des Bewußtseins ist, und als Ausdruck dessen sich durchaus in eine Bewußtseinsentwicklung einreihen könnte, ist ein Gedanke, der sich nur schwer durchsetzt und vor allem im Tanzunterricht zu manchen kategorischen Unterscheidungen wie begabt-unbegabt führt. Sehe ich aber Grazie als Ausdruck von Gnade und Begnadung an, so stellt sich mir eine ähnliche Frage wie bei der Gnade: Wie mache ich den Körper, die träge Masse, die unbelebte Maschine wieder lebendig? Durch Willenskraft, wird man versucht sein, voreilig zu antworten, aber es scheint ganz, als wäre da der Stolz auf die menschliche Willensfreiheit nicht angebracht. Denn wohin sie auch führen mag — eines bewirkt sie nicht: Gnade und Grazie. Lesen wir dazu Kleist, „Über das Marionettentheater":

Als ich Winter 1801 in M... zubrachte, traf ich daselbst eines Abends, in einem öffentlichen Garten, den Herrn C. an, der seit kurzem, in dieser Stadt, als erster Tänzer der Oper angestellt war, und bei dem Publiko außerordentliches Glück machte.

Ich sagte ihm, daß ich erstaunt gewesen wäre, ihn schon mehreremal in einem Marionettentheater zu finden, das auf dem Markte zusammengezimmert worden war und den Pöbel durch kleine dramatische Burlesken, mit Gesang und Tanz durchwebt, belustigte.

Er versicherte mir, daß ihm die Pantomimik dieser Puppen viel Vergnügen machte, und ließ nicht undeutlich merken, daß ein Tänzer, der sich ausbilden wolle, mancherlei von ihnen lernen könne.

Da diese Äußerung mir, durch die Art, wie er sie vorbrachte, mehr als ein bloßer Einfall schien, so ließ ich mich bei ihm nieder, um ihn über die Gründe, auf die er eine so sonderbare Behauptung stützen könne, näher zu vernehmen.

Er fragte mich, ob ich nicht, in der Tat, einige Bewegungen der Puppen, besonders der kleineren, im Tanz sehr graziös gefunden hätte.

Diesen Umstand konnt' ich nicht leugnen. Eine Gruppe von vier Bauern, die nach einem raschen Takt die Ronde tanzte, hätte von Teniers nicht hübscher gemalt werden können.

Ich erkundigte mich nach dem Mechanismus dieser Figuren, und wie es möglich wäre, die einzelnen Glieder derselben und ihre Punkte, ohne Myriaden von Fäden an den Fingern zu haben, so zu regieren, als es der Rhythmus der Bewegung, oder der Tanz, erfordere.

Er antwortete, daß ich mir nicht vorstellen müsse, als ob jedes Glied einzeln, während der verschiedenen Momente des Tanzes, von dem Maschinisten gestellt und gezogen würde.

Jede Bewegung, sagte er, hätte einen Schwerpunkt; es wäre genug, diesen, in dem Innern der Figur, zu regieren; die Glieder, welche nichts als Pendel wären, folgten, ohne irgendein Zutun, auf eine mechanische Weise von selbst.

Und der Vorteil, den diese Puppe vor lebendigen Tänzern voraus haben würden?

Der Vorteil? Zuvörderst ein negativer, mein vortrefflicher Freund, nämlich dieser, daß sie sich niemals zierte. — Denn Ziererei erscheint, wie Sie wissen, wenn sich die Seele (vis motrix) in irgendeinem andern Punkte befindet als in dem Schwerpunkt der Bewegung. Da der Maschinist nun schlechthin vermittelst des Drahtes oder Fadens, keinen andern Punkt in seiner Gewalt hat als diesen, so sind alle übrigen Glieder, was sie sein sollen, tot, reine Pendel, und folgen dem bloßen Gesetz der Schwere; eine vortreffliche Eigenschaft, die man vergebens bei dem größten Teil unsrer Tänzer sucht.

Sehen Sie nur die P... an, fuhr er fort, wenn sie die Daphne spielt und sich, verfolgt vom Apoll, nach ihm umsieht; die Seele sitzt ihr in den Wirbeln des Kreuzes; sie beugt sich, als ob sie brechen wollte, wie eine Najade aus der Schule Bernins. Sehen Sie den jungen F... an, wenn er, als Paris, unter den drei Göttinnen steht, und der Venus den Apfel überreicht: die Seele sitzt ihm gar (es ist ein Schrecken, es zu sehen) im Ellenbogen.

....

Bei dieser Gelegenheit, sagte Herr C... freundlich, muß ich Ihnen eine andere Geschichte erzählen, von der Sie leicht begreifen werden, wie sie hierher gehört.

Ich befand mich, auf meiner Reise nach Rußland, auf einem Landgut des Herrn von G..., eines livländischen Edelmanns, dessen Söhne sich eben damals stark im Fechten übten. Besonders der ältere, der eben von der Universität zurückgekommen war, machte den Virtuosen und bot mir, da ich eines Morgens auf seinem Zimmer war, ein Rapier an. Wir fochten; doch es traf sich, daß ich ihm überlegen war; Leidenschaft kam dazu, ihn zu verwirren; fast jeder Stoß, den ich führte, traf, und sein Rapier flog zuletzt in den Winkel. Halb scherzend, halb empfindlich, sagte er, indem er das Rapier aufhob, daß er seinen Meister gefunden habe; doch alles auf der Welt finde den seinen und fortan wolle er mich zu dem meinigen führen. Die Brüder lachten laut auf und riefen: Fort, fort! In den Holzstall herab! und damit nahmen sie mich bei der Hand und führten mich zu einem Bären, den Herr v. G..., ihr Vater, auf dem Hofe auferziehen ließ.

Der Bär stand, als ich erstaunt vor ihn trat, auf den Hinterfüßen, mit dem Rücken an einem Pfahl gelehnt, an welchem er angeschlossen war, die rechte Tatze schlagfertig erhoben, und sah mir ins Auge: das war seine Fechtposition. Ich wußte nicht, ob ich träumte, da ich mich einem solchen Gegner gegenübersah; doch: stoßen Sie! stoßen Sie! sagte Herr v. G..., und versuchen Sie, ob Sie ihm eins beibringen können! Ich fiel, da ich mich ein wenig von meinem Erstaunen erholt hatte, mit dem Rapier auf ihn aus; der Bär machte eine ganz kurze Bewegung mit der Tatze und parierte den Stoß. Ich versuchte ihn durch Finten zu verführen; der Bär rührte sich nicht. Ich fiel wieder, mit einer augenblicklichen Gewandtheit, auf ihn aus, eines Menschen Brust würde ich unfehlbar getroffen haben: der Bär machte eine ganz kurze Bewegung mit der Tatze und parierte den Stoß. Jetzt war ich fast in dem Fall des jungen Herrn v. G... Der Ernst des Bären kam hinzu, mir die Fassung zu rauben, Stöße und Finten wechselten sich, mir triefte der Schweiß: umsonst! Nicht bloß, daß der Bär, wie der erste Fechter der Welt, alle meine Stöße parierte; auf Finten (was ihm kein Fechter der Welt nachmacht) ging er gar nicht einmal ein, Aug in Auge, als ob er meine Seele darin lesen könnte, stand er, die Tatze schlagfertig erhoben, und wenn meine Stöße nicht ernsthaft gemeint waren, so rührte er sich nicht.

Glauben Sie diese Geschichte?

Vollkommen! rief ich, mit freudigem Beifall; jedwedem Fremden, so wahrscheinlich ist sie: um wie viel mehr Ihnen!

Nun, mein vortrefflicher Freund, sagte Herr C..., so sind Sie im Besitz von allem, was nötig ist, um mich zu begreifen. Wir sehen, daß in dem Maße, als in der organischen Welt die Reflexion dunkler und schwächer wird, die Grazie darin immer strahlender und herrschender hervortritt. — Doch so wie sich der Durchschnitt zweier Linien auf der einen Seite eines Punkts, nach dem Durchgang durch das Unendliche entfernt hat, plötzlich wieder dicht vor uns tritt, so findet sich auch, wenn die Erkenntnis gleichsam durch ein Unendliches gegangen ist, die Grazie wieder ein, so, daß sie zu gleicher Zeit in demjenigen menschlichen Körperbau am reinsten erscheint, der entweder gar keins, oder ein unendliches Bewußtsein hat, d. h. in dem Gliedermann, oder in dem Gott.

Mithin, sagte ich ein wenig zerstreut, müßten wir wieder von dem Baum der Erkenntnis essen, um in den Stand der Unschuld zurückzufallen?

Allerdings, antwortete er, das ist das letzte Kapitel von der Geschichte der Welt. (48)

Wir sehen, Marionetten und Bären sind dem Menschen überlegen, und gerade die Berufstänzer schneiden gar nicht gut ab. Es zeigt sich: Wille, der dem Menschen im Gegensatz sowohl zu Marionetten wie auch Tieren, als einzigartige Bewußtseinsfunktion zur Verfügung steht, ist der Grazie geradezu konträr, es sei denn, das „letzte Kapitel der Geschichte der Menschheit" begänne und der zweite Biß vom Apfel der Erkenntnis erwiese sich als Medizin, die das Bewußtsein vom Ich-Willen zur Selbstfindung leiten würde. Erinnern wir uns an Huxleys Formulierung, der Gnade als Zustand frei fließender Lebens-Energie, so ist Grazie als Verkörperung ein Zustand, in dem alles von selbst geht. Was dem Selbst in tiefenpsychologischer Hinsicht auch für eine Bedeutung zukommen mag — auf körperlicher Ebene geht es um das „Wie-von-selbst". Am Beispiel der Marionetten wird beschrieben, wie sich eine grundlegende Bewegung „von selbst" in ihrem eigenen Rhythmus fortsetzt, weiterschwingt, und darin unfehlbar „echt" erscheint, und der Bär zeigt eine „Geistesgegenwart", die sich durch Täuschung nicht aus dem Gleichgewicht bringen läßt.

Wie also aus der Starre und Leblosigkeit aussteigen, lebendig werden?

Man versuchte es auf verschiedenen Wegen. Und da es, zumindest in den hier beschriebenen Fällen, sich ausschließlich um weltliche und nicht religiöse Versuche handelte, blieben sie dem Willen unterworfen, der ja nur in bezug auf ein höheres Wesen sich aufheben und zum Zulassen werden kann. Deshalb haben diese Versuche zu gewissen Unarten geführt, die nicht von kunst- oder kunstgeschichtlichem Interesse sind, sondern unbewußt sich in das Verhalten des einzelnen, der sich um Gnade, um Grazie, um Intensität bemüht, eingeschlichen haben. Auch sie werden im Tanzunterricht überdeutlich.

Die Geschraubtheit — von Michelangelo zunächst, anläßlich der Entdeckung einer antiken Skulptur, nämlich der Laokoon-Gruppe (1506), „figura serpentinata" genannt — wird schon 1584 von Lomazzo in seinem „Trattato della pittura" zu einem Stilmittel erhoben, von dem die Manieristen ausführlich Gebrauch machten. Die geschraubte Manier wurde in schmerz- oder auch lustverzückten Gestalten dargestellt und brachte das labile Gleichgewicht, das mit solchem emotionalem Übermaß verbunden ist, zur Geltung. Die nebenstehend abgebildeten Akrobaten zeichnen sich mehr durch ihre prekäre Lage als durch die Kunst der Beherrschung aus und widersetzen sich so einem Ideal der Ausgeglichenheit, der Ruhe und Abgeklärtheit. Die Statik wird abgelöst, die Dynamik entspricht einer unruhig gewordenen Welt voller Umschwung. Es ist die Zeit des aufkommenden Handels, der Entdeckung Amerikas, zugleich der Kriege und der Willkür grausamer Herrscher, wie sie etwa bei Burckhardt in seinen historischen Berichten über die Renaissance Italiens beschrieben sind. Die Welt ist aus den Fugen, sagt Hamlet, ebenfalls eine Renaissance-Figur. Manche Gottesverehrung schraubt sich aufdringlich zu Gott empor. Hier sei ein Liebeslied von Friedrich von Spree genannt, das sich an das Jesu Kind richtet:

> Ich gehöre nicht mir selbst
> Ich bin dein, ich bekenne meine Niederlage
> Ich kann weder sprechen noch singen
> Die Kräfte verlassen mich
> Die Sehnsucht wird mich verzehren. (49)

Der Akzent liegt auf dem Hinsinken, der Niederlage, der wollüstigen Hingabe, also einer Weitung, die auf die Engung durch letzten Widerstand, der bricht, folgt. Ich gehöre nicht mehr mir selbst — in der geschraubten Körperverfassung ist jedes Eigenleben herausgewrungen, wie aus einem Lappen das Wasser — bzw. der Saft, die Lebensenergie. Zurück bleibt eigentlich ein Kadaver, und tatsächlich ist ein grünliches Weiß der Farbton, den z. B. Tintoretto für die Wiedergabe verzückter Heiliger bereithält.

Auf körperlicher Ebene ist es ein Zustand der Verkrampfung, wobei die ursprüngliche Starre noch weiter intensiviert wird, so daß Spasmus und Konvulsion eintreten. Nicht Gelassenheit ist die Folge, sondern Verzerrung und Selbstverlust. Der verschraubte, verdrehte, verzerrte, gewundene Körper gibt

Zeugnis von dem Versuch, der Intensität gewachsen zu sein, und zeigt zugleich an, daß dieser Versuch mißglückt ist: der Krampf erweist sich als Stabi-
lisierung eines aus der Stabilität geratenen Gleichgewichts, eines labilen Zwi-
schenzustandes. Er ist eine stabilisierte Labilität – Also das Gegenteil von der

bewußtseinserweiternden Ekstase, die, wie wir gesehen haben, die statische Wirklichkeit verflüssigt, eine Art „negative Ekstase", deren Merkmale das Gefühl des Außer-Sich-Seins ist.

Gespreiztheit-Preziösität: eine weitere manieristische Tugend, die das natürliche Bedürfnis des Körpers nach Weitung und Streckung, nach Entgrenzung aus seinem organischen Zusammenhang herausreißt und es stilisiert. Dieses Über-Sich-Selbst-Hinaus-Wachsen bestimmt das Körpergefühl, das im klassischen Ballett vorherrscht — und sicher hat dieses deshalb auch eine so erhebende Wirkung nicht nur auf den Zuschauer, sondern auch auf den Tänzer selbst. Durch Disziplin des gestrafften Körpers, der durchgestreckten Knie, die sich vom Boden weg spreizen, der Füße, in Spitzenschuhe gepackt, die sich zum fliegenden Schweben bereit zu machen scheinen, erwacht im Körper selbst eine unstillbare Sehnsucht nach Weite, nach Öffnung und Preisgabe des eigenen Mittelpunktes, des eigenen Gewichts, der eigenen Gewichtigkeit und Gegenwart: Verzicht auf Ballung. Ballung (geballte Fäuste, wuchtiges Aufsetzen der Fersen), kauern und lauern, Krümmung wird vermieden — alle Phasen der Vorbereitung werden übersprungen. Die Form ist immer schon vollendet. Das Werden ist nicht sichtbar.

Der Spagat — eine unnatürlich weite Spreizung der Beine, die diese nicht nur weg vom Boden, sondern auseinander streben läßt, ist das Kennzeichen des Balletttrainings, mit dem schon in frühester Kindheit begonnen werden muß, um die vollendete Form zu ermöglichen. Die Spreizung ist eine überdehnte Form der Streckung, wie sie unwillkürlich z. B. beim Gähnen eintritt. Sie ist eine Form der Weitung und vermittelt dem Zuschauer das Gefühl ekstatischer Enthobenheit — was sie ja auch soll. Erinnern wir uns jedoch, daß zur Ekstase zwei gegensätzliche Kräfte gehören, durch deren Zusammenspiel erst Intensität entsteht, so müssen wir feststellen, daß das Moment der Enge fehlt (im Modern Dance allerdings wieder als „contraction" eingeführt wurde) und dem Körper einen Zustand ständiger Überdehnung abverlangt wird, der bei Berufstänzern bekanntlich zu frühen Abnutzungserscheinungen, sowohl der Gelenke wie der Bänder führt. In viktorianischer Verniedlichung mag wohl Gespreiztheit mit Grazie, bzw. Graziösität verwechselt worden sein, ist aber eben durch das fehlende Spannungsverhältnis von Weite und Enge von dem Zustand einer frei fließenden Energie weit entfernt. Die manchmal an Akrobatik angrenzende Kunst der Spreizung war übrigens schon in der antiken Welt bekannt und geschätzt. Wir sehen sie auf ägyptischen und kretischen Abbildungen — in beiden Fällen sind die Zehen gestreckt, der Fuß läuft spitz aus, sogar die springenden, wirbelnden, tanzenden Stierkämpfer Kretas achten noch in höchster Lebensgefahr auf formvollendete Körperhaltung, auf Gespreiztheit.

Demgegenüber vereinigt Salome in der Beschreibung Flauberts (50) verschiedene kleinasiatische Tanzkünste. Ihr gelingt es, Herodes zu verzaubern, weil sie im Aufbau ihres Tanzes das Verhältnis von Engung und Weitung beachtet.

Gelassenheit — wer kann sich die schon leisten? Gelassenheit, die nicht aus einer religiösen Zuversicht entspringt, wird in ihrer verweltlichten Form zur Lässigkeit, und erfordert einige Übung. Sich gelassen zu geben ist oberstes

Gebot für den Dandy, für den Gentleman, und auch für die Femme fatale, die ihrer Laszivität einen Hauch von Nachlässigkeit beimischt. Der Handwerker, Handelstreibende, der Geld ansammelnde Bürger gründet seinen Aufstieg auf Zuverlässigkeit, eine gewisse Nachlässigkeit jedoch wird zu einem, für ihn nie erreichbaren, Symbol des Ritterstandes, des aristokratischen Umgangs. Nie

wird er den Vorsprung einer eingefleischten Großzügigkeit einholen, und auch seine Kinder, soviel er sie durch die Erziehung darauf hin zu lenken versucht, werden in den paar Jahren der Kinderstube nicht eine Gelassenheit, die sich von Geschlecht zu Geschlecht eingeprägt hat, nachholen können. Und letztlich bleibt auch die aristokratische Lässigkeit eine künstliche Lebenshaltung, die zur Schau getragen wird, da es nicht um religiöses Zulassen im Sinne von Durchlässigkeit geht, sondern um ein Verbergen der allgemeinen menschlichen Ängste — wie z. B. der Todesangst — vor der Welt und vor sich selbst. Da die Angst als Enge nicht zugelassen werden kann, kann auch die heilsame Erschütterung nicht eintreten, die den Körper — z. B. aus Angst — durchschüttelt und so bewirkt, daß sich das Verhältnis von Spannung und Entspannung wieder in seinen natürlichen Tonus einschwingt. Eine solche Erschütterung galt — und gilt — als unfein. Die weichen Knie waren und sind Zeichen für einen Schwächling, und ein Zittern in der Stimme, ein in der Brust sich ankündigendes Schluchzen war (und ist?) dem Mann nicht gemäß. Weinen ist verpönt, ebenso zwerchfellerschütterndes Lachen, das Niesen darf nicht frei heraus, sondern muß verhalten werden, von Rülpsern und Furzen gar nicht zu sprechen. Die Lässigkeit ist also eine kontrollierte und genau abgegrenzte Disziplin des „So-tun-als-ob" man sich gehen ließe, im Grunde aber genau das Gegenteil. Lässigkeit ist eine körperliche Disziplin, die sich selbst als Geheimnis bewahren muß und keinen Augenblick der Selbstvergessenheit erlaubt, auch wenn sie diese vorspielt. Es ist die Kunst, „ganz man selbst zu sein", ohne es zu sein, zu tun, „als ginge alles von selbst", und zu wissen, daß alles Haltung, Spiel, Schein — und sehr anstrengend ist. Lässigkeit unterscheidet den Menschen, der sich nicht von den Notwendigkeiten und Bedingungen des Lebens beeinflussen läßt, von dem, der darauf angewiesen ist, sie anzunehmen. Don Giovanni verliert auch angesichts des geisterhaften Auftritts des toten Komturs nicht die Fassung, tut, als wäre nichts geschehen, lädt den Geist zum Essen ein, während seinem Diener Leporello, der auftischen soll, der Schreck in die Glieder gefahren ist, so daß er nur noch zu Stotter-Arien fähig ist. Leporello ist zwar ein Diener, aber er ist nicht devot — er erlaubt sich noch den

freien Lauf körperlichen Geschehens. Grandville karikiert meisterhaft eine devote Körperhaltung, ebenso wie die protzige Überwindung derselben in der Körperhaltung des Arrivierten (51). Beim ersteren ist die Lebensenergie an allen entscheidenden Stellen blockiert, am Nacken, an den Knien, am Übergang vom Arm zur Hand, die zum hilflosen Pfötchen degeneriert ist. Auch die Hinterbeine sind — um einen Fachausdruck aus der Bioenergetik zu gebrauchen — energetisch unterladen. Es handelt sich also hier offensichtlich um ein Wesen, das sich nicht leisten kann sich auf seine Hinterbeine zu stellen, auf eigenen Füßen zu stehen, und wenn, dann nur verstohlen, auf schlaffen Zehenspitzen, als wollte es so wenig Beachtung wie möglich auf sich ziehen. Dem Arrivierten allerdings geht es nicht viel besser, denn bei seinem starken Hohlkreuz, der geschwellten Brust, den stramm durchgedrückten Knien und den von sich gespreizten Zehen muß auch er sich blockiert fühlen, da auch bei ihm die Lebensenergie nicht fließen kann. Beides sind Posen und verhindern durch ihre Statik jegliche Dynamik, jeden Fluß, und damit Transformation. Und sogar der Verwandlungskünstler, der Clown, Hanswurst — mag er noch so viele Grimassen schneiden, Possen reißen, possierlich, drollig, flink sich gebärden: eben die Gebärde, die seine Maske wird, hält ihn in seiner Rolle fest. Wie, fragt sich also, kann die Statik, die der Selbstwerdung im Weg steht, aufgelöst werden?

Nicht durch willentliche Anstrengung, willkürliche Dynamik. Keine bestimmte Aktivität kann das Heilmittel sein.

Plötzlich sehe ich die seltsamen Statuen der Jain vor mir: nur der Umriß des Körpers ist festgehalten, das Innen ist leer. Der Körper als Hohlraum, das Selbst als Gefäß, die Mitte verborgen, aber immer da ...

IV

Neue Parameter und praktische Übungen

Nicht um die gestaltete Bewegung, sondern um die Gestaltung der Bewegtheit geht es uns. Eine erste und sicher unvollständige Aufzählung von Archetypen, die hinter den Gestalten der Bewegtheit stehen, hat uns durch Bereiche der Mythologie, Kunst und Geschichte, der Theologie und Philosophie geführt und manchmal sogar soziologische Phänomene angeschnitten, wenn auch das Konzept der Jungschen Archetypen, sich am „Kollektiven Unbewußten" orientiert und gesellschaftliche Zusammenhänge nicht einbezieht.

Die Archetypen, wie sie bisher in Symbolik und Mythologie anzutreffen waren, signalisieren verschiedene Seinsstufen des Menschen, der — idealerweise — die Stadien chaotischer Unbewußtheit, Ich-hafter Abgrenzung und Beherrschung und schließlich der Selbstwerdung durchläuft. Diese Entwicklung gilt, wie Neumann (1) aufzuzeigen versucht hat, nicht nur für die persönliche Geschichte des einzelnen, sondern läßt sich auch geistesgeschichtlich festlegen. Auch in Hegels Spätwerk, in der Philosophie der Religion läßt sich der Versuch sehen, die Bewegung des Geistes nachzuzeichnen und dies an Beispielen geistesgeschichtlicher, bzw. religionsgeschichtlicher Entwicklungsstufen aufzuzeigen. Solche Entwicklungsmuster haben natürlich ihre Nachteile, vor allem den einen, daß sie feine Nuancen und Schattierungen außer acht lassen müssen, und das empirische Material zurecht schneiden müssen, um es in den Sinnzusammenhang hinein zu bringen. Einen entscheidenden Vorteil jedoch bieten sie auch, insofern komplexe Strukturen, die wir, auf Grund unserer Unkenntnis als Außenstehende, gerne als chaotisch bezeichnen und dem Bereich des Unbewußten, des Unaussprechlichen, Unfaßbaren überantworten, sich einem vorläufigen Verständnis erschließen, also ins Bewußtsein gehoben werden können. Und so lassen sich die unwillkürlichen Bewegungen, die sich dem Willen, und damit der bewußten Steuerung zunächst entziehen, dennoch im Bewußtsein einordnen, nämlich an den Nahtstellen, den Grenzübergängen zwischen Unbewußtem und Ich-Bewußtsein, und dem Übergang von Ich zu Selbst. (Loslassen der Ich-haften Kontrolle, Kontakt zum tragenden Grund, zum Selbst.) Obwohl also das Unwillkürliche sowohl Regression wie auch Progression bedeuten kann, wird es meist unter negativem Vorzeichen gesehen — warum?

Ich ging von der Schilderung eines für uns vielleicht befremdlichen Geschehens aus: der Tanz des australischen Gottes Dschanba ist sein Zusammenbrechen. Ich begann mich zu fragen, wieviel Unwillkürliches wir unserem „zivilisierten" Gottesbild zugestehen, und entdeckte, daß es so gut wie kaum möglich für uns ist, sich einen Gott in Bewegung, und noch dazu in unwillkürlicher Bewegtheit vorzustellen. Die unwillkürlichen Regungen der australischen Götter, die sich ganz konkret umsetzen und deren Wirkung in der Wirklichkeit für den Gottgläubigen aufzuspüren ist, — die göttlichen Furze, die Winde auslösen, Exkremente, Urin, als Berge und Flüsse verewigt —, auch die Vorstellung der Tukano-Indianer Südamerikas von Sternschnuppen als Indiz für göttliche Kopulation am Himmel, ja sogar das Lachen Gottes, das in der jüdischen Mystik (2) als Urbewegung beschrieben wird, die zur Erschaffung des Universums führt, — dies alles mutet uns fast gotteslästerlich an, selbst wenn wir nicht mehr an einen Gott glauben. Unser Gott — der zivilisierte Gott, der im Unbewußten überlebt, ist selbstbeherrscht, bzw. ist er in seiner

Selbstbeherrschung soweit voran gekommen, daß er diese nicht mehr nötig hat: unser Gott ist ein vollendeter Gott. Er bewegt sich nicht mehr.

Im Candomblè hingegen verraten die Götter ihre Anwesenheit gerade durch Bewegung. Sie „reiten ihr Pferd", das heißt, eine spezifische Bewegungsart, die einem Gott — wir würden sagen, einem Archetyp — gehört, ergreift das Medium, den Trance-Tänzer und nimmt vollständig Besitz von ihm. Der Geist materialisiert sich in der Bewegung. Er wirkt im Tanz, der Tanz ist seine Wirklichkeit. Den Yoruba Gottheiten des Candomblè könnten zum Teil die uns bekannten olympischen Götter, die in der Astrologie überlebt haben, zugeordnet werden. So ist die Astrologie als ein Versuch anzusehen, in der Wirklichkeit das Wirken verschiedener Kräfte — Sternzeichen, Götterbilder, Archetypen — aufzuzeigen, sie als Kräftespiel, als Bewegung und Bewegtheit zu deuten.

Platons Ideenlehre macht dieser Vorstellung eines Kräftespiels ein Ende: die olympischen Götter werden entthront, ihr emotional gefärbtes Verhalten eines Gottes nicht würdig befunden. Die Suche nach einer ewigen und für immer festgesetzten Ordnung beginnt. So heißt es im „Timaios", dem ersten Text Platos, der von den italienischen Humanisten des Trecento übersetzt wurde, — und an dem sich Petrarca wie Dante inspirierten —, „Gott fand Unordnung vor und brachte es in Ordnung". Hier ist also von EINEM Gott die Rede, und, dementsprechend, von EINER Ordnung.

Erinnern wir uns an Aristoteles: „Wenn sich alles bewegt, ist nichts mehr wahr." Natürlich — in einer Welt, deren Ordnung darin besteht, daß sie Maß anlegt, die Welt vermißt, die Wahrheit bemißt, darf sich immer nur etwas, ein kleines Stückchen, Teilchen, eine diskontinuierliche Untereinheit bewegen. Kontinuität der Veränderung (man denke an Zenos Paradox von Achilles Wettlauf mit der Schildkröte) gefährdet das Maß.

In den unwillkürlichen Bewegungen, die den Menschen ergreifen, wo sich alles bewegt, da geschieht es, daß jene statische Ordnung aufgehoben wird. Eine Wahrheit, die sich um ewig-zeitlose Gültigkeit bemüht und Unveränderlichkeit beansprucht, wird nun im Augenblick der Erschütterung, der eine ganz andere Qualität von Zeitlosigkeit erleben läßt, in Frage gestellt. Unwillkürliche Bewegungen zeigen energetische Zustände an. Diese können von der augenscheinlichen Konvulsion des Besessenen bis hin zur meditativen Versenkung scheinbarer Bewegungslosigkeit reichen: ihnen gemeinsam ist, daß Energie nur dann wirkt, wenn sie fließt, das heißt im Zwischendrin, im Fluß zwischen den Polen ist — und sich so dem Maßstab der Aristotelischen Ordnung entzieht. Das Tremendum kann nicht bemessen werden — zumindest nicht im üblichen Sinn. Wir brauchen Parameter, wenn wir es didaktisch oder therapeutisch mit energetischen Zuständen zu tun haben, und manche Vorarbeit ist im Bereich der Körpertherapie schon geleistet worden. Wichtig ist, energetische Zustände nicht statisch, sondern dynamisch zu begreifen, nämlich als Verhältnisse und Beziehungen. Dieses soll anhand von kurzen Übungen des Denkens, bzw. Umdenkens veranschaulicht werden. Auch im Bereich des Tanzes, der oft als rein körperliche Aktivität eingeschätzt wird, hat sich ein solches Umdenken als fruchtbar erwiesen, denn Korrekturen in Form von Anweisungen, etwa mehr in die Knie zu gehen, und Befehle, doch endlich locker zu sein,

haben wenig Sinn und erreichen sicher nicht die gewünschte Wirkung, etwa
— um einen bioenergetischen Terminus zu gebrauchen — mehr Bodenkontakt
herzustellen. Der Betroffene hört die Kritik, versteht nicht, wie er es anders
machen soll. Auch Worte wie Bodenkontakt mögen bei dem einzelnen ganz
verschiedene Assoziationen wachrufen, ebenso Erde, Grund, etc. Wenn aber
der Akzent nicht auf Boden, sondern auf Kontakt liegt, nähern wir uns schon
einem eindeutigen Verständnis, insofern Kontakt, wozu auch immer, eine Beziehung ist und die Regeln von Beziehung gelten. Es kann als Verhältnis bestimmt werden.

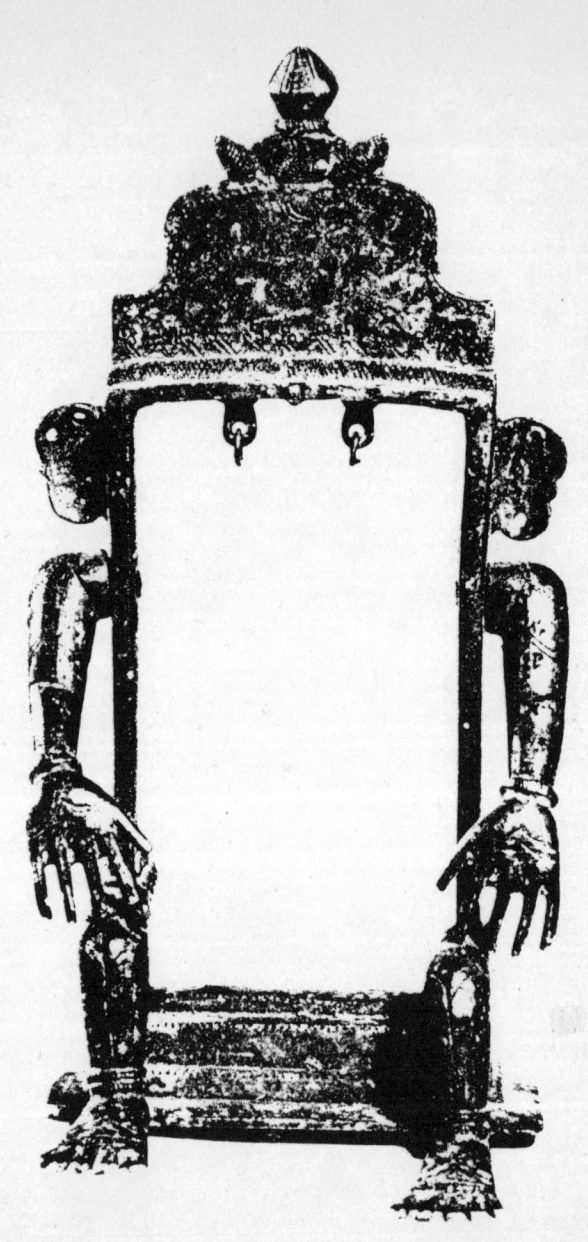

LEERE

Ein Yogi gab eine Einführung in seine Art der Medita-
tion. Er scheute sich nicht, uns etwas vorzumeditieren.
Er saß im Lotussitz da und atmete ruhig und tief. Nach
kurzer Zeit trat eine Veränderung ein: sein Körper
schien größer zu werden, und gleichzeitig zu erstarren,
zu einer Statue zu werden, die mit dem Rücken in einem
Strom gebettet daherzutreiben schien. Gleichzeitig erfüll-
te ein Rauschen den Raum — ich dachte an einen Wasser-
rohrbruch.
Später unterhielten sich die Anwesenden darüber, was sie
wahrgenommen hätten. Und alle waren mit dem Phäno-
men konfrontiert, eine Abwesenheit, die Anwesenheit ist,
miterlebt zu haben und umsonst nach einem adäquaten
sprachlichen Ausdruck zu suchen.

Anwesenheit hat für uns zunächst weniger mit Wesen zu tun, sondern
bedeutet vor allem Dasein der Leibesfülle, wobei der Leib als Sack
oder Paket, als ein geschlossener Hautbeutel mit Inhalt vorgestellt
wird, was vor allem in leibesfeindlichen Zeiten zu Ausdrücken wie „Maden-
sack" und „Drecksbeutel" (3) geführt hat und auf die eingepackte Zeitbombe
der Vergänglichkeit im Fleisch hinweist. Diese Vorstellung vom Körper als einer
Wurst, die oben stückchenweise eingefüllt, und unten stückchenweise entleert
wird, führt zu einem Verhalten: kaum wird an einer Stelle etwas gelockert,
treten an anderer Stelle umso stärkere Anspannungen auf. Das heißt z. B.: bei
Lockerung des Beckens kann es gut sein, daß plötzlich Kopfschmerzen und
ein steifer Nacken sich bemerkbar machen; ebenso wie ein Stepschritt, der besondere Lockerheit in den Füßen voraussetzt, von zusammengebissenen Zähnen und verkniffenen Gesichtszügen begleitet wird. Ein anderes Körpergefühl
ergibt sich, wenn ich deshalb nicht den Körper vom Scheitel bis zur Fußsohle
im Hier und Jetzt zu erzwingen versuche, sondern über den Scheitel und die

Fußsohle als über die körperlichen Grenzen der Haut hinaus mein Dasein erstrecke: mein Körper wird zum Kanal. Er hat zwei Öffnungen, nicht nur eine — oder die andere. Beide Öffnungen, nach oben und nach unten, stehen offen. Ich stelle mir einen Luftzug vor, der hindurchweht. So wird mein Atem nicht eingeholt und herausgepreßt, sondern kommt und geht, wie Wind. Nicht ich bewege mich, sondern ich werde bewegt: es atmet mich.

ERDE

Die Affridis waren ein afghanischer Stamm, der am Kai-
bel Paß lebte. Ein alter, britischer Globetrotter erzählte
mir von ihren Tänzen, die er in der Zeit um den Ersten
Weltkrieg dort gesehen hatte: sie stampften auf die Erde,
dies mit großer Macht, und sehr schnell, so daß die Erde
im Umkreis erbebte. Sie selbst aber schienen zu schwe-
ben, bzw. auf einer schimmernden Fläche, wie über Was-
ser zu gehen. Er fragte sie, wie sie die große Anstrengung
mit solcher Leichtigkeit verbinden könnten, und sie sag-
ten ihm: Wir tun nichts. Es ist Mutter Erde, die uns trägt.

Wir haben große Angst vor Schwere. Wir sagen: Nimm es leicht, nimm es nicht so schwer! Etwas bedrückt uns, und wenn uns ein Stein vom Herzen gefallen ist, sind wir erleichtert. Mit Gewicht verbinden wir nicht Wichtigkeit, – und damit auch Wert –, sondern eine unabänderliche Gegebenheit des irdischen Daseins. Denn so leicht wir auch sein mögen, so zieht uns die Erde doch immer an und hält uns fest. Wir verbinden damit eher die Vorstellung einer Gefangenschaft, statt dem Bild der Mutter Erde, die uns trägt. Unser Gewicht empfinden wir oft als Belastung, als Zumutung, und unsere Gefühle inkorporieren sich als zurückgehaltene Bewegungsimpulse. Diese Zurückhaltung ist uns schon so in Fleisch und Blut übergegangen, daß die ständige Anspannung nicht mehr als solche erlebt wird. Eine tiefe Entspannung, wie sie etwa durch Autogenes Training, durch Drogen und Psychopharmaka, aber auch durch emotionale Zustände – etwa der Erschöpfung, die einem Ausbruch folgt, oder der Enttäuschung, die die Anspannung der Erwartung zunichte macht – auftritt, trägt in sich schon die Möglichkeit einer bewußtseinserweiternden Explosion. Im Fluß fällt alles Überflüssige weg, dann wird der Körper nicht unter dem Aspekt einer Anhäufung von Überflüssigem erlebt, als Fülle, die nicht auffallen soll.

Vorübungen für Bodenkontakt:

das Gewicht der eigenen Hand, die auf dem Knie liegt, spüren. Beim Händedruck die andere Hand nicht nur drücken, sondern auch das Gewicht zulassen. Sich an eine Wand lehnen, es sich in dieser Stellung so gemütlich wie möglich einrichten. Jetzt, als Partnerübungen, sich aneinanderlehnen, so daß jeder sich wirklich gestützt, getragen erlebt, und das Gewicht durch ein Gleichgewicht aufgehoben wird. Jetzt Schulter an Schulter sich anlehnen, Seite an Seite, und so gut ein gemeinsames Gleichgewicht aufbauen, so daß die Schultern der einzige Berührungspunkt sind. Sogar der innere Fuß kann vom Boden weg genommen, das Bein über das andere geschlagen werden. Dann den unbelasteten Fuß wieder ganz langsam auf den Boden aufsetzen und belasten. Spüren, wie das Gewicht wieder in den unbelasteten Fuß hineinkommt, und ganz unten, an der Fußsohle, am Boden ankommt: Jetzt stehe ich auf eigenen Beinen.

POLUNG UND PULSATION

Stelle dir das Gegenteil vor. Wie?
Bei vorangehender Partnerübung denkst du dich in dein Bein und in das Bein des Partners hinein, als wären es beide deine eigenen Beine, mit denen du auf der Erde stehst. Und stelle dir vor, daß dein Partner sich jetzt ebenfalls in dein Bein hineindenkt, als wäre es seines. Spüre den Gegensatz von Eigen und Fremd. Es gibt ein Kinderspiel, bei dem Finger an Finger — deiner und der fremde — gelegt wird, und dann wird an beiden Fingern gleichzeitig entlang gestrichen, als wären sie eine zusammengewachsene Einheit.

Stehe auf beiden Beinen, verlagere dein Gewicht auf ein Bein, das jetzt ganz voll mit Gewicht wird, während das andere sich leer, entlastet anfühlt. Nun stelle dir das Gegenteil vor: Während das eine Bein entlastet wird, wird es schwer und voll. Während das andere Bein belastet wird, wird es leicht und leer.

Du atmest aus — das Universum atmet ein. Du atmest ein — das Universum atmet aus. Dein Einatem ist in größerem Zusammenhang ein Ausatem, dein Ausatem ein Einatem.

Du sinkst in die Knie, deine Arme steigen nach oben, von einer unsichtbaren Kraft getragen, du wächst aus dem Boden heraus, wie von einer unsichtbaren Kraft getrieben, während deine Arme entspannt nach unten sinken. (Du kannst dir dabei einen Flaschenzug vorstellen.) Mach dich ganz klein und eng und stelle dir dabei vor, du wirst immer weiter. Geh in die Weite und Breite, und stelle dir vor, du ballst dich zusammen.

Nicke mit dem Kopf und sag Nein. Schüttle den Kopf und sage Ja. Mache das Kopfnicken und Schütteln sehr klein und unablässig und denke dabei Ja oder Nein, wechsle. Lasse die Bewegungen immer kleiner werden, bis nur mehr die Schwingung, das innere Bild, das Gefühl da ist.

Balle die Fäuste (mit den Daumen draußen) und spüre Wut, die die Fäuste immer mehr ballen läßt. Achte darauf, daß der restliche Körper ganz entspannt ist, als ob alles an Anspannung und zurückgehaltener Wut in die Fäuste fließen würde. Öffne den Mund leicht, achte darauf, daß auch die Kinnbacken locker sind. So brauchst du die Wut nicht in dich hineinfressen, sie dir verbeißen, sondern Du kannst sie — buchstäblich — in der Hand halten. Warte darauf, daß das Fäusteschütteln, — das meist als Zeichen OHNMÄCHTIGER Wut angesehen wird — von selbst einsetzt. Lasse dich davon angenehm durchschütteln und massieren. Genieße deine Energie! Du kannst nun, wenn sich die Be-

169

wegung des Schüttelns verselbständigt hat und dich nicht anstrengt, sie in eine etwas größere Bewegung übergehen lassen, als würdest du an etwas rütteln. Achte darauf, daß du nirgends im Körper festhältst, so daß nicht du rüttelst, sondern gerüttelt wirst. Alle Rüttel- und Schüttelbewegungen, die wir vor allem aus dem afrikanischen Tanz kennen, setzen ein Körpergefühl voraus, in dem die Kraft nicht aktiv, direkt und willentlich gesteuert, gewollt eingesetzt wird, sondern sich ergibt, sich steigert in pulsierendem Rhythmus und in der Steigerung sich nicht erschöpft, sondern auflädt. Auch den Shakes und Shimmies aus dem Bauchtanz und dem afrikanischen Tanz sollte die Anstrengung nicht anzusehen sein. Stelle dir deshalb bei diesen gepolten Bewegungen des Hüftwackelns, Schulterschüttelns, ,,Nervenrollens'' (ein Schleudern der Bein- und Gesäßmuskeln durch Schütteln eines Beines) und auch des Kopfkreisens vor, daß durch die Bewegung sich zwei Elemente vermischen, so etwa wie durch die Bewegung eines Kreisels ein Ton entsteht und auch die verschiedenen Farben zu einem Farbschleier zusammenfallen.

MITTE

In seiner Mitte zu sein — oft als Ziel von Meditation formuliert — heißt nicht, einen Standpunkt einzunehmen, der in der Mitte ist, also nach einem Mittelpunkt in sich selber zu suchen, oder ein Mittelmaß zu berechnen und sich danach zu richten. Vielmehr ist der Prozeß, seine Mitte zu finden, vergleichbar mit dem Vorgang, ein Fahrrad zu fahren und, obwohl mal ein Bein und dann das andere tritt, nicht jedesmal von einer Seite zur anderen hin und her zu schwanken, sondern in der Mitte zu bleiben. Je schneller der Wechsel, desto mehr stellt sich das Gleichgewicht ein. Für diesen Vorgang der „Ermittlung" bedarf es eines gewissen Kontrollverzichtes, insofern sich der Wechsel, und vor allem der schnelle Wechsel, der Kontrolle entzieht. Auch der Vorgang des Messens durch Abwägen ist eine solche Ermittlung. Wenn ich ein Fernrohr wirklich scharf einstellen will, wäge ich ab, indem ich das Bild zu nah und zu weit einstelle, und im Dazwischen das mir gerechte Maß ermittle. Bei den indianischen Heilern gibt es eine Technik des Schauens, bzw. der inneren Schau, die nicht von einem Fokus, sondern von zweien ausgeht. (Zwiemittlung, die zur Ermittlung führt). Wenn ich energetische Zustände wahrnehmen will, will ich nicht sehen, was IST, sonder was LOS IST. Ein leichtes Schielen, eine Art Silberblick läßt mich nicht hinstarren, sondern das Erblickte nebelförmig erfassen. Ebenso nehme ich, wenn ich geradeaus schaue, auch am Rande des Blickfeldes etwas wahr — verschwommen und flüchtig. Aber gerade hier, im Bereich der Unschärfe, kann meine Wahrnehmung besonders, und anders scharf werden.

Dies ist besonders wichtig, wenn ich Bewegungsqualitäten auf mich wirken lassen will. Es sind dies ja nicht Dinge, die ich besser sehen kann, wenn ich genau hinstarre. Wie der Fotograf, der ein laufendes Pferd oder einen Skifahrer fotografiert, mit der Bewegung mitgehen muß, so muß sich der Heiler auf die innere Bewegtheit des Menschen, dessen Heil er im Sinn hat, einstellen. (4)

Um die Mitte nicht als Ort festzulegen, sondern sie aus der Bewegung immer neu zu ermitteln, ist es notwendig, immer neu in Beziehung zu treten. Eine solche ermittelte Mitte kann wohl gefunden, aber nicht festgehalten werden, weshalb die Suche nach Mitte nie abgeschlossen werden kann, sondern zu immer neuen Zusammenhängen, Beziehungen, Verhältnissen, zu immer neuer Offenheit führt. An Stelle der fixierten Mitte als Mittelpunkt und der Suche nach einem Standpunkt, der nicht mehr in Frage gestellt und relativiert werden muß, spricht man nun vom Feld, Netzwerk, Gewebe, Muster etc. Ein Nebeneinander von Berührungen und Begegnungen, von Knotenpunkten und verbindenden Linien löst die Ordnung des zentralistisch georneten Alls ab — und dies in allen nur denkbaren Bereichen. Leider kann an dieser Stelle nicht auf den Begriff des „Unus Mundus" von C.G. Jung und seiner Schülerin Marie-Luise von Franz (5), ebenso nicht auf holistische Denkansätze eingegangen werden, weshalb auf die angegebene Literatur verwiesen werden muß. Was jedoch im Bereich der Philosophie und der Naturwissenschaften eine unerhörte Neuheit ist und unser Weltbild radikal verändern mag, ist in Musik und Tanz eine Weisheit, die sich in den non-verbalen Traditionen besser hat halten können als in den Gedankengebäuden, die sich — wie aufgezeigt wurde — aus bewußtseinsgeschichtlichen Gründen kausal und linear anordnen mußten. Die Esoterik befaßt sich mit solchem Geheimwissen, das an schamanistische Praktiken und initiatische Erfahrungen anknüpft. Was bislang oft als Aberglaube keine Beachtung fand, wird nun auf verlorenes Wissen geheimer, akausaler Zusammenhänge untersucht. Dazu gehört, im Bereich des Tanzes und der Musik, das Zählen.

Das Zählen ist vielleicht noch manchem aus dem Klavierunterricht oder der Tanzstunde ein Graus, denn hier ging es um ein mechanisches Abzählen, das nicht vermuten ließ, warum Zählen und Erzählen zumindest vom Wort her verwandt sind. Das Abzählen kann einem das Erzählen, wie auch die Beschäftigung überhaupt mit dem Phänomen der Zahlen verleiden. Typisch für unsere Unterhaltungsmusik ist, daß sie, um eben dem Tänzer das Abzählen zu ersparen, möglichst eindeutig, und deshalb stumpf und dumpf den Takt einbleuen will. Ebenso die Marschmusik, die ja die Funktion der Gleichschaltung hat. Vergleichen wir damit die rhythmisch unglaublich differenzierte Musik Afrikas — die von vielen westlichen Zuhörern zunächst als Getrommel, Gedudel, Gesinge, Geklatsche, also als chaotisch eingeschätzt wird — so wird uns klar, daß hier noch nicht der Takt seine Autorität besitzt, sondern der Rhythmus

— nicht damit zu verwechseln — herrscht. Deshalb orientieren sich moderne Musiker etwa der Repetitive Music und der Minimal Art (7) an Afrika. In der Bewegungs- und Tanztherapie ist das Studium und die Erfahrung der Polyrhythmik — eben jener netzhaft ineinander verwobenen Rhythmus-Konstellationen — von grundlegender Wichtigkeit, da sie nicht nur ein neues Tanz- und Musikverständnis, sondern vor allem ein völlig anderes Körpergefühl vermittelt. Zudem sind diese Rhythmuskonstellationen unvergleichliche Konzentrationsübungen und bewirken Bewußtseinserweiterung — die entgegen der üblichen Auffassung, Konzentration bestünde aus qualvollem Sichzusammenreißen, berauschend ist. Die Waldorf-Schulen beziehen polyrhythmische Übungen in den Unterricht ein, auch Avantgarde-Schulen in Kalifornien verbinden Lernen mit Rhythmus.

Die Bewußtseinsschulung Gurdjeffs orientiert sich, unter anderem, an den Heiligen Tänzen, die in geheimen Orden und versteckten Klöstern in Zentralasien gepflegt und weitergegeben wurden. Ebenso wie diese weisen auch die schamanistischen Tänze der Regenmacher Australiens, die Ritual-Tänze der afro-amerikanischen Religionen wie auch der indonesische Trance-Praktiken polyrhythmische Strukturen auf.

In der Unterhaltungsmusik könnte Polyrhythmik aus den Tänzen der 50-er Jahre, vom Samba, Rumba und Calypso her bekannt sein. Den meisten jedoch hat die amerikanisierte Kitsch-Fassung großer Arrangements die Freude an der süd- und mittelamerikanischen Musik verdorben. Für das große Publikum wurde außerdem auf Polyrhythmik verzichtet, die Gegenschläge wurden herausoperiert, die Synkope eingeführt, um den rhythmisch eindimensional geschulten Tänzer nicht in Verlegenheit geraten zu lassen.

Im Unterricht verwende ich deshalb oft keine Musik, nur Sprachsilben, Melodie-Bögen, Klatschen, Schellenbänder, die um die Fußgelenke gebunden werden. Bei den Literaturangaben werden auch einige Platten, vor allem mit Trommelmusik, angegeben sein, die sich zum Tanzen eignen. (8)

ÜBUNGEN

Du stehst
aufrecht, aber entspannt,
die Knie nicht durchgestreckt,
sondern weich, durchlässig.
Kein Hohlkreuz, im Gegenteil:
der Rücken entspannt sich,
wird lang, das Kreuz hängt.
Es entsteht eine ganz leicht
vornüber geneigte Haltung.
So bist du nach vorne offen,
bereit, aufzunehmen, wach,
fähig, sofort zu reagieren,
wie ein lauerndes Tier.
Nach hinten bist du geschützt,

den Rücken leicht gewölbt.
Du bist dein eigener Schutzschild.
Füße sind parallel und hüftbreit.
Der Kopf wächst aus dem Körper heraus,
der Nacken setzt den Rücken fort
und bedarf keiner eigenen Spannung,
um den Kopf zu halten.

Atme aus
und lasse den Körper
im Ausatem leer werden.
Löse dich, spüre
mit einem Seufzer der Erleichterung
wie sich die Entspannung
von oben nach unten
fortsetzt,
schwer macht,
und leicht zugleich.
Dich schmelzen,
in Fluß kommen läßt.
So entspannt bist du,
daß du ein Ei legen könntest.

Atme aus
und spüre,
wie mit dem Fluß des Ausatems
das Gewicht des Körpers
nach unten abfließt,
unten ankommt,
wie ein Tropfen abfällt,
während ein Fuß
in den Boden stampft,
stößt,
wie ein Stößel
in den Mörser:
der Boden wird weich,
öffnet sich,
gibt seinen Geruch frei.
Stelle dir eine Landschaft vor,
die du riechen kannst.
Laß die Erde sich öffnen
durch ein reibendes,
stoßendes Stampfen,
bei dem die Fußsohle
kaum vom Boden weggeht.

Deine Füße bleiben dabei
hüftbreit und parallel.
So stampfst du in den Boden,
ohne mit dem Körper
zu schwanken, abzufedern,
in der Hüfte einzuknicken.
Alle Kraft und aller Nachdruck
liegt allein in den Füßen,
die das Gewicht des Körpers
wie ein Tropfen, der fällt,
dem Boden anvertrauen.

So schiebst du dich nun vorwärts,
die Füße bleiben dabei
hüftbreit und parallel,
als würdest du dich entlang
einem Schienenstrang bewegen.

Du stampfst wieder auf der Stelle,
langsam und nachdrücklich,
so daß du die leichte Erschütterung
des Aufpralls spürst,
wie ein Nachhallen, ein Echo.
Sie versetzt dich in Schwingung.

Nun spürst du die Mitte,
die zeitlich zwischen
einem Schritt und dem anderen
liegt,
und stellst den unbelasteten Fuß
kurz dem belasteten Fuß bei,
so daß in der räumlichen Mitte
zwischen einem Fuß und dem anderen
ein kurzer Anstoß erfolgt.
Auch dieser setzt sich
als leichte Erschütterung fort,
durch den ganzen Körper hindurch.
Stelle dir deinen Körper
als Rassel vor,
in der
die Kerne hüpfen
wie ein Ball hüpft,
der gegen den Boden
geprellt wird.
Durch dieses weiche, sanfte
Schütteln, durch den
gleichmäßigen Rhythmus

öffnet sich der Körper,
wird durchlässig,
wird zum Klangkörper ...

Eine andere Art,
ein ganzkörperliches Schütteln
von den Füßen aus aufzubauen
ist diese:
Du stehst. Nur die Fersen
heben, lüpfen sich abwechslungsweise
kurz und fallen wie Tropfen herab.
So trommelst du mit den Fersen
gegen den Boden, läßt
einen Trommelwirbel zu,
und bleibst dabei entspannt,
gelassen.

Dein Schritt
erschafft die Landschaft,
so wie die Beschaffenheit des Bodens
dich in deinem Körpergefühl,
in deinem Gefühl für Gegenwart
beeinflußt.

Ein weicher Boden gibt Resonanz.
Ein harter Boden läßt dich zersplittern.
Das Schlimmste ist Beton.
Wenn du den Boden nicht verändern kannst,
dann kannst du doch
durch weich abrollende, knetende,
tretende Schritte
in deinem Körper selbst
die Weichheit finden,
die Resonanz gibt.

Tritt ein:
setz mit dem Fußballen
zuerst auf und rolle ab
oder setz mit der Ferse
zuerst auf und rolle ab.
Beides kleine Bewegungen,
bei denen die Fußsohle
immer in Kontakt mit der Erde
bleibt, nur eine leicht schaukelnde
Akzentuierung, Gewichtsverlagerung
stattfindet.

Du knetest den Boden
wie ein Katzenjunges
die Mutterbrust knetet.
Das nennt sich Milchtritt.

Oder:
du schiebst dich
zunächst tastend
mit einem Fuß vor
und vertraust dein Gewicht
erst mit dem zweiten Nachschub
endgültig der Erde an.
Dabei bleiben die Füße hüftbreit
und parallel, als würdest du dich
auf einem Schienenstrang
vorwärtsschieben.
Es entsteht eine leicht
schaukelnde, schwingende,
sehr sanfte Hüftbewegung.

Aus den hier besprochenen
Fußbewegungen und Schritten
leiten sich viele Variationen ab.
Vielleicht findest du selbst welche,
und kannst sie außerdem mit den
nun folgenden Arm- und Kopfbewegungen
kombinieren.
Wichtig ist dabei,
den Wechsel von einer Bewegung
zur anderen als Lösen, Fließen
zu erspüren,
in Fluß zu kommen.

Achselzucken —
eine Last, die auf dem Buckel,
auf der Brust liegt,
abschütteln.
Abtropfen lassen.

Die Arme hängen herab.
Das Zucken der Achseln
läßt die Ellbogen
kurz hochspringen
und herabfallen.

Sich plustern
die Achselhöhlen freilegen,

die angewinkelten Ellbogen,
in denen der Schwerpunkt liegt,
hoch und nieder bewegen,
als hielte man einen Blasebalg
unter der Achsel
und pumpe sich voll.

Angewinkelt
die Ellbogen spüren,
sich Freiraum schaffen,
jetzt auch nach vorne
und nach hinten,
indem die Ellbogen
nach vorne und hinten
wie in einer Bahn
gleichmäßig schwingen.

Schlackern, schlingern.
Es entsteht eine Schlangenbewegung,
wenn du das Auf und Nieder
und Vor und Rück
der angewinkelten Ellbogen
verbindest.
In der Mitte des Vor und Rück
trifft sich das Nieder
der Ellbogen.

Mit einer kreisenden, rührenden Bewegung
der angewinkelten Ellbogen
kommst du in eine Schwimmbewegung.
Öffne die Hände, spüre sie
lasse dich vom Wasser tragen
schwimme im Überfluß.

Lasse die Handflächen nun
nach oben zeigen,
zu Schalen werden.
Sie tragen etwas, zeigen etwas,
bieten es dar, offenbaren,
,,was auf der Hand liegt".
Das Kreisen der angewinkelten Ellbogen
richtet sich leicht nach oben,
öffnet dich nach oben
in einer Geste des Empfangens,
Willkommens.

Öffnest du dich nach unten
mit derselben schwimmenden
Armbewegung, so entsteht
unten ein Raum
aus dem du schöpfen kannst.

Schöpfen, aufwickeln
aufnehmen, sich aufladen,
die Fülle spüren
in den Händen.
Die Handflächen zueinander wenden,
die Fülle gestalten,
ertasten, umfahren,
nachbilden, den unsichtbaren Ball
ballen, raffen
und zum Reiben, Wetzen
übergehen, ohne daß sich
die Handflächen berühren
die Wirkung dieser Bewegungen
spüren.

Und ausschütteln,
aus den Händen gleiten lassen —
alles. Leer werden.
Von den Fingern tropfen lassen,
nach unten loslassen.
Die Ellbogen springen hoch
und fallen herunter.

Diese Schüttelbewegung
erfaßt den ganzen Arm
setzt sich in der Schulter
fort, bis in den Oberkörper.
Dort spürst du die Erschütterung.
Nun schütteln sich die Arme
in die Waagrechte aus,
als wolle man wegscheuchen.

Mehr noch: etwas bannen —
diese Bewegung wird sehr intensiv,
wenn die Handflächen sich aufstellen,
entschieden wegschieben,
der Handballen voller Kraft
sich einsetzt.

Spüre dabei den Wechsel
des Weg und Her.

Wenn du nun die Handflächen
zu dir wendest, dann verkehrt
sich die Wegbewegung
in eine Herbewegung.
Du kannst die Handflächen locker
auf dem oberen Teil des Brustkorbs
aufklopfen lassen, dort
wo die Affen
sich auf die Brust trommeln.
Du kannst dir auch
nur Luft zufächeln.

Behaupte dich locker und entspannt:
Lasse die leicht angewinkelten Ellbogen
in Brusthöhe seitlich hochsteigen
und dort in der Waagrechten
von der Luft getragen
kurz nach hinten stoßen,
kurz, entschieden, und entspannt.
Diese kleine Stoßbewegung
der Ellenbogen verbindet sich
mit einem entspannten Achselzucken,
so daß das Zurückstoßen der Ellbogen
mit dem Herabfallen der Schultern
zusammentrifft.
Dabei kann sich das Brustbein
mit einer einzigen Bewegung
nach vorne schieben,
worauf dann der Brustkorb im Wechsel
wieder entspannt in sich
zusammenfällt.

Deine Arme bilden
einen weichen weiten Bogen nun,
der in der Waagrechten
auf der Luft aufliegt.
Der Oberkörper beugt sich
ein wenig nach vorne über,
so daß du den Raum
bis zum Boden vor Dir hast,
in dieser Haltung
einbeziehst, umfaßt,
abschließt
mit einem Ballen der Fäuste
wobei der Daumen natürlich
draußen bleibt − achte darauf!

Setz dich
auf einen Stuhl,
dessen Höhe ungefähr
der Länge der Unterbeine entspricht,
so daß die Knie rechtwinklig
aufgestellt sind
und die Fußsohlen ganz
den Boden berühren.
Lasse wieder das Gleichgewicht
nach unten fließen,
zunächst sich im Becken sammeln
und dann, wie bei einem Wasserfall
vom Becken über die Knie
in die Fußsohlen und in den Boden
abfließen.

Es ist gut, die Beckenbewegungen
zunächst im Sitzen zu machen,
da der Schwerpunkt im Becken
als Kontakt mit der Sitzfläche
erfahren werden kann,
und du außerdem dich vielleicht
aus deiner Kindheit
an jene Bewegungen des
Hippelns, Zappelns,
Schaukelns erinnern kannst.

Schaukle
von einer Pobacke zur anderen,
als wolltest du dir dadurch
eine Kuhle machen.
Bleibe dabei ganz entspannt
und lasse das Becken zu einer Wiege,
einer Schaukel, einer Schale werden.
Der Bauch liegt darin als Kugel.

Reite
mit einer Vor-Rück-Bewegung
des leicht und entspannt
sich kippenden Beckens
auf dem Stuhl herum.
Spüre, wieviel beharrliche
Treibkraft in dem Becken
sich entwickeln kann,
wenn du es läßt.

Lasse nun das Vor-Rück
und das Hin und Her
ineinander überfließen,
eiern, schleudern,
kreisen,
mahlen —
wenn du dich schwer
und nachdrücklich
bewegst.
Schrauben —
wenn du die Bewegung
schneller und kleiner
werden läßt.

Zu allen Beckenbewegungen
lassen sich Fußbewegungen
kombinieren.
Versuche sie selbst zu finden,
zunächst, indem du sitzt,
und dann im Stand.

Du wirst sehen,
daß sich manchmal von selbst
auch die Arme und der Oberkörper
dazu bewegen.
Finde eine dir angenehme
und vertraute,
ganzkörperliche Bewegung
die dir entspricht.
Es geht weniger darum,
Beckenbewegungen zu lernen,
als wieder zu entdecken.

Steh aufrecht, aber entspannt,
weich in den Knien.
Spüre, wie das Becken
von den Beinen getragen wird
wie eine Glocke vom Glockenstuhl.
Lasse das Becken hängen
und dann schwingen, vor und zurück,
wie eine Glocke läuten.

Wedeln, schwänzeln
bedeutet eine gleichmäßige
Seitbewegung des Beckens,
Hin und Her,
wobei es wichtig ist,

diese Bewegung nicht
aus dem Hohlkreuz zu machen,
sondern tiefer, unterhalb der Gürtellinie,
anzusetzen.

Bringe im Stand beide Füße
so eng aneinander,
daß sich die Knie berühren
und mit einer Vor-Rück-Bewegung
aneinander reiben.
Gehe noch tiefer in die Knie,
ohne ein Hohlkreuz zu machen,
so daß sich die Reibung der Knie
auf einen seitlichen Hüftschwung
überträgt.
Nun kannst du die Füße wieder
parallel und hüftbreit entfernt
stellen, und die Hüfte darüber
schwingen lassen:
spüre die Hüftgelenke als Grenze
und stoße nicht daran an,
lasse die Bewegung klein und schnell werden,
wie eben ein Wedeln oder Schwänzeln ist.

Stelle dir eine mahlende,
abgerundete, rollende
Beckenbewegung vor,
mit der du unsichtbare Kreise
auf dem Boden zeichnest,
oder die Wände einer riesigen Schüssel,
in der du stehst,
nachfährst, ausschleckst.
Wichtig ist, den Schwerpunkt
so tief wie möglich zu lassen.
Das Becken bleibt schwer
und entspannt,
hängt wie das Gewicht eines Pendels
zwischen den Beinen herab.

Mit diesem Gefühl —
das Becken ist ein Pendel —
kannst du nun auch mit anderen Formen,
zum Beispiel halben Kreisen,
experimentieren.
Finde deine eigenen Schritte dazu.

Im Nacken sitzt die Angst,
den Kopf zu verlieren.
Laß mit dem Ausatem den Kopf
aus dem Körper hervorwachsen,
spüre
wie der Kopf mit dem Körper
verbunden ist.
Der Kopf sitzt auf dem Rumpf
wie ein Ball, der auf einem Stab
balanciert wird —
ganz locker.
Wie der Ball im Schnorchel:
wenn dir das Wasser bis zum Hals geht,
laß den Kopf darauf treiben —
nicht sich festbeißen;
dann ein Kopfnicken,
das nicht mehr aufhört,
kleine, unablässige Bewegungen,
die den Kopf lockern,
sich einverstanden erklären;
dann
ein Kopfschütteln,
weniger ablehnen,
mehr sich wundern,
staunen,
es nicht fassen können,
immer wieder abwägend
den Kopf leicht
mit dem Ohr zur Schulter legen,
hin und her bewegen,
das Gewicht des Kopfes spüren,
auf die Waagschale legen;

daraus
ein sehr kleines,
eher schnelles
Kopfkreisen entstehen lassen,
das sich wie ein Kopfwackeln
anfühlt.
Erst wenn der Kopf,
die Nackenmuskulatur ganz entspannt ist,
kann das Kreisen größer werden,
zu einem Schleudern werden.

Den Kopf entspannt sinken,
hängen lassen.
Mit dem hängenden Kopf

sich ergeben,
ergeben nicken,
den Mund leicht öffnen,
die Backen entspannen,
den Atem ein und aus
fließen lassen.

Das hängende Nicken
mit einem seitlichen Schwingen
des Kinns von Achsel zu Achsel
verbinden,
durch die Nase den Einatem hochziehen,
,,den eigenen Schweiß riechen''
und in schnellem Wechsel,
wenn das Kinn auf die Brust fällt,
den Ausatem ausstoßen.
Dabei im Bauch entspannt bleiben,
sich vorstellen, man nehme
den Geruch eines Riechsalzes
(das früher als Mittel gegen
Ohnmachten angewandt wurde)
tief in sich auf —
durch den Geruchssinn
bist du mit deinem
tiefsten Energiezentrum
verbunden.

Wenn du gut in deiner Tiefe
verwurzelt, verankert bist,
kannst du andere Anker lichten,
mit den Augen die Welt
loslassen.

Karussell fahren,
indem du den Kopf
einfach hin und her
drehst und drehst
und dabei das, was du siehst
nicht fixierst, nicht festhältst,
vorbeigleiten, vorüberfahren
läßt,
spürst,
wie dein Bauch
im Atem sich öffnet
zu einem Innenraum.
Du bist drinnen und draußen.

Du bist an der Schwelle —
Genieße es.

Jetzt kannst du dich drehen im Stehen,
den Schwindel mit weichen Knien abfangen,
im bewegten Stand gut verankert sein,
wie ein Kreisel deine Farben mischen.

Stampfen, wen du dich noch mehr
verankern willst, im Stampfen
dich zum Boden hindurchlassen.
Stampfend das Drehen beenden.
Stehen.

Wechselschritte
(rechts-links-rechts
und links-rechts-links)
führen dich erst in eine Richtung,
und dann in die genau entgegengesetzte.
Lasse den Wechsel immer flüssiger,
das Umkehren immer fließender
werden, bis
ein Fluß, ein Verkehr
entsteht.
Du gehst nicht im Kreis —
du schwingst dich in die Kehren,
bis die Bahn zum Halbkreis,
und der Halbkreis zur Schale wird.

Lachen
erschüttert den Körper
manchmal so sehr,
daß sich die Bewegung
verselbständigt,
und du nicht mehr aufhören kannst.
Spüre in die unwillkürliche
Schüttelbewegung des Lachens,
stoße lachend den Ausatem heraus,
versuche verschiedene Lach-tempi
und verschiedene Vokale:
ein sehr langsames Hu,
(mehr wie ein Ausruf)
und ein sehr schnelles Hihihihi ...
(als würde jemand dich kitzeln)
dazwischen das Hahahaha,
das Hohohoho, das Hehehehe ...
und dann lasse dich lachend

mit dem gestoßenen Ausatem
in die Knie sacken und hochhüpfen,
so daß ein Kniewippen
verschieden schnell
und so unwillkürlich wie das Lachen
entsteht.
Durch das ganz schnelle Wippen
entsteht eine Vibration
die den ganzen Körper durchläuft.

Jammern
löst den Körper,
entschärft den Schmerz,
führt den Ärger ab —
probier's!
Sag nicht: Das tut weh,
sondern rufe, schreie es
heraus:Au, oder Jeh!
daraus wird: O weh!
O jemine! O je, o je, o je
O jejejejejejejejeje
das Jammern wird schneller,
rhythmischer, fließender —
das ist der Sinn aller
Schimpfwörter und Fluchtiraden.
Dann, mit dem letzten Rest Ausatem,
kommt der Umkehrpunkt, ein Ruf.
Schrei, etwas, das du ausspuckst,
losschießt, losläßt: ein Ha,
wie ein Bellen,
das überschlägt
in den Kampfschrei
der neuen Mut zuführt,
dich belebt,
auflädt;
vielleicht
findest du es jetzt
zum Lachen .....

Schluchzen
ohne Grund, einfach
tiefer den Eiatem
hineinziehen,
in zwei oder drei
Nachschüben,
unwillkürlich
wie ein Kind im Schlaf

schluchzend einatmet,
aufseufzt,
noch mehr entspannt.

RHYTHMISCHE UND POLYRHYTHMISCHE ÜBUNGEN

Schleifend stampfen
gemächlich
von einem Fuß zum anderen:
spüre,
wie ein Schritt in den anderen
übergeht.
Klatsche in die Hände
bei jedem Schritt
und spüre,
wie die Reibung
der Füße gegen den Boden
und der Hände aneinander
zusammenfällt. Dann
klatsche bei jedem Schritt zweimal,
so daß der zweite Klatscher
zwischen den Schritten ist.
Lasse den ersten Klatscher aus
und versuche, den zweiten Klatscher
genau in die Mitte
zwischen den Schritten
treffen zu lassen.
Auf jeden Schritt zählst Du 1, 2 —
1 ist der Schritt,
2 das Klatschen.
Lasse jetzt nur das Klatschen,
die 2 übrig, höre aber
weiterhin die 1 als Betonung
und füge dann wieder den Schritt ein.
Statt 1, 2 zähle nun
1, 2, 3, 4 auf jeden Schritt,
und klatsche nicht, wie vorher,
auf 3, sondern auf 2 oder 4
oder auf 2 und 4 —
versuche dabei nicht
zusammenzuzucken, nachzuschieben,
bleibe ganz entspannt,
spüre
den Fluß
zwischen den Schritten,
und die geklatschten Akzente
wie Brücken,

die über den Fluß führen:
Es sind Brücken,
in einem Bogen gebaut.

Statt 1, 2 oder 1, 2, 3, 4,
zähle nun 1, 2, 3
auf jeden Schritt:
es ist dies eine ganz andere Schwingung
die sich aus dem Dreier-Rhythmus
ergibt: achte darauf,
daß die drei Abschnitte
gleich groß sind.
Erspüre den Unterschied,
ob du die 1, die 2,
oder die 3 betonst.
Versuche, trotz der Betonung
die Abstände gleich,
die Bewegung gleichmäßig zu halten.
Es ergibt sich eine runde Form:
träge Wirbel,
die im Fluß treiben,
kreisend.
Auf zwei Schritte zählst du jetzt
nicht 1, 2, 3, — 1, 2, 3
sondern 1, 2, 3, 4, 5, 6 —
auf 1 und 4 kommt ein Schritt
auf 1 und 3 und 5 ein Klatschen.
Dann folgen zwei Schritte
zum Ausschwingen: dazu
klatschst du wieder genau
in der Mitte.
Spüre die Reibung:
wie das dreimalige Klatschen
gegen die zwei Schritte
anbrandet,
und dann sich wieder auflöst
im Wellenschlag des Auf und Ab.

Schleifend, stampfen
dabei sich seitwärts bewegen
so daß ein Fuß (in Laufrichtung)
betont ist, der andere
unbetont, er wird angestellt.
Die Zeit- und Raumabstände
zwischen betontem und unbetontem Fuß
sind ganz gleichmäßig.
Mit der Laufrichtung

wechselt die Betonung.
Bei ständigem Wechsel
ergibt sich
ein Dreier-Schritt:
rechts, links, rechts
links, rechts, links ...
Weite den Dreier-Schritt
zu einem Fünfer-, Siebener-,
Neuner-Schritt aus:
entwickle ein Gefühl
für die ungeraden Rhythmen,
für den gleichmäßigen Wechsel.
Im Gegensatz zu den geraden Rhythmen,
die die Laufrichtung
mit einer Unterbrechung wechseln:
rechts, links, rechts, − links angetippt
links, rechts links, − rechts angetippt.

In Partner- und Gruppenübungen, in denen verschiedene Personen oder
Gruppen verschiedene Rhythmen übernehmen, lassen sich besonders für den
Anfänger die Rhythmen in ihrem Charakter erleben und unterscheiden. Die
Aufgabe besteht darin, den eigenen Rhythmus durchzuhalten, jedoch auch
den anderen Rhythmus wahrzunehmen und wie eine zweite Stimme zum eigenen Rhythmus im Gegeneinander und Zusammen als Ganzheit zu erfahren. Es
sollen hier einige Grundmuster zur Anregung gegeben werden.

Die Gruppe bildet einen Kreis.
Nacheinander
macht jeder
einen kleinen Sprung
vor −
wie Kinder,
die aus ihrem Versteck heraus springen,
um zu erschrecken.
Der Sprung kann mit einem Laut,
einem Ha oder Buh
verbunden werden.
Der Körper läßt sich
im Sprung fallen.
Die Abstände zwischen den Sprüngen
werden gleichmäßig:
der Impuls verbreitet sich
wie ein Lauffeuer.

Die Gruppe bildet einen Kreis,
der sich mit einem Seitschritt
nach rechts bewegt.
(rechts, seit-anstellen, rechts, anstellen)
Der rechte Fuß ist betont,
der Schritt kann sich
mit einem Laut verbinden.
Der linke Fuß ist unbetont.
Ein zweiter Kreis bildet sich,
indem, wer will,
aus dem äußeren Kreis nach innen tritt
und sich nach links bewegt,
wobei der Schritt nach links
sich mit einem Laut verbindet.
Etwa Hau nach rechts,
Ruck nach links.
Eine dritte Gruppe (oder ein einzelner)
tritt in die Mitte des Kreises,
mit einem gleichmäßigen Wechselschritt,
einem Dreier-Rhythmus,
der sich über die Zweier-Rhythmen lagert.
Es entstehen Einheiten wie
Hauruckhau Ruckhauruck.
Dies ist ein einfaches Beispiel
für einen additiven Polyrhythmus.

Auch im Körper lassen sich
Zweier und Dreier vereinen:
die Füße gehen einen Dreier –
zur Seite, oder auch nach vorne –
Die Arme schwingen vor und rück –
die Ellbogen locker angewinkelt
oder auch durchgestreckt.
Dadurch entsteht ein antreibender Gegenschwung,
der einmal das Vor, und einmal das Rück
der Arme betont.

Das Spiel mit der wechselnden Betonung
läßt sich auch mit einem Viererschritt
– rechts, anstellen, rechts, anstellen angetippt
links, anstellen, links, anstellen, angetippt –
verbinden: die Arme schwingen
zunächst gleichlaufend im Vierer.
Du zählst 1 2 3 4: rück vor rück vor
Du ersetzt das Antippen auf 4
durch eine Betonung des eigentlich unbetonten

Vorschwingens der Arme,
das zum Auftakt wird.
Du zählst 1 2 3 und 4 und.
Du verdoppelst im zweiten Teil
des Taktes den Schwung der Arme:
Der Schwung wird schneller,
dafür aber auch kleiner —
du bleibst ganz locker dabei —
rück vor rück (1, 2, 3)
vor rück vor doppelt so schnell:
und 4 und.
Du kannst mit den Armen die *und* 4 *und* betonen
während du mit dem Antippen des Fußes
die 4 betonst.
Du kannst die Armschwünge noch steigern,
indem du 1 2 3 und 4 und *e* (Triole) zählst
und die *1*, die 3 *und*, das *e* betonst.
Dabei trifft nun auf die 1
einmal ein Vor und einmal ein Rückschwung der Arme.

Bevor du polyrhythmische Bewegungen übst,
gibt es eine einfache Art,
dich einzuschwingen:
das Zählen mit ungewohnter Betonung.
Du zählst bis 4, betonst aber jede dritte Zahl
1 *2* 3 4 *1* 2 3 *4* 1 2 *3* 4 .....
Du hast also eine Dreier-Betonung und einer Vierer-Zähleinheit.
Auf jede Dreier-Einheit kommt ein Schritt:
Seitschritt — antippen — zur anderen Seite — antippen,
also 4 Schritte,
während du auf 1 klatschst
also 3 Klatscher.
Du kannst auf die Vierer-Einheiten
große Armschwünge setzen
und diese mit einem Laut begleiten.
Also 3 Armschwünge: rück, vor, rück
lang gezogene Vokale: Uh-Ah—Uh.

Oder du zählst bis 3 und betonst jede 4. Zahl
also 1 2 3 *1* 2 3 1 *2* 3 1 2 *3*.
Auf jede Vierer-Einheit kommt ein Schritt,
also 3 Schritte — entweder ein Wechselschritt
oder Schritt — antippen — antippen (Wiegen der Hüfte)
auf jede Dreiereinheit kommt ein Klatschen,
auf jede Dreiereinheit ein Armschwung: rück, vor, rück, vor

wobei hier die Armschwünge ganz klein,
mehr ein Achselzucken oder -rollen sind.

Du nimmst eine ungerade Zahlenreihe — etwa 5
und zählst sie mit einer geraden Betonung, etwa auf 2, durch:
1 2 3 4 5 1 2 3 4 5 .....
Auf jede Betonung kommt ein Schritt
— die Gruppe bildet einen Kreis,
wendet sich nach rechts
und beginnt mit dem rechten Fuß,
macht 5 Schritte in Laufrichtung,
wendet sich nach links um,
beginnt mit dem linken Fuß
und macht 5 Schritte in die Gegenrichtung —
wobei bei jedem Schritt einmal leicht nachgefedert wird,
so daß jede Zahl von einem Wippen begleitet ist.
Eine weitere außenstehende Gruppe
klatscht immer auf 5,
stampft, oder macht einen Sprung.
Ein innerer Kreis zählt in Vierer-Betonung
1 2 3 4 5 1 2 3 4 5 1 2 3 4 5 1 2 3 4 5 .....
und macht auf jede Vierer-Einheit einen schwingenden Schritt
und wippt dreimal wiegend nach,
wobei sich der innere Kreis
in einer Richtung bewegt.

Dies sind nur wenige Beispiele aus einer Vielzahl von Möglichkeiten. Aus der Volksmusik und dem Volkstanz kennen wir fest vorgeschriebene poly-rhythmische Formen, die hier nicht aufgezählt werden sollen. Wie schon er-wähnt wurde, ist Polyrhythmik in der europäischen Musik äußerst selten und beschränkt sich meist auf die Kenntnis von Triolen gegen Achtel, wie sie etwa vom Klavierspiel her bekannt sind. Auch im Jazz herrscht die Synkope über eine wirkliche Polyrhythmik, und dementsprechend vermittelt auch der Jazz-Dance eine synkopisierte Bewegungsqualität: Leicht entstehen statt tierhaft geschmeidiger Bewegungen schmissige, zackige, die mehr in den Bereich des Marsches gehören.

Obwohl die Polyrhythmik große Konzentration erfordert, muß sie auch einen gewissen Reiz besitzen, denn sie kommt in Kinderspielen und Kinder-liedern vor. Kinder scheinen sich an der Verschiebung der Betonung und un-gewohnter Akzentuierung zu erfreuen (z. B. Blumento Pferde — Blumentopf-erde ...) und entwickeln ein Gefühl für die Variabilität von Rhythmus, der an die Sprachmelodie gebunden ist. (In verschiedenen Sprachen gibt es Versio-nen von Liedern, in denen innerhalb eines Taktes sich die Worte addieren. Dies wären gute Beispiele für divisive Polyrhythmik.)

Es gibt verschiedene Arten, sich mit dem Wesen und der Wirkung von Polyrhythmik vertraut zu machen, und manchem schmeckt die Disziplin des Auszählens nicht. Mancher hat mehr einen visuellen Zugang, weshalb man sich die Muster aufzeichnen kann. Mancher orientiert sich an Sprachmelodie und liebt den Wortsalat. Um die Gewohnheiten des Eindimensionalen zu durchbrechen, genügt es auch, sogenannten Lärm — z. B. das Geräusch der Zikaden — unter dem Aspekt einer noch nicht bekannten rhythmischen Struktur anzuhören. Oder: die minimalen Abweichungen verschiedener Gangarten und Geschwindigkeiten — Menschen, die auf der Straße gehen — anzuschauen und eine geheime, sehr komplexe Ordnung darin zu erkennen: Bewußtseinserweiterung tritt durch Erweiterung der Erwartung ein. Bei der polyrhythmischen Schulung ist es wichtig, innerhalb des spielerischen Rahmens zu bleiben und jeden Drill zu vermeiden. Drill ist Konditionierung, welches auch immer der Inhalt des Erlernten ist — nie ermöglicht Drill die Auflösung von Konditionierung, nie führt er zu neuen Möglichkeiten.

Es liegt auf der Hand, daß Rhythmen — als Gestaltung nicht des Raumes, sondern der Zeit — verschiedene Eigenarten und Wirkungen haben. Am besten ist das Beispiel der griechischen Versmaße, die in der Klassik neu entdeckt und eingesetzt wurden und aus dem Deutsch-Unterricht bekannt sein dürften. Rhythmen entsprechen hier Stimmungen, zeichnen Gemütsbewegungen nach: z. B. anregend, oder beruhigend. Hingegen haben im afrikanischen Kulturbereich die Zahlen selbst eine Schwingung, haben also nicht — wie bei uns, nur die Funktion, Quantität anzuzeigen, sondern vermitteln eine spezifische Qualität. (4) Ein Walzer wirkt anders als ein Marsch. Im indianischen Schamanismus werden bestimmten Rhythmen bestimmte Bereiche der Natur — der Sonne, Erde, Pflanzen, Tiere etc. — zugeordnet. Und so haben auch die Voodu-Götter, die Orishas aus dem brasilianischen Candomblè ihre Rhythmen. Aus dem Yoga kennen wir eine Zuordnung von Zahlen zu den Chakren, wobei die Zahl durch die Anzahl der Lotusblätter dargestellt wird und vielleicht einer Schwingungszahl entspricht, also eine Frequenz angibt, die auch in Farbe, Tonhöhe und Geschwindigkeit Form findet. Wie bei allen Zuordnungen, die in einem Symbol festgehalten sind, besteht auch hier die Gefahr der Konditionierung, die ein spontanes, unvoreingenommenes Erleben erschwert. Einige abschließende Übungen sollen letzteres erschließen.

> Zwei Partner stehen sich gegenüber.
> Der erste beginnt in seinem Tempo
> von einem Fuß zum anderen
> zu treten.
> Der zweite stellt sich
> auf das Tempo des anderen ein.
> Er übernimmt den Schritt,
> variiert ihn aber unmerklich,
> wird schneller oder langsamer,
> wobei es darauf ankommt,
> daß der erste konstant bleibt,

während der zweite ihn
zu einer Änderung seines Rhythmus
zu bewegen versucht.

Zwei Partner stehen sich gegenüber.
Wieder gibt der erste das Tempo an
und tritt von einem Fuß auf den anderen.
Der zweite erspürt den Rhythmus
und klatscht,
genau in die Mitte.

Diese Übung läßt sich variieren,
indem einer erst nur klatscht,
und der Partner seine Schritte
dazwischen einzufädeln versucht.

Oder das Klatschen zum Schritt
kommt nicht genau in die Mitte,
sondern mal zu früh,
mal zu spät,
wobei der Schrittmacher versucht,
sich nicht
aus dem Gleichgewicht
bringen zu lassen.

Übung, um sich nicht
von dem Rhythmus einer Musik
beherrschen zu lassen:
Wähle eine besonders antreibende Musik,
und bleibe stehen dabei.
Oder bewege dich ganz langsam,
wie in Zeitlupe.
Tanze Walzer auf einen Tango.
Bewege dich wie eine Schlange
zur Marschmusik .....
Setze den Rhythmus deiner Bewegung
gegen die Musik, laß sie
zur zweiten Stimme werden.
Übe dadurch
Abgrenzung.

Beginne
zu zweit
oder in einer Gruppe
mit einer gemeinsamen Bewegung,

die etwa durch eine Musik
gleichgeschaltet werden kann.
Mach die Musik aus,
die Augen zu,
lasse die Bewegung
sich fortsetzen,
finde deinen eigenen Rhythmus darin,
der dir in diesem Moment entspricht.
Nach einiger Zeit
öffnen alle die Augen,
ohne mit der Bewegung aufzuhören.
Ohne deine eigene Bewegung zu verändern,
nimmst du die anderen Bewegungen,
die verschiedenen Rhythmen,
Schwingungen,
körperlichen Ausdruck wahr.
Du kannst auch in
den Kreis treten
und dort bewegungslos stehen.
Oder von einem
zum anderen gehen,
und dich auf seine Bewegung
einschwingen.

Eine Gruppe steht
mit geschlossenen Augen
im Kreis.
Jeder ist für sich:
hört seinen Atem
kommen und gehen.
Macht einen Schritt
schleifend, stampfend
wie ein Tropfen fallend
in den Kreis hinein
und zieht sich wieder zurück.
Sagt eins beim Schritt
und zählt weiter
bis zur nächsten eins —
die Abstände sollen jetzt
regelmäßig werden —
und füllt den Rückzug
mit Bewegungen, auch Schritten aus.
Die Einsätze der Einser
kommen ganz verschieden:
höre sie wie Tropfen
fallen.

Öffne die Augen,
sieh die verschiedenen Bewegungen,
ohne die eigene zu verlieren.
Versuche herauszufinden,
wieweit die anderen zählen,
ob jemand dieselbe Zahlenreihe
— vier, oder sieben, oder was auch immer
hat wie du.
Dieselben Zahlenreihen
können sich zu kleinen Gruppen
zusammenfinden.
Langsam wird sich die Geschwindigkeit
in den Untergruppen anpassen,
und schließlich wird auch die große Gruppe
in der gleichen Geschwindigkeit zählen,
wenn auch die Zahlenreihen und Bewegungen
verschieden bleiben.
Nun beginnt die Gruppe,
nach einem Auftakt von vier Schlägen,
gemeinsam mit eins.
Bald werden sich die Wege trennen,
aber manchmal wieder zusammenfinden
und in einer gemeinsamen eins
aufeinander treffen.
Wenn es nicht zuviele Rhythmen,
zuviele Zahlreihen sind,
läßt sich sogar
der Moment
der Zusammentreffens
erspüren.

GRAFISCHE ÜBUNGEN

Am besten, du sitzt auf dem Boden
wie ein Kind,
ein großes Blatt Papier vor dir,
zwischen den Beinen.
So kannst du das Papier
mit den Fersen festhalten,
damit es nicht wegrutscht,
wenn du darauf zu malen beginnst.

Beginne damit,
die Hände auf den Bauch zu legen
vergiß, was Malen für dich bedeutet
und warte darauf, was kommt.

Spüre die Handflächen auf der Bauchdecke.
Wenn die Einatemwelle
die Bauchdecke bewegt,
ziehe ein wenig die Hände weg,
so daß der Bauch mitgeht,
sich weitet,
der Atem tiefer wird.
Beim Ausatem legen sich die Handflächen
wieder schützend und bergend
auf den Bauch.

Mit dem Einatem
wird alles weiter, heller, leichter
mit dem Ausatem
spürst du die Konturen
deines Körpers.
Die Spitzen des Mittel- und Ringfingers
berühren das Schambein.
Bis dorthin dringt dein Atem.
Ohne das Gefühl für die Weite des Atems zu verlieren,
legst du nun deine Hände auf das Papier vor dir.
Du spürst auch hier
die Weitung des Einatems,
die Ausrichtung des Ausatems:
Stelle dir vor,
das Papier wäre dein Bauch,
den du reibst, massierst,
unterstütze die Atembewegung.
Eine Bewegung der Hände entsteht.
Du nimmst weiche Wachsstifte
in beide Hände und spürst der Bewegung nach,
spürst den Atem kommen und gehen,
sich zeigen.
Du streichst mit beiden Händen
über das Papier,
du läßt die Reibung
der Stifte zu.
Vergiß,
daß du etwas malen sollst.
Erspüre, was sich zeigen will,
was sich bewegt.

Die Bewegung des Atems
führt die Hände.
Die Bewegung der Hände
führt den Stift.
Linien überlagern sich,

soviel du willst,
ein Zeichen tritt heraus,
eine Gestalt zeigt sich
und verändert sich vielleicht.
Lege dir viel Papier zurecht,
so daß du die Entwicklung der Gestalten
aufzeichnen kannst.

Lege die Zeichnungen vor dich hin
wenn du genug hast, zufrieden bist,
dich leer fühlst.

Wenn die Übungen in einer Gruppe gemacht werden,
ist es schön, herum zu gehen,
und die anderen Zeichnungen anzuschauen,
ohne genau hinzusehen,
sie wirken zu lassen,
die Bewegung zu erfühlen:
auch die Schrift
ist ein Tanz der Zeichen.

Betrachte wieder die Zeichnungen,
deine Zeichnungen,
die dir ein Zeichen geben.
Frage dich:
Gibt es etwas,
was du verändern möchtest?
Fehlt dir etwas?
Was ist es?
Wie schaut es aus?
Zeichne es —
vielleicht ein Strich, der durchstreicht
eine Linie, die umreißt, umfaßt,
eine Grenze
oder
etwas, was herausführt,
etwas, was belebt,
etwas, was du loswerden willst
oder heranholen willst.

Finde ein Zeichen dafür,
spüre seine Bewegung,
spüre das Gefühl in dir
und setze es um
in den Alltag.

ANMERKUNGEN

I. TANZ, TRANCE, TRANSFORMATION

(1) A. Rommel, *Fortschritt ins Nichts*, Ullstein 1981.
(2) R. Otto, *Das Heilige*, München 1917.
(3) Fontane, *Gesammelte Werke*, Werkausgabe Ullstein, Band 23.
(4) A.C. Huang, *Embrace Tiger, Return to Mountain*, Moab, Utah 1973.
(5) S. Bramley, *Macumba*, Paris 1975.
(6) Clyde Morgan unterrichtete die Ritual-Tänze der afro-brasilianischen Religionen des Candomblè an der Universität San Salvador, Bahia.
(7) M. Opitz, *Schamanen im blinden Land*, Frankfurt 1981, gleichnamiger Film.
(8) Bei dem Schamanentreffen in Alpbach, 1982 waren auch Huichol-Schamanen zugegen, die eine Hirschtanz-Zeremonie mit den Teilnehmern abhielten.
(9) H. Schmitz, *Der Leib*, in: System der Philosophie, Band II, Bonn 1965.
(10) Mary Wollstonecraft-Shelley, *Frankenstein*, o. A.
(11) Ein kurzer Film, der mit dem Tanz-Ensemble von Clyde Morgan gedreht wurde.
(12) Bhagwah Shree Rajneesh, *The Book of Secrets*, New York 1973.
(13) M. Thompson, *Rubbish Theory*, London 1979.
(14) Bandler und Grinder, *Trance-Formation*, Moab, Utah 1982.
(15) E. Gruber, *Tranceformation und die Auflösung von Ordnung*, Basel 1982.
(16) Im Bereich der Werbepsychologie verbindet sich der Begriff „Subliminal Seduction" in den USA vor allem mit der skandalösen Entdeckung von minimalen, mit bloßem Auge nicht wahrnehmbaren Manipulation an Werbefotos, die unterschwellig wirken. Z. B. entpuppen sich die fotografierten Eiswürfel, die Durst auf Whisky auslösen sollen, als Totenköpfe und hohlwangige Monster-Visagen, allerdings nur in Vergrößerung. Hier wird auf den Todestrieb des Trinkers spekuliert — mit großem Erfolg, wie die Verkaufzahlen beweisen. Oder auch sind Kekse mit dem Wort Sex verziert: dem Zufall der Oberflächengestaltung wird nachgeholfen ...
(17) Vgl. auch Goffman, *Rahmen-Analyse: zur Organisation der Alltagserfahrung*, Suhrkamp, o. J.
(18) T. Sasz, *The Myth of Mental Illness*, London 1972.
(19) M. MacLuhan, *Die magischen Kanäle*, 1970.
(20) Bei den Rajneesh-Therapeuten.
(21) A. Camus, *Der Mensch in der Revolte*, Hamburg 1969.
(22) „Satori in Paris" heißt ein Roman von J. Kerouac. Eine Verbindung östlicher Weisheit mit westlichem Existentialismus findet sich bei den amerikanischen Beatniks, z. B. Allen Ginsberg, Ferlinghetti, Kerouac ...
(23) M. Huèt, *Afrikanische Tänze*, Köln 1979.
(24) B. Wosien unterrichtet Volkstänze und auch Klassischen Tanz in dieser Art.
(25) A. Huxley, *The Doors of Perception*, o. A.
(26) Playfair/ Hill, *The Cycles of Heaven*, New York 1978.
(27) Z. B. Tschechows „Kirschgarten".
(27 a) Minkowski beschreibt das Zeiterleben seiner depressiven Patienten. *Minkowski*, erschienen bei Einaudi, Mailand.
(28) Grimms Märchen, „Der Jäger und der Soldat". — Jäger und Soldat verirren sich im Wald, in eine Räuberhöhle, deren Bewohner die beiden entdecken und umbringen wollen. Der gewitzte Jäger überredet sie dazu, ihnen noch einen letzten Umtrunk zu gewähren. Als alle anstoßen, spricht er einen Spruch aus, der die Räuber gebannt dasitzen läßt, bis sie abgeführt werden.
(29) Vgl. die Interventionsmethoden im NLP (Neuro-Linguistisches Programmieren).
(30) Vgl. die Übungen bei Gurdjeff. K. Speeth, *The Gurdjeff Work*, And/Or Press, 1976.
(31) M. Foucault, *Wahnsinn und Gesellschaft*, o. A.
M. Foucault, *Die Geburt der Klinik*, o. A.

(32) Th. Mann, *Gesammelte Erzählungen*, Frankfurt.
(33) Vielleicht ist unser Krampus, der die bösen Kinder einzupacken droht, ein letzter Überrest solcher Initiationsriten, wie sie z. B. in Kenya noch Anfang des Jahrhunderts praktiziert wurden: Den Kindern wurde von Anfang an erzählt, sie würden eines Tages von einem großen Tier gefressen werden. Auch werden ihnen die Knochen von Initianden gezeigt, die in der Nacht ihrer Initiation tatsächlich zu Tode erschreckt wurden. Das Geheul wilder Tiere wird im Dunkeln täuschend echt nachgemacht und der Initiand in einen Sack gesteckt. (Diese Geschichte las ich auf dem Plattenumschlag der Platte „Music for Magic and Witchcraft in Africa", Nonesuch Records, New York.)
(34) G. Leonhard, *The Ulimate Athlete*, o. A.
     G. Leonhard, *Der Rhythmus des Kosmos*, o. A.
(35) Serge Bramley, *Macumba*, s. o.

II. TANZ IM MÄRCHEN

(1) „Wie die heilige Gabe des Festes zu den Menschen kam", *Märchen der Eskimos*, Diederichs, o.A.
(2) M. Harner, *The Way of the Shaman*, San Francisco 1980.
(3) Max. F. Long, *Kahuna Magie*, o. A.
(4) L. Watson, *Lifetide*, o. A.
(5) F. Huxley, *The Way of the Sacred*, London 1974.
(6) Heimatmuseum der Hanse-Stadt Hamburg.
(7) M. Scott, *Kundalini in the Physical World*, London 1983.
(8) L. Orr/ S. Ray, *Rebirthing*, California 1977.
(9, 10, 11) T. Leary, *Psychodelische Erfahrungen, ein Handbuch nach Weisungen des Tibetischen Totenbuchs*; ders. *Politik der Ekstase*, Amsterdam 1976.
Filmtechnisch gesehen von beeindruckender Kunstfertigkeit: Ken Russels Film „Altered States".
(12) N.O. Brown im Interview mit Sam Keen, *Stimmen und Visionen*, Frankfurt 1974.
(13) G. Roheim, *Panik der Götter*, Fischer Verlag.
(14) *Indianer-Märchen Südamerikas*, Diederichs, Jena 1923. Hier: „Das Fest der Tiere".
(15) Pater Schmidt veröffentlichte 1910 einen Bericht über Pygmäen; zitiert bei Roheim.
(16) J. Piaget, *Die Psychologie des Kindes*, 1980.
(17) J. Houston, *Dromenon*, o. A.
(18) *Indianer-Märchen Südamerikas*, Diederichs, Jena 1923. Hier: „Das Honigfest".
(19) H. Storm, *Sieben Pfeile*, o. A.
(20) D. Copper, *Tod der Familie*, o. A.
(21) S. Larsen, *The Shaman's Doorway*, New York 1977.
(22) C. Lévi-Strauss, *Mythologica I, Das Rohe und Gekochte*, Frankfurt 1980.
(23) Kant, *Kritik der Urteilskraft*.
(24) Schiller versucht in seinem ästhetischen Humanismus noch weiter zu gehen und die Schönheit als notwendige Bedingung für den Menschen, für das Menschsein als Ganz-Werdung aufzustellen.
(25) Ostraender/ Schroeder, *Superlearning*, o. A.
(26) L. Watson, *The Romeo Error*, o. A.
(27) K. Kérenyi, *Hermes der Seelenführer*, Eranos Jahrbuch 9 (43).
(28) M. Murray, *Fertility Gods*, o. A.
(29) *Bretonische Märchen*, Diederichs, Düsseldorf 1959.
(30) *Russische Märchen*, Diederichs, Jena 1912.
(31) *Grimms Märchen*, Diederichs, Jena 1919. Hier: „Der Jude im Dorn".
(32) G. Zacharias, *Satanskult und Schwarze Messe*, Wiesbaden 1964.
(33) Ebd.
(34) G. Kaiser, *Der tanzende Tod*, Frankfurt 1983.

(35) F. Nietzsche, *Die Geburt der Tragödie*, Gesammelte Werke in Muscarion-Ausgabe, Bd. III, München 1920.
(36) G. Ledda, *Die Sprache der Sichel (Lingua di falce)*, o. A.
(37) *Irische Märchen*, Diederichs, Jena 1923.
(38) M. v. Böhme, s. o.
(39) K. Kérenyi, o. A.
(40) M. Murray, s. o.
(41) *Isländische Märchen*, Diederichs, Jena 1923.
(42) P. Haining, *Hexen*, Oldenburg 1977.
(43) J. Michelet, *Hexen*, Berlin 1975.
(44) J. Pieper, *Scholastik*, München 1978.
(45) Z. B. zu sehen in einer Abteilung des Britischen Museums London, die nur der Bibelmalerei gewidmet ist.
(46) P. Haining, *Hexen*, s. o.
(47) M. v. Böhme, *Der Tanz*, Berlin 1925.
(48) Grimms Märchen, „Die zertanzten Schuhe", nacherzählt.
(49) Zitiert bei Böhme.
(50) F. Hetmann, *Indianer-Märchen aus Nordamerika*, Frankfurt 1971.
(51) Zitiert bei Böhme.
(52) *Litauische Märchen*, Diederichs, Jena 1923. Hier: „Wie ein Mädchen viele Jünglinge zu Tode quälte".
(53) *Altfranzösische Marienlegenden*, Diederichs, Jena 1923.
(54, 55, 56, 57, 59, 60, 61, 63, 64) Zitiert in: Durant, *Kulturgeschichte der Menschheit*, Ullstein 1982.
(58) H. Schmitz, s. o.
(62) M. Lever, *Zepter und Narrenkappe*, München 1984.
(65) *Andersens Märchen*, Diederichs, Jena 1909. Hier: „Die roten Schuhe".
(66) Ebd.
(67) Ebd.
(68) Zitiert bei M. Schuller, *Weibliche Neurose und Identität*, in: Wiederkehr des Körpers, Suhrkamp, 1982.
(69) Andersen, s. o.
(70) Ebd.
(71) Ebd.
(72) G. Bataille, *Der Heilige Eros*, Neuwied 1963.

III. BEWEGUNGSARCHETYPEN

(1) E. Neumann, *Ursprungsgeschichte des Bewußtseins*, o. A.
(2) U. Rauff, *Chemie des Ekels und des Genusses*, in: Wiederkehr des Körpers, Suhrkamp, 1982.
(3) F. Huxley, *The Dragon*, London 1979.
(4) G. Bataille, *Der Heilige Eros*, Neuwied 1963.
(5) J. Campbell, *Primitive Mythology*, London 1962. Hier: „Märchen der Admiralitäts-Insulaner".
(6) Ebd., hier: vgl. das Märchen von Ina und Te Tuna.
(7) M. Scott, *Kundalini in the Physical World*, London 1983.
(8) J. Campbell, *Oriental Mythology*, London 1962.
(9) Ebd.
(10) Ebd.
(11) J. Purce, *The Mystic Spiral*, New York 1974.
(12) Ebd.
(13) Ebd.
(14) Ebd.
(15) O. Kernberg, *Objektbeziehungen und Praxis der Psychoanalyse*, Klett, 1982.
(16) H. v. Doderer, *Gesammelte Erzählungen*, o. A.

(17)   Ein solcher Irrgarten war in dem Film „Shining" zu sehen.
(18)   J. L. Borges, *Gesammelte Erzählungen*, Hanser 1969. Hier: „Die beiden Könige und die beiden Labyrinthe".
(19)   Der Pogonisius wird von B. Wosien in Findhorn als „Sacred Dance" gelehrt.
(20)   G. Ashe, *Avalonian Quest*, London 1982.
(21)   Hetmann, *Indianer-Märchen aus Nordamerika*, hier: vgl. das Märchen von Makikiren und Ishanihura, Frankfurt 1971.
(22)   A. Rommel, s. o.
(23)   C. Wolff, *Kassandra*, Luchterhand 1983.
(24)   E. Hennecke (Hrsg.), *Neutestamentliche Apokryphen*, Tübingen 1904, Bd. II, Das Johannesevangelium.
(25)   E. Pagels, *The Gnostic Gospels*, London 1979.
(26)   Das Johannesevangelium, s. o.
(27)   E. J. Brill (Hrsg.), *Evangelium nach Thomas*, Leiden 1959.
(28)   Ebd.
(29)   Paulus, *2. Korinther Brief*.
(30)   *2. Buch Samuel*, Kap. 6.14.
(31)   *2. Buch Moses* 15.20
(32)   M. Buber (Hrsg.), *Erzählungen der Chassidim*, Basel 1949.
(33)   *Oriental Mythology*, s. o.
(34)   Abgebildet in: Nigel Pennick, *Die alte Wissenschaft der Geomantie*, München 1982.
(35)   Kazantzakis, *Buddha*, o. A.
(36)   Zitiert in H. Schmitz, *Der Leib*, s. o.
(37)   M. G. Wosien, *The Sacred Dance*, New York 1974.
(38)   Ebd.
(39)   M. L. v. Franz, *Rythm and Repose*, London 1978.
(40)   F. Goodman, *Ekstase auf dem Prüfstand*, in: Psychologie Heute, 1983.
(41)   W. Reich, *Charakeranalyse*, ders. *Die Funktion des Orgasmus*, Kiepenheuer & Witsch, Köln.
(42)   B. Stevens, H. Petzold (Hrsg.), *Die neuen Körpertherapien*, Paderborn 1977.
(43)   M. Douglas, *Ritual, Tabu und Körpersymbolik*, Frankfurt 1970.
(44)   F. Hetmann, *Irische Märchen*, Frankfurt 1971.
(45)   Übers. von Fischer, *Carmina Burana*, Artemis Verlag.
(46)   P. Schubert, *Der Abstand zwischen uns selbst*, in: Körpererfahrung, Hamburg 1982.
(47)   A. Koyre, *Von der geschlossenen Welt zum offenen Universum*, Suhrkamp 1980.
(48)   H. v. Kleist: *Über das Marionettentheater und andere Schriften*, München, Goldmann Verlag.
(49)   J. Bonsquet, *Manierismus*, München 1963.
(50)   Flaubert, *Drei Geschichten*, Zürich 1977.
(51)   Grandville, *Aus dem Staats- und Familienleben der Tiere*, München 1970.

IV. NEUE PARAMETER UND PRAKTISCHE ÜBUNGEN

(1)   E. Neumann, *Ursprungsgeschichte des Bewußtseins*, o. A.
(2)   G. Scholem, *Die jüdische Mystik in ihren Hauptströmungen*, Frankfurt 1957.
(3)   P. Schubert, s. o.
(4)   Auch für Normalsichtige ist es fruchtbar, sich mit ihrem Blick-Verhalten auseinanderzusetzen. (Vgl. die entzündeten Augen des mißtrauischen Vogels im Märchen von Nannabush!). Offensichtlich hängen mangelnder Bodenkontakt und Überanstrengung, und deshalb Ermüdung der Augen zusammen.
(5)   M. L. v. Franz, *Zahl und Zeit*, Stuttgart 1980. A. Koestler, *Wurzeln des Zufalls*,
(6)   Reinbek, 1973.
(7)   M. Ferguson, *Die sanfte Verschwörung*.
(8)   Steve Reich, *Music for Eighteen Musicians*, ECM (Plattenverlag).

(8) Platten mit dem Trommler Par Guem:
      ,,Zaka" Percussion-Gruppe
      ,,Ritmicos Fantasticos" mit afro-brasilianischer Betucada-Musik
      Tito Puente und Mongo Sante Maria (Puerto Rico).

Erläuterungen zu den Bildern:

Innentitel: Felszeichnung aus der ägyptischen Ostwüste

Die Zahlen in den Klammern weisen auf die Seite der Abbildung hin.

(44) Felszeichnung aus dem Menomini-Gebiet, Michigan. Schamanistische Kraftübertragung aus dem Kosmos.

(45) linke Abb.: Chinesischer Talismann. Taoistische Magie: Der Götterbote hat Ying-Beine, um auf der Erde zu gehen und Yang-Oberleib, um den Himmel zu erforschen.

(45) rechte Abb.: „Moeurs des sauvages americains" — eine phantasievolle Darstellung der „Wilden". (Urs Bitterli, „Die Wilden und die Zivilisierten — die europäisch-überseeische Begegnung").

(46) Abb. oben: Nach einer samarischen Tonzeichnung. Mesopotamien, 5000-4000 v. Chr.

(46) Abb. unten: Aus dem Catal Hüyuk-Schrein, Türkei (ca. 6000 v. Chr.). Der Vogel (Adler) als geistiger Lehrer.

(52) Bärentanz.

(57) Hexensabbat am Brocken, Deutschland 17. Jahrhundert.

(61) Treffen der Hexen zum Zauberfest, Michael Herr, 17. Jahrhundert.

(65) Mittelalterliche Darstellung von Hexen bei der vermeintlichen Teufelsanbetung.

(93) Ein Schlangengott der Unterwelt: Naga, Indien-Badami, 6. Jahrhundert.

(95) Schlangenkraft, Indus Tal, ca. 2000 v. Chr.

(96) linke Abb.: Die zwei Schlangen, bzw. Energiekanäle mit Energiezentren (Chakras) aus: Govinda, „Tibetische Mystik".

(96) rechte Abb.: Die Schlange der Weisheit, gezeichnet von Aleister Crowley.

(105) Das Hopi-Symbol für Mutter Erde.

(106) Das labyrinthische Antlitz Humbabas, dem Gilgamesch begegnet.

(109) Labyrinth mit großen Kieseln, abgesteckte Wege auf der unbewohnten Insel Wier (Finnland).

(121) Labyrinth-Mandala aus einem Psalter, Marienthal bei Zittau, 13. Jahrhundert.

(122) Bodenmosaik der Curia (früher S. Adriano) Rom, 6.-12. Jahrhundert.

(129) linke Abb.: Tarotkarte. Die Welt.

(129) rechte Abb.: Tarokarte. Das Gericht.

(134) Krishna tanzt mit den Gopis, Nordindien, 18. Jahrhundert.

(142) Tarotkarte. Das Rad der Fortuna oder des Schicksals.

(144) Der Baseler Totentanz, um 1450 entstanden (1439 war die große Pest-

(145) welle) von Merian 1621 erstmals abgedruckt.

(153) Jean Viset: Akrobaten, 16. Jahrhundert.

(155) Grandville. „Aus dem Staats- und Familienleben der Tiere", 1842 er-
(156) schienen.
(164) Höchste Göttin als leerer Raum. Projektionsraum für die geistige Vorstellung der Materie, die zu Geist wird. Sammlung von Ajit Mooker-
jee, Privatbesitz.
(170) Dakini, Nepal, 17.-18. Jahrhundert.